국가란
무엇인가

신봉승의
한국형 리더십 강의

[신봉승 지음]

국가란
무엇인가

청아출판사

나라, 그 위에는 아무것도 없어야 한다

지금 우리 곁에는 국가는 없고 정당만 있습니다. 지금 우리 주위에는 국가는 없고 기업만 있습니다. 우리 아이들이 다니는 학교에도 국가는 없고 입시만 있습니다. 국가는 정당보다 우위에 있어야 하고, 당연히 기업의 이익보다 우선하여야만 합니다. 그래야 국가의 미래가 밝아지고 우리의 삶에 격이 있게 됩니다.

우리의 현대사가 정당이 국가보다 우선하고, 기업의 이익이 국가의 미래와 무관하였기에 국민총생산GNP이 2만 달러 근처를 맴돌면서도 선진국의 대열에 들어서지 못하고 있습니다. 아니 앞으로 15년 정도 더 지나야 선진국이 될 것이라고 경제개발협력기구OECD가 예단할 정도입니다.

대통령이나 정당 지도자, 또 대학 교수들과 같은 사회의 지도층 인사들도 듣기에는 그럴싸한 국가론을 입에 담고 있지만 그들의 행동에서는 그런 것이 전혀 느껴지지 않습니다. 우리의 현대사가 어둠의 질곡을 방불케 할 정도로 참담한 것은 국가에 대한 지식인들의 말과 행동이 달랐기 때문입니다.

백 마디의 말을 입에 담기는 조금도 어렵지 않습니다. 그러나 단 한 번의 실천은 대단히 어렵습니다. 너구나 그 실천이 국가나 공익을 위한 것일 때는 자신은 물론 가족의 불이익을 감내해야 하는 어려움을 동반하기 때문입니다. 그러므로 옛 성현들은 아무리 큰 학문이라도 실천이 따르지 않으면 무용하다고 하였습니다.

명문가에서 영의정이 몇 사람이나 나왔느냐를 따지지 아니하고, 대제학이 몇 사람이나 나왔느냐는 것으로 긍지를 삼고자 하는 것은 바로 지식인의 도리를 중시하였기 때문입니다.

영의정을 일러서 '일인지하 만인지상'이라고 부르는 것은 그야말로 더 올라갈 자리가 없을 만큼 관직에서 으뜸가는 자리라는 뜻입니다. 그러나 대제학은 영의정보다 낮은 자리에 있고, 실질적인 권한이 없어도 그 명예가 많은 사람으로부터 한결같이 존경과 신망을 받게 됩니다. 영의정은 파직이 되어 쫓겨나는 일이 있어도 대제학은 파직이라는 것이 없습니다. 스스로 임기를 정하고, 그만두고 싶을 때 사양을 하면 되기 때문입니다.

국가관이 확립되었을 때 나라는 흥했고, 국가관이 무너지면 나라가 망했다는 사실은 논리가 아니라 결과였음을 우리 역사는 소상히 적고 있습니다. 망했을 때의 역사를 되풀이하는 것은 지식인들이 할 짓은 아닙니다. 틀림없이 망하기 때문입니다.

이 책에 실린 15편의 글은 모두 전국 여러 곳의 강연장을 열광하게 하였던 국가에 관한 외침입니다. 그 열광에 보답하는 뜻으로 다시 문자로 옮기게 되었습니다.

나라에도 혼이 있어야 빛이 난다는 사실은 저의 신앙입니다.

2011년 새해를 맞으며

내당 신봉승

차 례

제2부 … 선각의 횃불을 들게 하라

제3부 … 역사를 알아야 미래가 보인다

제1부

나라에도
격이
있어야
빛이
난다

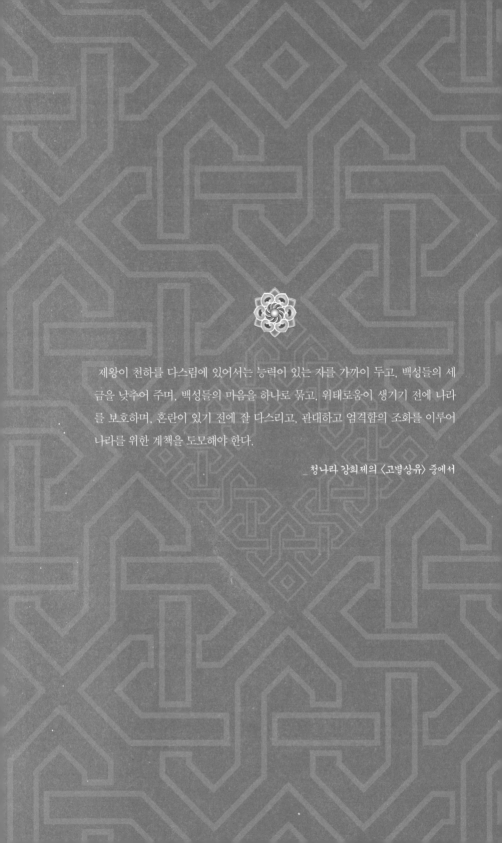

제왕이 천하를 다스림에 있어서는 능력이 있는 자를 가까이 두고, 백성들의 세금을 낮추어 주며, 백성들의 마음을 하나로 묶고, 위태로움이 생기기 전에 나라를 보호하며, 혼란이 있기 전에 잘 다스리고, 관대하고 엄격함의 조화를 이루어 나라를 위한 계책을 도모해야 한다.

_청나라 강희제의 〈고별상유〉 중에서

세종과는 세계와도
바꾸지 않겠다

자주는 아니지만 간혹 "역사란 무엇인가?"라는 질문을 받을 때가 있습니다. 그때마다 제 대답은 한결같았습니다. "당신이 곧 역사!"라고. 그러나 당신에 해당되는 대부분의 사람들은 천만 뜻밖이라는 듯 자신이 곧 역사라는 사실을 믿으려 하지 않았습니다. 꼭 우리들뿐만이 아니라 수십 억 세계의 사람들이 모두 역사의 개체로 흘러가고 있다는 사실은 대단히 중요합니다.

《조선왕조실록》등 역사 기록에 등재된 기사 중에서 사람들의 이야기를 살펴보노라면 두 가지 부류로 나누어지는 것을 알게 됩니다. 첫째는 양식이 행동으로 옮겨지면서 자신에게는 불운不運이 되더라도 국가나 사회의 발전에 공헌한 사람들입니다. 따지고 보면 이들의 행동에 의해 역사가 발전한 것은 말할 나위도 없습니다. 둘째는 자신의 실익만을 챙기다가 공익을 해친 부류들의 참담한 결과를 들 수가 있겠지요. 이들로 인해 역사는 침체되고, 결과적으로는 후대 자손들의 불행까지 자초한 꼴이 됩니다. 이 두 가지 특정한 경우에 해당되지 않으면 역사 기록의 대상이 되지 않았던 탓으로 평범한 사람들은 자신이 곧 역사임을 잊고 살게 됩니다.

역사를 기록한 사관史官들은 공정을 기한다는 일념으로 금욕적禁慾的인 방법을 최선으로 여겼습니다. 따라서 그 기록을 연구하는 후대의 사가史家들 또한 문자로 밝혀진 이외의 것을 살펴서는 아니 된다는 금욕적인 연구 방법을 최선으로 여겼기에 특히 우리나라의 역사 연구는 단순함과 단조로움에서 헤어나지 못하고 있습니다. 그러나 나와 같은 역사 소설이나 역사 드라마를 쓰는 작가들은 기록된 문자에만 의존하여서는 픽션虛構을 구사할 수가 없습니다. 이 막막함에서 헤어나기 위해서 문자와 문자 사이의 빈칸인 행간行間을 읽어 낼 수밖에 없습니다. 행간을 정확하게 읽기 위해서는 역사학자들과 같은 '금욕적'인 방법에서 벗어나야 하지만, 엄격하게 따지고 보면 그 금욕적인 방법을 뛰어넘지 아니하고는 행간을 읽어 낼 수가 없습니다.

가령 위대한 세종 시대를 살펴보기 위해서는 바로 그 앞 시대인 태종(이방원) 시대를 정확히 알지 않고서는 불가능합니다. 태종은 영광된 다음 시대(세종 시대)를 열어 가기 위해 네 사람의 처남에게 사약을 내려서 죽게 하였고, 자신에게는 사돈이자 세종에게는 장인이 되는 심온(沈溫)까지 자진(自盡. 스스로 목숨을 끊음)하게 하였습니다. 또 자신의 분신과도 같았던 어렸을 때의 친구 이숙번(李叔蕃)까지 귀양을 보내고 나서야 아들 세종에게 양위하고 자신은 상왕의 자리로 물러납니다. 이때 태종의 춘추 52세, 아무리 후대를 위한 자기희생이라 하더라도 참으로 기막힌 용단이 아닐 수 없습니다.

이 용단에 대한 저의 행간 읽기는 단순 명료합니다.

> 천하의 모든 악명(惡名)은 이 아비가 짊어지고 갈 것이니. 주상은
> 만세에 성군(聖君)의 이름을 남기도록 하라!

당대 모든 사료를 읽어도 태종이 이같이 말했다는 기록은 없습니다. 그러나 태종 시대의 행간을 살펴보면 쉽사리 알아낼 수 있는 태종의 심회라고 저는 확신합니다. 따라서 위대한 세종 시대는 태종에 의해 기초가 닦였음은 역사를 행간으로 읽어야 알 수가 있게 됩니다. 그러므로 우리네 평범한 사람들의 삶도 살아 있는 역사의 행간 속에 잠겨 있을 뿐, 언제든지 역사의 표면(기록)으로 튀어나올 수 있다는 사실을 명심해야 합니다.

━━━

800여 년 전, 몽골 제국의 상징이나 다름이 없는 칭기즈 칸이 세

상을 떠나자, 그의 후계자 오고타이(高闊台, 몽골의 태종)가 명재상 예뤼추차이(耶律楚材, 야율초재라고도 함)에게 "아버지가 이룩한 대제국을 개혁할 수 있는 좋은 방법이 없겠느냐?"라고 물었습니다. 야율초재의 대답은 기가 막혔습니다.

한 가지 이로운 일을 시작하는 것은

한 가지 해로운 일을 줄이는 것만 못하고

興一利不若除一害

한 가지 일을 새로 만들어 내는 것은

한 가지 일을 줄이는 것만 같지 못하다.

生一事不若減一事.

어떻습니까? 새로운 일을 만드는 것보다 지난날의 폐단을 줄이는 것이 현명하다는, 천여 년 전에 있었던 이 문답을 지금 우리 대한민국에 적용해도 아무 손색이 없질 않습니까. 그러므로 역사는 준엄합니다. 확립된 식견識見이나 엄정한 표준標準 없이 일을 처리한다면 좋은 국가, 좋은 기업은 만들어지지 않습니다. 식견이라는 것이 무엇입니까. 하고 있는 일에 대한 이해와 분석, 효율과 깊은 관계를 갖는 전문 지식을 말합니다. 표준은 또 무엇입니까. 판단과 결단을 유도하는 윤리성입니다. 이 두 가지가 균형을 이루지 못하면 정치건 기업이건 또 교육이건 제대로 될 까닭이 없습니다.

오늘의 중국 지도자들은 한결같이 강희제康熙帝를 배우자고 말합니다. 강희제는 청나라의 네 번째 황제입니다. 그는 61년 동안 집권하면서 티베트와 외몽골을 쳐서 국토를 넓혔고, 이곳저곳에서 준동하는 반정부 세력을 완벽하게 정비하였습니다. 백성들은 환성을 지르며 그의 치적에 열광했습니다. 청나라가 17세기 이후 세계적인 강국이 되는 데는 강희제의 리더십이 기초가 되었습니다. 그러므로 그 후 정윤제正胤帝, 융희제隆熙帝로 이어지는 131년 동안을 청나라의 전성기라고 하는 데 대하여 누구도 이의를 제기하지 않습니다.

강희제의 정치적인 식견과 신념 그리고 표준은 그가 죽기 5년 전에 미리 써 둔 그의 유서, 즉 〈고별상유告別上諭〉에 잘 나와 있습니다.

> 제왕이 천하를 다스림에 있어서는 능력이 있는 자를 가까이 두고, 백성들의 세금을 낮추어 주며, 백성들의 마음을 하나로 묶고, 위태로움이 생기기 전에 나라를 보호하며, 혼란이 있기 전에 잘 다스리고, 관대함과 엄격함의 조화를 이루어 나라를 위한 계책을 도모해야 한다.

이와 같은 생각이라면 지금의 어느 지도자에게도 필요한 자질이고 남습니다. 그러나 식견을 가지고 있으면서도 그것을 행실로 옮기는 표준이 서 있지 않으면 아무짝에도 쓸모가 없게 됩니다.

강희제에게는 좌우명이 있었습니다. 자신은 언제나 한결같이 국궁진력鞠躬盡力을 지도자의 지표로 삼았습니다. 국궁은 두 손을 마주잡고 가지런히 허리를 굽혀서 상대를 존경한다는 뜻이고, 진력은 물론 있는 힘을 다한다는 뜻입니다. 그러므로 자신은 스스로 두 손을 마주 잡고 백성들에게 허리를 굽히는 겸손함에 모든 것을 다 쏟겠다는 신념입니다. 자신이 먼저 있는 정성을 모두 쏟아서 백성들을 아끼고, 또 상전으로 모신다면 백성들은 반드시 안거낙업安居樂業을 할 것이라는 신념을 행동으로 옮겼습니다.

그러나 여러분, 놀라지 마십시오. 우리의 《세종실록》에는 이보다 더 가치 있는 이야기들이 수두룩하게 적혀 있습니다. 세종 시대는 강희제가 청나라를 다스린 때보다 약 200년 정도 앞서 있습니다. 물론 청나라의 강희제가 조선왕조의 세종대왕의 선정善政을 연구하여 자신의 치도에 적용하였을 것이라는 증거는 어디에도 없습니다. 그렇다고 하더라도 그가 죽기 전에 쓴 〈고별상유〉의 내용은 그야말로 세종대왕의 치세를 본으로 삼지 않고서는 불가능합니다. 설혹 강희제가 세종대왕의 치세를 몰랐다고 하더라도 그의 치세가 세계 최고의 통치술이 적용된 시대인 것만은 누구도 부인할 수가 없을 줄로 압니다. 강희제가 추구한 선정의 개요를 세종의 치세와 비교해 보기로 하겠습니다.

첫째, 천하를 다스리기 위해서는 능력이 있는 자를 가까이 두어야 한다. 세종대왕은 영의정 황희, 좌의정 맹사성 등 어질고 능력 있는 신하를 무려 20여 년 이상 가까이에 두었습니다. 재위 32년 동안의 3분의 2에 해당하는 기간에 같은 사람을 정승의 자리에 두고 부리는 것은 현자賢者를 가려볼 줄 아는 세종의 안목이 아니고는 불가능합니다. 그런 세종대왕의 식견은 변계량, 정인지, 김종서, 최항, 신숙주, 성삼문, 장영실 등 수없이 많은 능력 있는 사람들이 그의 곁에서 무한한 능력을 발휘하게 하였습니다.

둘째, 백성의 세금을 낮추어 매기라. 당연하지요. 그러나 이 당연한 일이 제대로 되지 않는 것이 정치의 본말입니다. 세종 12년 3월에 토지세를 개편하려 했을 때의 일입니다. 영남과 호남의 토지는 1등급이고, 경기, 황해, 강원의 토지는 2등급입니다. 그리고 평안도와 함경도의 땅은 3등급이므로 공평한 토지세를 부과하기가 쉽지가 않았고, 백성의 저항을 받기가 십상이었습니다. 이에 세종대왕은 300여 명의 경차관敬差官, 암행어사의 옛 제도를 동원하여 전국의 가가호호를 방문하게 하여 백성들의 의사를 들어오게 하였습니다. 참으로 민주적인 발상이 아닙니까. 오늘날의 국민투표보다 더 정확한 조사 방법입니다. 그 조사 결과가 그해 8월 10일 자 실록에 소상히 적혀 있습니다. 찬성하는 가구가 98,657가구고, 반대한 가구가 74,149가구로 나와 있습니다. 찬성한 가구 수가 반대한 가구 수보다 무려 24,508가구나 더 많지만 세종은 이 법안의 폐기를 명하였습니다. 평안도는 겨우 1,326가구가 찬성한 반면, 반대한 가구 수가 무려 28,474가구여서, 찬성은 겨우 4.4퍼센트에 불과하였습니다. 그런데 경상도의 경우는 36,262가구가 찬성하고, 겨우 377가구가 반대하여 무려 99퍼센트가 찬성하는 등 찬반의 양상이 지역별로 극심하게 나타났기 때문입니다. 백성들의 이해가 극명하게 엇갈린 양극의 현상을 인정하지 아니한 성군 세종의 식견과 표준은 하늘의 이치와도 다름이 없었습니다.

셋째, 백성의 마음을 하나로 묶어라. 백성들의 마음을 하나로 묶는 방법은 선정善政 외에는 없습니다. 아무리 무지한 백성이라고 하더라도 악정과 선정을 구별할 줄 압니다. 악정이 있으면 민란民亂이 따릅니다. 이것은 동서고금이 다르지 않습니다. 그러므로 조선왕조에서는 '아흔아홉 가지 선정이 한 가지 악정을 상쇄하지 못한다'라고 하였습니다. 세종은 백성들의 심성을 바르게 하기 위하여《삼강행실도三綱行實圖》를 편찬하였습니다. 문맹이 많았던 시절이었으므로 한쪽은 글자로 적었고, 다른 한쪽은 그림을 그려 넣도록 하였습니다. 글을 모르는 백성들도 배우게 하기 위해서였습니다.

이《삼강행실도》에 '포은운명圃隱殞命'과 '길재항절吉再抗節'이라는 항목을 포함하게 하였습니다. 포은운명은 정몽주의 일편단심(죽음)을 그린 내용이고, 길재항절은 야은冶隱 길재吉再가 끝내 태조 이성계에게 협력하지 않고 시골로 낙향하는 내용입니다. 다시 말하면 두 사람 모두 조선왕조의 창업을 반대한 사람들입니다. 그러나 성군 세종은 이들 두 사람의 충정을 백성들로 하여금 기리게 하지 않고서는 조선에서 충신이 나오지 않을 것이라고 확신했습니다. 포용의 정치, 엄격과 관대함의 조화가 바로 백성들의 마음을 하나로 묶는 지혜입니다.

넷째, 나라에 위태로움이 생기기 전에 나라를 보호하라. 세종은 아버지 태종의 뜻을 받들어 그의 치세에 대마도를 완전히 정벌하였습니다. 왜구의 노략질을 없게 하여 백성들의 삶을 보호하였습니다. 또 함경도 지방에 육진六鎭을 설치하여 여진족의 남하를 막아서 북쪽 지방의 화근을 미리 방지하면서 영토를 정비하였습니다.

다섯째, 혼란이 있기 전에 잘 다스리고, 관대함과 엄격함의 조화를 이루어 나라를 위한 계책을 도모해야 한다. 이 대목에 이르면 강희제가 바라는 치자의 도리는 성군 세종을 떠나서는 상상하기조차 어렵게 됩니다.

━━━

저는 조선왕조의 역사를 비교적 소상하게 살펴본 사람 중의 한 사람입니다. 우리 역사의 여러 사정이나 조건을 종합해 보면 세계에서 가장 훌륭한 리더십을 갖추었던 지도자는 단연 세종대왕이라는 확신을 갖게 됩니다.

세종은 스물두 살에 임금의 자리에 올랐습니다. 스무 살을 약관이라고 합니다만, 스물두 살이라고 하더라도 약관에 불과하지를 않습니까. 세종의 재위 기간이 32년이면 세상을 떠났을 때가 쉰넷입니다. 지금의 대한민국에서 쉰넷이라면 모든 일에 겨우 일가를 이루는 시기가 아니겠습니까. 국회의원이라면 3선 정도를 한 나이가 되겠고, 공직에 있다면 장·차관이 되는 나이입니다. 그러나 성군 세종은 그 나이에 세상을 떠났으면서도 상상을 초월하는 업적을 남겼습니다.

저는 "세종이 곧 조선"이라는 말을 자주 합니다. "조선왕조란 무엇인가? 세종의 치세다. 그러면 세종의 치세는 무엇인가? 그것이 곧 조선왕조다." 이렇게 말입니다. 519년간의 조선 역사에서 세종의 치세는 불과 32년밖에 되지를 않습니다. 그러나 그 32년간의 치세를 빼면 조선왕조는 건질 것이 없다는 게 제 주장입니다.

세종대왕이 스물두 살에 임금이 되었을 때 국무총리가 황희이고, 부총리가 맹사성이며, 또 한 사람의 부총리가 박은입니다. 교육부 장관격인 대제학이 변계량, 국방부 장관이 조말생, 군사사령관이 김종서, 집현전 부제학이 정인지입니다. 신숙주, 성삼문, 최항 등은 아직 신참이나 다름이 없었습니다. 가히 기라성 아닙니까. 게다가 이분들이 모두 50대, 60대입니다. 이 같은 신하들을 스물두 살 된 임금이 다스리고 거느려야 합니다. 어떻게 하면 됩니까? 자신의 아버지와 비슷한 나이인데 명령하듯 "오시오, 가시오." 그럴 수가 없지 않겠습니까. 이 엄청난 일을 소리 없이 해낸 분이 스물두 살의 세종대왕입니다. 얼마나 놀라운 일입니까. 그 비결이 앞에서 말씀드린 식견과 표준 그리고 엄격함과 관대함의 조화였습니다.

무엇이 스물두 살의 세종에게 그런 식견과 표준을 마련해 주었겠습니까. 바로 엄청난 독서량입니다. 세종대왕은 자기가 읽는 책을 가죽끈으로 묶고, 그 가죽끈이 닳아서 끊어질 때까지 읽었다는 일화가 있습니다. 같은 책을 몇 번이나 읽으면 가죽끈이 끊어지겠습니까. 백 번을 읽어서는 절대로 끊어지지 않습니다. 그러면 몇 번이나 읽어야 끊어지겠습니까. 1만 번이라는 게 여러 기록에 나옵니다.

당시에 선비가 꼭 읽어야 될 책은 사서오경四書五經 정도에 불과합니다. 모두 아홉 권입니다. 개인 문집이나, 특정 사안에 대한 연구서 같은 것이 없지 않았을 것입니다만, 중심은 사서오경 아홉 권입니다. 책의 내용은 대부분 사람 노릇을 바르게 하는 인성人性에 관한 것입니다.

정치를 하기 위해서는 먼저 사람이 되어야 한다는 논지하에 사람이 되기 위해서는 하늘의 뜻을 거역하여서는 안 되고, 책 속의 가르침을 거슬러서는 안 된다는 것부터 익힙니다.

관자管子와 같은 사람은 나라를 버티게 하는 네 가지 덕목이 있으니, 예禮, 의義, 염廉, 치恥가 바로 그것이라고 했습니다. 예, 의, 염, 치의 네 가지 중에서 하나가 없으면 나라가 위태로워지고, 둘이 없으면 나라가 흔들리고, 셋이 없으면 나라가 뒤집어지고, 네 가지 모두 없으면 나라가 망한다고 가르칩니다. 이 같은 가르침이 현실 정치에 반영되기 위해서는 다스리는 사람들의 식견과 표준이 실행으로 옮겨지지 않으면 안 됩니다. 여기에 지도자의 자질을 평가하는 척도가 있다는 사실을 알아야 합니다.

청년 세종이 임금의 자리에 오르면서 극심한 가뭄이 이어집니다. 이때의 가뭄을 '세종의 7년 대한大旱'이라고 합니다. 수리시설도 관개시설도 오늘과 같지 않았던 그때라면 살아갈 방도가 없었을 줄 압니다. 길거리에 굶어서 죽은 사람들의 시체가 즐비합니다. 젊은 세종의 고통은 또 얼마나 컸겠습니까.

스물네 살이 된 세종대왕은 지금의 광화문 네거리, 그때는 육조관아라고 했습니다. 육조관아에 큰 가마솥을 내다 걸고 죽을 끓여서 백성들에게 먹이게 하였습니다. 그것도 임금이 먹는 식량인 내탕미內帑米로 충당하게 하였습니다. '임금의 양식을 덜어 도성 안 백성들에게 죽을 쑤어서 먹여라' 그런 선정을 진휼賑恤이라고 합니다.

죽을 받아먹는 백성들의 몰골은 참담했습니다. 뼈다귀에 가죽만 씌워 놓은 참혹한 몰골들이 와서 죽을 받아먹고 부들부들 떨면서 돌아갑니다. 세종은 이 참혹한 광경을 바라보면서 '내가 정치를 얼마나 잘못하면 저렇게 백성들이 고통을 겪나' 하고 탄식하면서 눈물을 흘립니다.

경복궁으로 돌아온 세종은 경회루 앞에서 잠시 걸음을 멈춥니다. 그리고 돌아서서 말했습니다. "경회루 옆에다 초가삼간을 하나 지으세요."라고요. 신하들은 완강하게 반대했습니다. 경복궁의 모든 건물이 기와집인데, 거기에 초가집을 지었다가 불이라도 나면 어떻게 됩니까. 젊은 지성 세종은 한 술 더 뜹니다. 짓기는 짓되 새 재목으로 짓지 말고 경복궁 어딘가에 낡은 재목이 있을 것이니, 그 낡은 재목으로 초가삼간을 지으라고 명합니다. 그야말로 왕명이니까 거역할 수가 없습니다. 그리하여 공조를 동원하여 초가집 한 채를 지었습니다.

세종은 그 초가집에서 집무를 시작하였습니다. 신하들은 당황하지 않을 수가 없었습니다. 그 초가집에서 불과 30미터 거리에 정무를 살피는 사정전이 있고, 사정전 뒤에 침전인 강녕전이 있는데, 초가집에서 자고 먹고, 정무를 살피면 어떻게 됩니까. 마침내 신료들은 초가집 마당에 꿇어앉아 정전에서 집무하기를 눈물로 호소하였

습니다. 어디 신하들뿐이겠습니까. 어질고 착하신 왕비 소헌왕후昭
憲王后까지도 초가집 마당에 꿇어앉아 애원을 합니다. 그럼에도 젊
은 세종은 이 초가에서 집무를 했다고 실록은 적고 있습니다.

> 임금이 경회루 동쪽에 버려 둔 재목으로 별실 두 칸을 짓게 하였
> 는데, 주춧돌柱礎도 쓰지 않고 모초(茅草, 띠)로 덮게 하였으니 장
> 식은 모두 친히 명령하여 힘써 검소하게 하였다. 임금은 이때에
> 와서 정전에 들지 않고 이 별실에서 기거하였다.

이 같은 기록은 서양의 기록에는 나오지 않습니다. 오직 우리의
고전들에서만 나옵니다. 그래서 위대한 민족은 역사를 기록할 줄
알고, 그에 못지않게 기록된 역사를 보존할 줄 압니다. 우리 민족은
역사 앞에서는 외경심畏敬心을 가졌습니다. 역사 앞에서 옷깃을 여
미는 것을 외경심이라고 합니다. 역사 앞에서 옷깃을 여밀 줄 알면
역사인식을 싹트게 할 줄도 알게 됩니다.
역사는 누구라도 읽을 수가 있습니다. 그러나 역사를 읽고 '역사
인식'의 날을 세울 줄 모르면 아무 소용도 없게 됩니다.

━━■━━

성군 세종은 다른 임금들이 흉내도 낼 수 없을 정도로 엄청난 업
적을 남겼습니다. 동래 관노의 집안에서 태어난 소년 장영실蔣英實

을 발탁하여 과학자를 만들어서 '앙부일구(해시계)'를 만들게 하였습니다.

해시계는 처음에 두 개가 만들어졌습니다. 하루의 시간을 정확히 파악할 수 있는 경이적인 발명품이 두 개가 만들어졌다면 그것을 어디에다 놔두어야 하겠습니까. 당연히 사정전이나 근정전 뜰에 놓아두고 대궐에서 사용해야 하지를 않겠습니까. 그러나 세종께서는 그렇게 하지 않았습니다. 한 개는 지금의 동아일보 옆에(청계천 쪽) 있었던 혜정교惠政橋에 놓게 했습니다. 사람들이 가장 많이 다니는 곳이기 때문입니다. 그리고 또 한 개는 역시 사람들이 많이 다니는 운종(종로) 거리의 종묘 앞 큰길에 놓게 했습니다. 다시 말하면 모든 것을 백성들을 위주로 하는 위민爲民, '민본정치'를 구현하였습니다. 지금의 위정자들이 배워야 할 대목입니다. 정 배우기가 어렵다면 흉내라도 내야 되지 않겠습니까.

세종 시대에도 일식과 월식이 있었습니다. 월식이 있는 날 달을 쳐다보면 달이 조금씩 없어집니다. 그런 현상을 옛날 사람들은 "개가 달을 먹는다."라고 했습니다. 얼마 있다가 달이 제 모습대로 살아나면 이번에는 "개가 달을 토해 낸다."라고 했습니다. 제가 어렸을 때도 시골에서는 그렇게 말하였습니다. 월식, 일식의 과학적인 규명은 그래서 필요합니다. 세종은 당대의 과학자들인 정인지, 이순지 등을 불러 우리에게 맞는 일력(日曆, 양력)과 월력(月曆, 음력)을 계산하게 하였습니다.

그때 코사인이 있었겠습니까, 탄젠트가 있었겠습니까. 그렇다고 루트가 있었겠습니까, 더구나 미분적분이 있었겠습니까. 아무것도 없질 않았습니까. 그런 조건에서 일력과 월력을 계산해 냈으니까 천재들이 모여 사는 나라가 분명합니다. 그것을 계산한 책을 《칠정 산내외편七政算內外篇》이라고 합니다. 그런데 의문이 하나 생깁니다. 월식은 음력으로 계산하겠지만, 조선 시대에 무슨 양력이 있었다고 일식을 계산할 수가 있겠습니까. 이런 우문 자체가 식견이 모자란 탓입니다.

조선 시대에는 아라비아 사람들이 많이 들어와서 살고 있었습니다. 옛 기록에 '회회回回노인'이라는 구절이 많이 보입니다. 여러분 이 한문으로 적힌 책을 읽을 때 '회회'라는 접두어가 붙어 있으면 아라비아 사람이라는 뜻으로 읽으면 됩니다.

아라비아 사람들 중에는 사성(賜姓, 임금님이 내린 성)을 받아서 조선의 성을 쓰는 귀화인도 있었습니다. 세종대왕은 수시로 회회노인들을 불러서 치하하기도 하고, 그들이 병들면 어의를 보내서 보살피기도 하였습니다. 때로는 식량을 내려서 생활의 편의를 돌보아 주었습니다. 그 회회노인들의 협력으로 《칠정산내외편》이라는 책을 만들 수가 있었습니다. 세종 때 만들어진 이 책의 원본은 서울대학교 규장 각에 보존되어 있습니다.

몇 해 전 서울대학교 수학과 교수들을 동원하여 이 책을 검증했 습니다. 조선 시대에는 탄젠트, 코사인 등의 개념이 없었지만 서울 대학교 수학과 교수들은 탄젠트, 코사인, 루트를 응용하여 계산할 수밖에요. 그랬더니 일 년이 365일 점 찍고 2425 등 소수점 이하 6

자리까지 나와 있었습니다. 그런 까닭으로 지금까지도 월식을 예고한 나라는 조선, 세종 시대밖에 없습니다.

세종대왕이 서른여섯 살이 되었을 때의 일입니다. 당시의 음악을 살펴보았더니 대부분의 악기가 중국 악기였습니다. 게다가 연주되는 음악도 중국의 음악입니다. 세종대왕은 조선의 악기와 음악을 정비하기 시작하였습니다. 고물이 되어 소리가 나지 않는 가야금, 거문고, 해금 등 모든 악기를 수리하여 다시 정비할 수가 있었습니다만, 석경石磬만은 복원할 수가 없었습니다. 국악을 연주하는 악기인 석경은 여러분도 본 적이 있을 겁니다. 큰 'ㄱ'자처럼 생긴 하얀 돌을 크기순으로 열여섯 개를 매달아 놓고 막대기로 치면 소리가 납니다. 이 하얀 돌을 경석磬石이라고 하는데, 이게 없어서 악기를 만들 수가 없답니다.

세종은 음악가 박연朴堧을 불러서 명했습니다. "경이 악률을 안다면 경석을 찾으라. 목숨을 바쳐서라도 찾으라." 음률의 대가인 박연은 국악을 정비하려는 세종의 높은 뜻을 받들었습니다. 그는 몇 해에 걸쳐 전국의 산천을 누빈 끝에 마침내 경석을 찾아냈습니다. 오늘 우리가 박연 선생을 '국악의 아버지'로 흠모하는 것은 세종 시대의 음악을 정비하는 일에 공헌하였기 때문입니다.

조선의 고유 악기가 모두 복원되었는데, 이번에는 악보가 없었습니다. 조선의 곡은 하나도 없고 전부 중국의 곡뿐입니다. 이 송구함을 악사들이 어떻게 감당하겠습니까. 불충함을 무릅쓰고 세종에게 고하자, 세종대왕은 친히 작곡한 악보를 내려보냅니다. 비로소 조선의 음률이 완벽하게 탄생되는 순간입니다.

지금 여러분이 봄가을에 듣고 계시는 〈종묘제례악宗廟祭禮樂〉은 유네스코에서 세계기록유산으로 지정할 정도의 작품으로 세종대왕이 작곡한 곡입니다. 이런 임금이 어느 세상에 다시 있겠습니까.

세종대왕은 서른여덟 살에 거대한 시계를 만들었습니다. 온 방 안이 전부 시계입니다. 지금도 경복궁에 가면 흠경각欽敬閣이라는 건물이 복원되어 있습니다. 이 건물의 방 안 전체에 우주 만물이 움직이는 형상을 만들어서 채웠습니다. 이만하면 세계 최대이자 가장 볼만 한 시계가 아니겠습니까. 물론 실제 시간을 측정할 수 있는 정확한 시계였습니다.

《세종실록》은 이 대형 시계가 설치된 흠경각의 조화를 아주 소상하게 적고 있습니다.

전각의 한복판에는 일곱 자 높이의 산이 우뚝 솟아 있는데 물 먹인 종이를 오려 붙여 만든 것이었지만. 어찌나 정교하고 세밀한지 기슭마다에는 나무가 심어져 있었고 계곡에는 물이 흐르고 있었다. 지산紙山 안에 설치된 '옥루전기玉漏轉機'가 작동하면서 물을 흘려보내기 때문이다.

오색구름이 서려 있는 울창한 산마루 위에는 둥근 해가 떠 있는데. 그해는 하루에 한 번씩 돌아서 낮에는 산 밖으로 나타나고. 밤에는 산속으로 들어가며 (중략) 해 밑에는 옥으로 만든 여자 인형 넷이 구름을 탄 형상으로 서 있었고 그녀들의 손에는 금 목탁

이 쥐어져 있다. 그들의 위치는 동·서·남·북 네 방향에 각각
서 있어서 인시寅時, 묘시卯時, 진시辰時가 되면 동쪽에 있는 여자
인형이 목탁을 두들겼고, 사시巳時, 오시午時, 미시未時가 되면 남
쪽에 서 있는 여자 인형이 목탁을 쳤다. (중략) 또 여자 인형 바로
곁에는 네 가지 귀형鬼形을 만들어 배치하였는데, 그들이 하는 일
은 방향을 나타내는 일이다. 즉 인시가 되면 청룡신靑龍神이 북쪽
으로 향하고, 묘시에는 동쪽으로 향하며 (중략) 시간이 되면 시간
을 맡은 인형이 종을 치고, 경更이 되면 경을 맡은 인형이 북을 치
고, 점點이 되면 점을 맡은 인형이 징을 치도록 되어 있다. (중략)
또 산 밑 평지에는 쥐, 소, 범, 토끼, 용, 뱀, 말, 양, 원숭이, 닭,
개, 돼지 등 12간지를 나타내는 짐승의 형상으로 조각된 방위신
들이 엎드려 있고 그 뒤에는 각각 구멍이 있다. 이 구멍은 평시에
는 닫혀 있으나, 자시가 되면 구멍이 저절로 열리면서 인형 옥녀玉
女가 자시패를 가지고 나옴과 동시에 쥐 형상의 방위신이 벌떡 일
어난다. 자시가 지나면 옥녀는 저절로 구멍 속으로 들어가고 쥐
형상의 방위신도 도로 자리에 엎드린다. (중략) 또 오방위午方位 앞
에는 대를 하나 세워 놓고, 그 대 위에 그릇 하나를 놓았다. 그릇
북쪽에는 관복을 입은 인형이 있어, 금병을 가지고 그 그릇에 물
을 따르는 형상을 하고 있다. 옥루전기에서 흘러나오는 물이 금
병을 통해 끊임없이 그릇 속으로 흘러드는데, 가득 차면 엎어져
서 다시 옥루전기 안으로 흘러들어 간다.

흠경각이 세워지고 위와 같은 정밀한 시계를 삭동하게 한 때가 세종 19년입니다. 서기로는 1437년, 체코의 프라하 구시가지 광장에 천문시계가 세워진 해와 같습니다. 얼마나 놀랍고 대견한 일입니까.

그런데 지금의 우리 정부는 건물만 복원할 줄 알았지 정작 내용물(시계)은 복원할 궁리도 하지 않습니다. 이만저만한 무지가 아닙니다. 흠경각 내부의 정교한 시계가 하루속히 복원되어 우리의 청소년들로 하여금 자부심을 갖게 해야 합니다.

세종대왕이 마흔여덟 되던 해, 이해가 한글을 반포한 해입니다. 세종은 일가를 이룬 음운音韻학자였습니다. 집현전 학사들과 함께 노심초사한 끝에 순수한 우리 글자인 정음(正音, 한글)을 만들어서 반포하기에 이르자, 집현전 부제학 최만리가 "야비하고 상스러운 무익한 글자를 만들어서 중국을 버리고 스스로 이적夷狄과 같아지려 하는가."라며 여섯 조목의 사유를 들어 격렬한 반대 상소를 올렸습니다. 이에 세종대왕이 진노하면서 소리쳤습니다.

"네가 운서韻書를 아느냐!"

이 얼마나 자신만만한 카리스마입니까. 그리고 최만리를 감옥에 가두었다가 다음 날에 방면을 했습니다. 이번에는 신하들이 놀라서 방면이 부당하다는 상소를 올렸습니다. 그때 세종대왕의 비답은 그야말로 성군의 자질을 그대로 보여 주고 있습니다.

"비록 최만리가 반대하는 상소를 올렸어도 그 상소의 내용이 논리가 정연하여 그 학문을 가상히 여기지 않을 수가 없다."

어떻습니까. 엄격함과 관대함의 조화가 바로 이런 것이 아니겠습니까.

세종대왕이 천하 없이 자신만만한 군주라고 하더라도 자신이 한글을 반포한 후, 600년이 지나면 컴퓨터라는 물건이 나온다는 것을 알았을까요? 세종도 그건 몰랐겠지요. 그런데 세종이 돌아가시고 600년 후에 컴퓨터라는 이상한 물건이 나오는데 그 물건의 도메인에 이용하는 문자 중 가장 쓰기가 편리한 것이 한글입니다. 영어보다 한글이 훨씬 더 편리합니다. 왜 그렇겠습니까. 그것은 한글 자체가 완벽한 문자이기 때문입니다.

또 있습니다. 여러분도 문자 메시지 잘 하시지요? 그 문자 메시지에 보면 이런 게 있습니다. 'ㆍ', 'ㅡ', 'ㅣ' 이 세 자가 없으면 문자 메시지는 성립되지 못합니다. 한글 중에서도 야, 여, 유, 요, 예, 워 등은 전부 이것을 가지고 조합하지 않습니까.

그런데 이게 단순한 기호가 아닙니다. 'ㆍ', 이것은 해 아닙니까? 하늘의 해. 'ㅡ', 이것은 지평선. 'ㅣ', 이것은 대지 위에 서 있는 사람입니다. 이 천지인天地人을 조선에서는 삼재三才라고 합니다. 삼재 밑에다가 사상을 붙이면 '삼재사상三才思想'이 됩니다. 이 삼재사상이 조선 민족이 간직하고 있는 가장 핵심 사상입니다. 그러니까 이 삼재사상을 한글 안에서 다 풀어놓은 게 아니겠습니까. 그냥 글이 아니라 조선의 사상을 철학적으로 함축하고 있는 문자입니다.

제한된 시간 때문에 세종의 업적을 수박 겉핥기로 살펴보았지만, 세종대왕의 치적은 참으로 엄청납니다. 그러자니 그분의 옥체가 편할 수가 있었겠습니까. 하루하루가 백성을 위한 고통이요, 하루하루가 종묘사직을 위한 고통이라 옥체가 성히 남을 수가 없습니다. 춘추 마흔여덟 살이면 청년이나 다름이 없는데도 세종대왕의 옥체는 병고의 덩어리가 되고 말았습니다.

우선 먼저 거론할 것이 당뇨병입니다. 예전에는 당뇨병이라고 하질 않고 '소갈병'이라고 했습니다. 즉 세종대왕은 소갈병 말기였습니다. 당뇨병 중에서 제일 무서운 게 눈으로 오는 합병증입니다. 세종대왕은 소갈병 말기 현상으로 2미터 앞에 앉아 있는 신하를 못 봅니다. 신하가 다가와서 "전하."라고 부르면 그 목소리로 사람을 알아볼 정도였습니다.

또 가슴, 등허리에 큰 창이 생기는 것을 창병이라고 합니다. 조선 시대에는 창병을 고치지 못했습니다. 세자고 공주고 임금이고 왕비고 간에 창병에만 걸리면 모두 죽습니다. 그러면서도 매일 고름을 짜내야 합니다. 《세종실록》에 보면 '오늘 전하의 고름을 짰다. 한 홉 반이 나왔다'라는 대목도 있습니다. 하루에 고름이 한 홉 반이면 그 오한과 발열은 또 어떻게 감당했겠습니까. 세종은 그런 옥체로 모든 일정을 완벽하게 소화해 냈습니다.

당연히 신하들은 세종의 이 엄청난 고통을 보고만 있을 수가 없습니다. 신하들 또한 책을 1만 번씩 읽은 사람들이기 때문에 진맥은 못하지만 약 처방은 할 수가 있습니다. 그런 토론을 거듭한 끝에 '검은 염소를 고아서 즙을 내어 올리자' 라는 결론을 얻었습니다.

신하들은 세종의 탑진으로 몰려가서 검은 염소를 다려서 즙을 내어 올리기로 했는데, "전하, 이번만은 아무 말씀 마시고 드셔만 주십시오."라고 진언했습니다. 세종대왕의 비답은 성인의 경지였습니다. 그 첫마디가 "그 검은 염소라는 것이 어느 나라 짐승인고?"라는 반문이었습니다. 그러자 신하들은 검은 염소는 우리나라 짐승이 아니고 외국에서 들여온 짐승이라고 대답했습니다. 만일 지금 누가 여러분에게 "검은 염소가 어느 나라 짐승이오?"라고 묻는다면 여러분은 당연히 "우리나라 짐승이오." 그렇게 대답해야 정답입니다. 왜냐하면 세종 때부터 지금까지 600년 동안 이 나라에서 살아왔지 않습니까. 그런데 세종 때는 그것이 외국에서 갓 들여왔었나 봅니다. 신료들은 외국에서 들여온 짐승이라고 대답했습니다. 그다음에 세종대왕이 하신 말씀을 들어 보십시오.

"어찌 임금의 몸이 편하자고 남의 나라에서 들여온 짐승의 씨를 말릴 수가 있겠느냐. 나는 먹지 않겠다."

이 대답은 사람의 대답일 수가 없습니다. 바로 성인聖人의 대답입니다. 대답만 그리 한 것이 아니라 실제로도 들지 않았습니다. 저는 성군 세종은 성인의 반열에 있어야 할 분이라고 생각합니다.

성군 세종이 승하하였을 때가 쉰넷입니다. 그분의 치적을 세세히 챙기면 이보다 더 감동적이고, 아름다운 이야기가 얼마든지 있습다. 세종의 인품과 업적은 하늘을 찌르고도 남습니다. 이분이 무엇을 한 사람입니까? 정치를 한 사람이지요. 그러고 이분이 또 무엇을 한 사람인가요? 이분은 그냥 통치를 한 것이 아니라 경영을 하였습니다.

세종대왕은 조선을 다스린 게 아니고 조선을 경영했습니다. 그래서 세종과 세종의 치적을 한마디로 평가한다면 세종은 오직 백성들을 위한 정치를 했다고 할 수 있습니다. 다른 말로 바꾸면 민본정치의 표상이라고 말할 수가 있습니다. 지금의 정치인들에게 꼭 들려주고, 꼭 당부하고 싶은 것이 무엇이겠습니까? 바로 위민爲民, 민본民本이 아니겠습니까. 백성을 위한 일이 아니거든 하지 마라 이겁니다. 그것을 유식한 말로 바꾸면 민주주의가 된다는 점도 부연해 두고 싶습니다.

청나라를 세계 최강으로 이끌었던 강희제가 바라던 꿈 같은 치세의 도리를 그보다 200년 전에 조선의 세종대왕께서 완벽하게 실천하고 있었다는 사실은 대단히 중요하고 또 자랑스럽습니다. 바로 이 점이 우리의 정신적·문화적 프라이드가 되어야 합니다.

영국 사람들이 셰익스피어를 프라이드로 삼으면서 "인도印度와도 바꾸지 않겠다."라고 한다면, 저는 당연히 "세종대왕은 세계와도 바꾸지 않겠다!"라고 선언할 수밖에 없습니다.

세종대왕의 시대가 조선의 르네상스 시대입니다. 레오나르도 다빈치가 피렌체에서 유럽의 르네상스를 이끌던 시기와 똑같은 1437년(세종 19)에 세종의 르네상스는 조선 반도에서 활짝 꽃피었습니다.

세계와 나란히 해도 손색이 없는 시대를 우리 역사는 창조하고 간직하고 있습니다.

그로부터 300년 후에 정조대왕의 르네상스가 다시 타올랐습니다. 그리고 지금이 정조대왕의 시대부터 300년 후인 주기에 와 있습니다. 조선의 르네상스가 300년을 주기로 타오른다면 바로 지금이 우리가 염원하는 르네상스의 시대를 맞은 셈입니다. 이 땅의 지식인들은 이 절체절명의 호기를 헛되게 해서는 아니 될 것입니다.

> 대저 정치를 잘하려면 지난날의 '치란治亂'의 자취를 살펴보아야 한다. 지난날의 치란의 자취를 살펴보기 위해서는 역사를 상고하는 것이 최선이다.

'치治'는 잘 다스려진 시대이고, '란亂'은 잘 다스려지지 않은 시대가 아니겠습니까. 그리고 지나간 시대의 치란의 자취를 살펴보기 위해서는 역사를 살피는 길이 최선이라는 가르침입니다. 지금도 유효한 깨우침이 아닐 수 없습니다. 나라가 잘 다스려지던 시대, 반대로 혼란만 거듭되었던 시대를 세세히 살펴보면 오늘 우리가 나아가야 할 진로도 명확하게 밝혀져 있습니다.

세종 시대 32년이 우리 역사의 근원입니다. 또 그것은 다스림의 근본이기도 합니다. 성군 세종이야말로 세계 역사상 가장 위대했던 군왕이었으며, 지도자였고, 스스로 실천해 보인 리더였습니다. 그러므로 저는 세종을 세계와도 바꿀 수가 없습니다.

국가 그리고
지식인들의 역사인식

좀 서글픈 이야기부터 시작해 보겠습니다. 2010년 5월, 경제협력개발기구OECD에서 발표한 선진화 순위라는 기사는 가슴에 두 손을 얹고 우리를 뒤돌아보게 하는 참으로 끔찍한 내용을 담고 있었습니다.

우리 대한민국의 선진화 순위는 OECD 가입 30개 국가 중 24위로 앞으로 선진화되자면 13년이 넘게 걸릴 것이라고 예단하였습니다. 그 까닭은 우리 대한민국 지도층의 솔선수범이 OECD 30개 국가 중 가장 부족(꼴찌)하였다고 지적하였습니다.

노블레스 오블리주noblesse oblige라는 말을 노래처럼 불러왔던 우리들입니다. 그런데도 지도층의 솔선수범이 OECD 30개국에서 꼴찌라는 사실을 여러분은 어떻게 받아들이시겠습니까. 저는 100퍼센트 받아들입니다. 까닭은 간단합니다.

우리에게는 국보 151호요, 유네스코(UNESCO, 국제연합교육과학문화기구)에서 세계기록유산으로 지정한 《조선왕조실록》이라는 세계적인 보물이 있습니다. 거기에는 우리가 살아온 세월과 그 세월을 올바로 이끌어 온 선현들의 역사인식과 실천의지가 고스란히 담겨 있습니다. 그 행적을 따라하지는 못한다 하더라도 흉내는 낼 수가 있지 않겠습니까. 우리의 현실이 이렇게 참담한 것은 우리가 역사를 외면하고 국가 정체성을 바로 인식하지 못하였기 때문입니다.

역사는 지식인(공직자)들의 실천의지에 따라 흐르는 방향을 정합니다. 그러므로 역사의 흐름이 온전한 것도, 왜곡歪曲되는 것도 모두가 사회지도층에 속한 지식인들의 역사인식歷史認識에서 비롯된다 해도 과언이 아닙니다.

역사인식이란 무엇이겠습니까. 역사를 사실史實로만 이해하려 한다면 상식의 선에서 머물게 됩니다. 사실은 결과일 뿐이기 때문입니다. 어떤 결과가 나오기 위해서는 그에 따르는 배경이 있게 마련이고, 그 배경을 정확하게 이해하여야만 결과에 대한 승복이 가능해집니다.

역사인식은 역사정신과 상통합니다. 가령 역사적 사실궁구史實窮究만에 의지하여 이룩한 학문적 안주는 현실 사회에 아무 도움도 주지 못합니다. 아무리 큰 학문도 실천이 따르지 않으면 무용지물이라는 것이 우리 선현들의 역사인식입니다. 그러므로 말만 앞세우고 실전하시 않는 지식인들이 지도층을 차지허고 있으면 그 사회는 침체하게 마련입니다. 반대로 자신과 가족의 불이익을 감내하디라도 공익에 이바지하려는 '실천의지(지식인의 행동)'를 갖춘 사람들이 지도층에 있으면 국가의 발전에 막중한 기여를 하게 됩니다. 바로 그 실천의 조건으로 '국가'라는 개념이 작용하기 때문입니다.

우리의 20세기는 참담하였습니다. '나라 잃고 반세기, 국토 동강 나고 반세기'로 집약되기 때문입니다. 19세기의 아시아는 중국淸, 조선, 일본으로 대표됩니다. 이 세 나라 근대화의 성패는 유럽에서 건너온 이양선異樣船에 대한 대처 능력에서 비롯되었습니다.

유럽 문화의 동진東進은 19세기 아시아의 문화를 발칵 뒤집어 놓을 정도로 강력하였습니다. 청나라는 1840년 아편전쟁阿片戰爭으로 힘없이 무너졌고, 조선은 1866년 평양의 대동강으로 거슬러 올라온 미국 상선 '제너럴 셔먼 호'를 화공火攻하는 것으로 양이보국(攘夷保國, 서양 오랑캐를 몰아내고 나라를 보존한다는 쇄국론)의 잘못된 기치를 세우게 되었습니다.

고종 초기, 영국인 지리학자 이사벨라 버드 비숍Isabella bird Bishop 여사가 쓴 《조선과 그 이웃나라》를 비롯해 수많은 서양 선교사들이 적어서 남긴 기록들을 보면 황해도와 평안도 지방에는 길바닥에 시체들이 즐비하게 깔려 있었다고 합니다. 비참하게도 그 시체들은 모두가 굶어서 죽은 아사자들이었습니다. 또 배고픔을 견디지 못한 무지렁이 백성들은 대여섯 살 난 어린 딸아이들을 중국인 뱃사람들에게 팔았는데, 그 값이 겨우 쌀 한 말 값이라고 적고 있습니다.

이런 사정인을 감안하여 경제학적인 논리를 적용해 보기로 합니다. 한 왕조가 보릿고개라는 춘궁기春窮期를 넘기기가 어려워서 굶어서 죽는 비극을 해마다 되풀이하면서 500년이라는 긴 세월을 존속할 수가 있겠습니까. 그러나 분명히 있질 않았습니까. 게다가 문(文. 선비)이 무(武. 군대)를 지배했으며, 임금을 능멸하고도 살아남을 수 있는 가치관을 세웠습니다. 다만 그와 같은 자부심이 넘쳐 나고 있었으면서도 세계의 흐름에 눈뜨지 못하였기에 망국의 길로 들어서게 되었습니다.

아주 비근한 예로 신라의 고승 원효대사元曉大師가 인골에 고인 물을 마시고 깨달은 바가 있어 당나라의 유학을 포기하였어도 큰 인물이 되었다는 것을 자랑으로 삼을 것이 아니라, 그래도 당나라에 가서 우리보다 앞선 선진 문물을 배우고 오는 것이 정답이 아니겠습니까.

이웃나라 일본의 경우는 달랐습니다. 그들은 서양의 문물을 받아들이는 메이지 유신明治維新에 성공함으로써 세계의 열강으로 발돋움하게 되었습니다. 메이지 유신은 일본 근대화의 상징입니다. 거기에 우리 교육이 명심해야 할 실례가 있습니다.

부산 바로 건너편인 일본 본토의 야마구치 현山口縣 서쪽 바닷가에 자리 잡은 하기 시萩市는 인구 4만 3천 명 정도의 작은 시골 마을입니다. 일본 근현내의 총리대신을 여덟 사람이니 배출한 유서 깊은 고장입니다. 이번에 새로 총리대신이 된 간 나오토菅直人도 이 지역 출신입니다.

이 같은 하기 시의 영광은 선각자 요시다 쇼인吉田松陰의 호연지기浩然之氣에서 출발되고 완성되었습니다. 그는 다다미 여덟 장 크기의 우리 평수로 4평 남짓 되는 작은 서당을 열고 이름하여 '쇼카손주쿠松下村塾'라 하였습니다. 이 작은 공간에 19세에서 25세의 청년 열세 명이 모였습니다.

그 당시 공교육 기관인 메이린칸明倫館에서의 교육은 번주藩主에게 충성하고 부모님께 효도하라는 공맹의 도리를 가르쳤습니다만, 요시다 쇼인은 "번은 곧 없어질 것이며, 일본이라는 새로운 국가가 탄생한다. 우리는 모든 힘과 정열을 일본이라는 새 나라에 쏟아부어야 한다."라고 나라의 미래를 일깨우면서 꿈과 호연지기를 심어 주는 교육에 전념하였습니다. 호연지기란 무엇입니까. 공명하고 정대하여 누구를 만나도 꿀림이 없는 도덕적인 용기가 아니겠습니까.

> 죽어서 불후不朽가 되려거든 때와 장소를 가리지 말라. 나라의 대업을 이루려거든 오래 살아서 뜻을 이루라!

요시다 쇼인은 젊은 인재들에게 새로운 일본을 짊어지고 나갈 꿈과 열정 그리고 지혜를 일깨우기 위해 맹진을 거듭합니다.

학문도 중요하지만 학문을 알고 또 이를 실행하는 것이 남자의 길이다. 시詩도 좋겠지만 서재에서 시를 짓고 있는 것만으로는 뜻을 펼 수 없다. 사나이라는 것은 자기의 일생을 한 편의 시로 이룩하는 것이 중요하다. 구스노키 마사시게(楠正成. 가마쿠라 시대 말기의 무장이자 전략가)는 한 줄의 시도 쓰지 않았으나, 그의 일생은 그대로 비길 데 없이 크나큰 시가 아니었는가!

얼마나 멋진 가르침입니까. 또 '하늘 높이 솟아올라 세상의 모든 소리를 귀담아듣고 눈을 크게 떠야 할 것이다飛耳長目'라는 말로 젊은 인재들의 열정과 이상을 꿈틀거리게 하였고, 마침내 그들로 하여금 미래의 일본을 위해 몸과 마음을 함께 내던지게 하는 진로를 열게 하였습니다.

조선을 책해 인질과 조공을 바치게 하고, 북쪽으로 만주 땅을 분할하고, 남쪽으로는 대만과 필리핀 제도를 손에 넣어 점점 진취 자세를 보여야 한다.

바로 여기에서 정한론征韓論이 싹텄습니다. '조선을 책해 인질과 조공을 바치게 하고……'라는 구절은 읽으면 읽을수록 소름끼치는 구절입니다.

4평짜리 좁은 방에서 스물여덟 살의 젊은 스승이 열세 명의 청소년을 모아 놓고 학문보다는 호연지기를 가꾸게 한 결과는 참으로 엄청난 것이었습니다. 그의 가르침에 힘입은 쇼카손주쿠의 열세 명의 제자들 중에서 세 사람의 내각 총리대신과 여섯 사람의 대신(장관)이 배출되었습니다. 그리고 나머지 네 사람은 유신의 현장에서 꽃잎처럼 죽어 갔습니다. 또 바로 그들에 의해 조선은 일본의 식민지로 전락하였고, 만주에는 그들의 괴뢰정부가 서게 되었습니다.

지금도 하기 시에 있는 메이린 소학교에서는 아침 조회 시간에 교장 선생님이 단상에 올라가 '쇼인 선생님의 말씀'이라는 구호를 큰 소리로 외치면서 어린이들에게 따라하게 합니다. 더 소상히 설명하지 않아도 여러분께서는 느끼시는 바가 있을 것입니다. 교육은 자라나는 청소년들에게 나라의 정체성(역사)을 일깨우고 국가관을 심어 주어야 합니다.

1980년 영국 외무성에서는 비공개 시효가 만료된 외교문서 〈사토 페이퍼Satow Paper〉를 공개하였는데, 이 문건은 조선 말기의 외교사를 다시 써야 할 만큼 충격적인 내용을 담고 있습니다. 이 〈사토 페이퍼〉가 쓰인 시기가 1880년 무렵이니 장장 백여 년 만에 빛을 보게 된 셈입니다.

문건을 쓴 어니스트 사토Ernest Satow는 이동인이 교토에 있는 히가시 혼간지東本願寺에서 득도하여 진종본묘眞宗本廟의 승려로 활동할 무렵, 주일 영국 공사관의 2등 서기관으로 근무하던 서른일곱 살의 외교관입니다.

1880년 5월 12일 그는 조선인 승려 이동인과 첫 대면을 하게 됩니다.

"처음 뵙겠습니다. 제 이름은 아사노朝野라고 합니다."

"아사노라니요? 그것은 일본 이름이 아닙니까?"

"그렇지요. 저는 조선에서 왔으니까 조선 야만인Korean Savage이라는 뜻이지요."

너무도 구체적인 기록이 아닐 수 없습니다. 이동인은 어니스트 사토의 조선어 교사가 되어 그로부터 급변하는 세계정세를 익혀 가면서 조선의 선각자로 성장합니다.

이에 앞서 병자수호조약丙子修好條約이 체결된 이듬해인 1877년, 일본인 승려 오쿠무라 엔신奧村圓心과 그의 여동생 오쿠무라 이오코奧村五百子는 부산포에 상륙하여 히가시 혼간지 부산 별원을 열고, 당시의 조선과 일본의 사정을 세세히 적은 《조선포교일기朝鮮布教日記》라는 희귀한 기록을 남깁니다. 이 기록에도 청년 이동인과의 만남과 일본으로의 밀항 과정이 세세히 적혀 있습니다.

이 땅의 역사학자들은 왜 이 엄연한 사실을 끝까지 외면하는지 제 상식으로는 이해가 되지 않습니다. 불행하게도 우리의 지식인들은 일본과 일본인들의 근대화 과정을 제대로 헤아리지 못한 채, 일본적인 사고로 세상을 바라보는 데 익숙해지고 말았습니다. 마침내 대한민국 정부 수립을 선포한 지 반세기가 지나도록 식민지 사관의 늪에서 허덕이는 모습이 우리의 참담한 현실이 되었고, 젊은 지식인들마저 거기에 물들면서 자가당착의 모순에서 헤어나지 못하고 있습니다.

저는 이 모순된 현실을 자성自省하는 마음으로 역사를 주제로 한 여러 분야의 작품을 써 왔습니다. 그것은 '정사正史를 대중화'하는 작업이었고, 우리의 진솔하고 아름다웠던 삶의 모습을 복원하는 일이었으며, 민족의 자긍심을 일깨우는 일이었습니다. 이 힘들고 고달팠던 작업을 격려하고 지지해 준 이 땅의 지식인들에게 보은의 길을 찾는 것이 저의 소임임을 단 한 번도 잊은 적이 없습니다.

소설 《이동인의 나라》는 우리의 정신적인 근대화가 실패로 끝날 수밖에 없었던 근원을 세세히 살피면서, 일본의 물질적·정신적 근대화 과정인 '메이지 유신'의 성공을 동시에 그려 갑니다. 그러므로 오늘 우리가 겪어야 하는 역사 교과서의 왜곡 문제 등 한일 양국 갈등의 원천을 확연하게 살필 수 있게 구성되었습니다.

일찍이 서재필徐載弼은 자신의 회고문에 다음과 같이 적었습니다.

그(이동인)가 가지고 온 서적이 많았는데 역사서도 있고, 지리서도 있고, 물리서와 화학서 같은 것도 있었으며, 그것을 보기 위해서 3, 4개월간 그 절(봉원사)에 자주 들렀지만 당시 이러한 책은 적발되면 사학邪學이라 해서 중벌에 처해졌기 때문에 한 장소에서 장시간 독서할 수가 없어, 그다음에는 동대문 밖의 영도사라는 절에서 독서하고 다시 봉원사로 옮겨 가는 등 이와 같이 되풀이하기를 일 년이 넘어서야 그 책들을 모두 독파하였다. 그 책들은 모두 일본어로 씌어 있었지만 한자를 한 자 한 자 더듬어 읽으면 의미는 거의 통했다. 이렇게 해서 책을 완독한 바, 세계의 대세를 거의 알 수 있게 되었다. 여기에서 우리나라도 타국과 같이 민중의 권리를 수립해야겠다는 생각이 솟아났다. 이것이 우리로 하여금 개화파가 되게 한 근본이었다. 바꿔 말하면 이동인이라는 승려가 우리를 이끌어 주었고, 우리는 그러한 책을 읽어 그 사상을 몸에 익혔으니 봉원사가 우리 개화파의 온상인 것이다.

이동인의 귀국이 당대 지식인들에게 얼마나 큰 충격을 주었는지 일깨워 주는 글입니다. 이동인에 의해 비로소 서구 문물이 아주 정확하게 김옥균金玉均, 박영효朴泳孝, 홍영식洪英植 등 개화파 젊은이들에게 전해졌다는 사실을 이보다 구체적으로 증명할 수가 없습니다. 그럼에도 선각의 젊은 불꽃 이동인의 이름이 이 땅의 교과서에 오르지 못하는 원인이 무엇인지, 저로서는 참으로 알 수가 없습니다.

우리에게는 국보 제151호요, 유네스코에서 세계의 기록유산으로 지정한 《조선왕조실록》이 편찬되고 오늘에 이르기까지 그 원전이 보존되기 위해서는 역사 앞에서 옷깃을 여밀 줄 아는 외경심(畏敬心, 역사인식)이 없이는 불가능합니다. 설혹 외경심이 있었다고 하더라도 그것이 권력에 의해 변질되고 훼손된다면 기록도 보존도 모두 어려

위집니다.

《조선왕조실록》의 크기를 예스러운 기록대로 읽으면 1,866권 887책이 되지만, 이 설명만으로는 《조선왕조실록》의 엄청난 분량을 가늠하기가 어렵습니다. 좀 더 알기 쉽게 설명을 하자면 《조선왕조실록》의 국역본을 예로 드는 게 이해하기가 쉽겠습니다.

《조선왕조실록》의 국역본은 모두 413권입니다. 매 권마다 A4용지 크기의 판형으로 대개 300페이지에서 350페이지 분량입니다. 이 국역본을 하루에 무조건 100페이지씩 읽는다고 할 때 전부를 읽는 데 꼬박 4년이 걸린다면 그 분량을 대강 짐작할 수 있을 것으로 생각됩니다.

우리의 자랑인 《조선왕조실록》이 많은 어려움을 극복하고 오늘에 이르기까지 그 원형을 보전할 수 있었던 것은 공직자의 역사인식이 칼날처럼 살아 있었기 때문입니다. 그 예를 한 가지만 살펴보겠습니다.

중종 12년 4월 4일의 조강朝講에서 있었던 일입니다. 제가 480여 년 전에 있었던 일에 대해 정확한 날짜를 거론할 수 있는 것도 우리 민족의 자랑인 《조선왕조실록》이라는 거대하고 귀중한 유산이 남아 있기 때문입니다.

특진관 이자건李自健이 중종의 면전에서 아주 혹독한 직언을 입에 담았습니다.

강원도에는 서리가 오고 눈이 내려 보리가 얼어 죽었다 하고, 여

러 변괴가 함께 겹쳐져 나타나고 있습니다. 신의 생각으로는 성
상께서 성심이 지극하지 못하여 그런가 싶습니다.

아무리 읽어도 기막힌 충언이 아닐 수 없습니다. 임금이 성심을
다하여 정치를 하지 않아서 재앙이 생긴다고 직언하는 것이 바로
'도덕적 용기'입니다. 출중한 지도자라면 부하들의 이런 도덕적 용
기를 상찬하며 기쁘게 받아들일 수 있는 인품이 있어야 합니다. 머
쓱해하는 중종에게 이자건은 다시 옳은 정치를 하기 위해서는 '소
인小人과 군자君子를 구별해서 쓸 줄 알아야 한다'라고 진언하였습니
다. 그러나 중종은 소인과 군자는 참으로 구별하기가 어렵다고 실
토합니다. 이에 자리를 함께하고 있던 정암靜庵 조광조趙光祖가 부연
합니다.

학술이 밝아 마음이 빈 거울처럼 맑으면 어찌 소인의 실태를 알
지 못하겠습니까. 상하가 일체되어 조정이 화기에 차야 천재가
해소되는 법입니다. 지금 조정 안에서 재상은 옳다 하고 대간은
그르다 하여, 하나의 시비 속에서 조금만 뜻에 맞지 않으면 반드
시 반목하여 서로 헐뜯어 위아래가 걸리게 되니, 신은 재변이
생기는 것을 조정의 불화 때문이라고 생각합니다. 만일 재상은
아래 동료들 보기를 자제子弟처럼 하고, 아래 관원은 상관 보기를
부형처럼 하여, 상하의 사이에 은휘(隱諱, 꺼리어 숨기는 것)하는 일
이 없이 서로 바로잡고 경계하여 엄숙하고 화기애애하여진다면,

자연히 군자가 진출하게 되고, 소인은 물러나게 될 것입니다. (중
략) 불행히 간사한 무리가 무식한 재상과 결탁하여, 간사하게 아
첨해서 그의 술책을 부리면 한 소인이 뭇 군자를 이기게 되는 법
입니다.

이 같은 기록을 읽을 때마다 역사가 얼마나 준엄하게 흘러가는
가를 실감하게 됩니다. 위의 기록은 500여 년 전에 정암 조광조가
입에 담은 직언이지만, 21세기의 대한민국 정치 일선의 모습을 적
나라하게 적어 놓은 것이나 다름이 없기 때문입니다.

우리가 역사 앞에서 고개를 숙이는 외경심을 가져야 하는 것은
요즘의 공직자들이 통치자인 대통령의 면전에서 이 같은 진언을 할
수 있는 도덕적 용기가 없음을 자성해야 하기 때문입니다.

개혁에 뜻을 두었던 35세의 조광조가 언관言官이 되었다는 것은
그의 오랜 꿈을 실현할 수 있는 절호의 기회가 현실로 다가온 것이
나 다름이 없습니다. 조광조는 언관으로서의 첫 임무를 직속상관인
대사간 이행과 대사헌 권민수의 파직을 요구하는 것으로 시작하였
습니다.

조광조의 언론관은 이러합니다.

언로가 통하고 막히는 것은 종사의 흥망과 가장 깊은 관계 위에
있다. 통하면 다스려지고 편안하며, 막히면 어지러워지고 망한
다. 임금이 몸소 언로를 넓히기에 힘써서 위로는 공경대부(公卿大

夫. 고관대작)·백집사(百執事, 모든 일을 맡아하는 관리)로부터 아래로
는 누항, 시정의 백성들에 이르기까지 모두 다 말하게 될 것이다.
그러나 언책言策이 스스로 말을 극진하게 할 수가 없으므로 종래
에 가서는 언로가 막혀 임금은 백성의 일에 어둡게 된다.

조선왕조가 창업된 지 126년, 역대 어느 왕조에서 이 같은 영향
력을 행사한 젊은 공직자가 있었던가요. 마침내 조광조는 대사헌이
되었습니다. 서른일곱 살의 검찰총장이 탄생한 것입니다. 대사헌
조광조를 따르는 신진사류들은 그의 이념에 따라 과거 제도를 개혁
하였고, 소격서昭格署를 혁파하였으며 마침내 연산군을 밀어낸 정국
공신靖國功臣들의 삭호까지 주장하는 등 적폐積幣의 해소를 극렬하게
주장하다가 그토록 믿었던 중종이 내리는 사약을 받고 세상을 떠났
습니다.

얼핏 불행하게 느껴지는 조광조의 생애는 오늘에 남아서 개혁의
대명사로 빛나고 있습니다. 또 그 자손들에게까지 명예를 나누어
주고 있다는 사실을 명심한다면 오늘의 젊은 검사들에게는 당연히
좌표가 되고 귀감이 되어야 하지 않겠습니까.

■■■■

저는 얼마 전 정말로 마음먹고 새 책을 한 권 썼습니다.《조선 선
비의 거울, 문묘 18현》이라는 제목을 달았습니다. 공직자의 표상,

오늘을 사는 지식인들에게 무엇을 생각하며 살아야 하고, 어떻게 행동하는 것이 참된 지식인의 길인가를 일깨우고 싶어서였습니다. 그리고 실제의 모델을 제시하였습니다.

사람들은 누구나 삶의 목표를 세우면서 미래를 설계합니다. 가령 대석학이 되어 대학의 강단에서 후진을 양성한다든가, 혹은 의사가 되어 여러 사람의 생명을 보살피며, 다르게는 판사나 검사가 되어 힘없는 사람들의 의지처가 되겠다는 목표를 세우는 경우는 흔하게 볼 수 있습니다. 그러나 그 목표를 성취한 다음의 삶은 어떻게 할 것인지에 대해서는 전혀 고려하지 않는 것이 우리네 일상이 되어 버렸습니다. 결국 반쪽의 목표만 세웠기에 반쪽의 삶을 살게 된 꼴이 아니겠습니까.

조선 시대의 청소년들은 각 지역에서 치르는 초시初試에 합격을 하여 진사나 생원이 되고 나면 보다 큰 내일을 위해 성균관에 입학하여 관비장학생의 특혜를 입으면서 중시(重試, 과거)를 준비합니다. 그들이 공부하는 성균관의 구내에는 대성전이 있습니다. 문묘文廟라고 불리는 아주 신성한 곳입니다.

신라의 명현으로는 최치원崔致遠, 설총薛聰이 배향되었고, 고려조의 명현으로는 안향安珦, 정몽주鄭夢周가 배향되었습니다. 조선조의 명현으로는 김굉필金宏弼, 정여창鄭汝昌, 조광조趙光祖, 이언적李彦迪, 이황李滉 등 다섯 분이 먼저 배향되었고, 그 후에 김인후金麟厚, 성혼成渾, 이이李珥, 조헌趙憲, 송시열宋時烈, 송준길宋俊吉, 김장생金長生, 김집金集, 박세채朴世采의 순으로 배향되었습니다.

이름만 들어도 가슴이 설레는 이들이 과연 누구입니까. 태산과도 같은 학덕으로 예치(禮治)의 나라를 만들기 위해 물불을 가리지 않았고, 임금을 교화하여서라도 품격이 있는 나라를 만들자고 칼날 같은 직언을 올리고 또 올린 분들입니다.

우매한 임금은 신하들의 충언을 야속히 여겼습니다. 더러는 노여움을 이기지 못하여 자신을 위해 충언한 신하들을 절해고도나 산간벽지에 부처(付處, 귀양)하기도 하였고, 심하면 사약을 내려서 죽이기까지 하였습니다. 김굉필, 조광조, 송시열은 그런 죽음(賜死)을 오히려 명예로 여겼고, 정여창, 이언적, 조헌 등은 귀양을 사는 고통까지 영광으로 여겼습니다.

세월이 흐르면서 충언하는 신하들에게 혹독한 형벌을 내렸던 군왕들도 한 줌 흙이 되어 잊히는 존재가 되었지만, 자신의 희생을 전제로 공익에 이바지한 용기 있는 공직자들은 하나같이 문묘에 배향되어 천년의 삶을 누리면서 그 명예를 자손들에게까지 나누어 주고 있습니다.

성균관에 입학한 조선의 젊은이들은 이들 선현들의 지고함을 삶의 지표로 삼았고, 명현들의 뒤를 따를 것을 다짐하면서 관직에 나갔습니다. 그리고 품격 있는 나라를 만들기 위해 선현들이 했던 직언을 그대로 이어 가면서 자신들에게 다가오는 불이익을 아름답게 받아들이는 전통을 이어 나갔기에 공직자의 표상으로 그 이름을 영원히 남길 수가 있었습니다.

원로가 원로의 구실을 하고, 지식인들의 참 목소리가 울려야 역

사는 옳은 방향으로 발전해 갑니다. 그것은 돈이 있다고 되는 것이
아닙니다. 기업이 성한다고 되는 일은 더욱 아닙니다. 오직 그것은
우리의 정체성을 살피고 그 정체성을 이 땅의 젊은이들에게 꿈으로
심어 주고서만이 가능한 일입니다.

> 예禮로써 가르치면 나라가 평온해지고, 법(法, 지식)으로만 가르치
> 면 나라가 어지러워진다!

이미 500여 년 전에 제시된 이 치도治道의 핵심이 오늘날 우리나
라의 교육이 나아가야 할 지표가 아니겠습니까.

공직자의 노블레스 오블리주의 표상은 우리 역사에 너무도 구체
적으로 또 수없이 많이 있는데, 오늘날 우리 대한민국 지도층의 솔
선수범이 OECD 30개 국가 중 가장 부족하다는 지적은 참으로 부
끄럽고 안타깝습니다.

국회의 인사청문회에서는 국무총리 후보자와 장관 후보자가 줄
줄이 낙마를 하는가 하면, 외교통상부 장관은 딸의 특채가 문제되
어 자리에서 물러났습니다. 스폰서 검사라고 불리는 일련의 사건도
같은 맥락입니다. 그 원인이 어디에 있다고 보십니까.

이는 국가의 정체성을 외면하였기 때문입니다. 정답을 알면서도
실제로는 오답 근처를 맴돌고 있기 때문입니다. 국사를 가르치지
않는 나라의 공직자들이 겪어야 하는 불가피함입니다.

지식인들이 가야 하는 길은 정해져 있습니다. 하나부터 백까지

모두 국가의 미래를 생각하는 일입니다. 그러나 요즘의 공직자는 국가와 정권을 구분하지 못하고 있습니다. 한나라당의 이익을 위해서라면 국가의 이익을 무시하는 경우를 보게 됩니다. 민주당의 이익을 대한민국의 국익에 우선하려는 우를 범하고 있습니다.

국가는 지식인들이 가꾸어야 하는 최선의 가치입니다. 지식인들의 역사인식은 국가를 위해 꽃피어야 합니다. 현재의 역사가 우리의 미래를 열어 가는 맥락이기 때문입니다.

나라의 품격과 선비 정신

일본인 과학자 두 명이 2010년 노벨 화학상 공동수상자로 발표되자 일본 열도가 들떠 올랐다는 소식입니다. 당연한 열광일 것이라는 생각이 드는 것은 이로써 노벨 물리·화학상을 수상한 일본인 과학자는 모두 열여덟 명으로 늘어났기 때문입니다. 물론 우리나라에는 노벨 물리·화학상을 수상한 사람이 아직은 없습니다.

우리나라의 경제 규모는 세계 10위권에 진입해 있고, IT 분야에서는 선두를 다툰다는 것이 일반적인 통념이지만, 그것을 뒷받침하는 학문의 분야는 아직 황무지나 다름이 없습니다. 학문과 경제를 억지 푸념으로 비교해 보면 우리나라의 국민총생산GNP은 일본의 절반 정도 수준입니다. 그렇다면 노벨 물리·화학 분야의 수상자를 여덟 명 정도는 배출해야 되는 것이 논리에 맞지만 아직 한 사람의 수상자도 배출하지 못하고 있습니다. 좀 억울하다는 생각이 들어서 인하대학교의 물리학 교수인 K박사에게 물어보았습니다.

K박사는 독일에서 물리학박사 학위를 취득하였고, 일본의 교토대학에서 교환교수로 활동하였던 엘리트 교수입니다.

"우리나라와 일본의 물리학은 어느 정도의 격차가 있나요?"

"한 2, 30년은 되겠지요."

지체 없이 대답하는 K박사의 표정은 시니컬하였습니다. 그 원인이 어디에 있느냐는 나의 질문에 대한 대답도 거침이 없기는 마찬가지였습니다.

"기초과학에 투자하지 않는 나라니까요."

국민소득이 2만 달러에 접근해 있는 나라가 기초과학에 투자하지 않는다면 말이 되지 않겠지만, 이것이 엄연한 현실이라는 데 문제가 있습니다.

지난 10년 동안 동양 삼국의 인공위성 발사 성공 횟수를 비교해 보면 기초과학에 투자하지 않은 결과는 너무도 명명백백합니다. 중국은 65회 성공한 데 더해 우주인을 태운 인공위성까지 쏘아 올렸습니다. 일본은 47회를 성공하였습니다. 우리 한국은 2번 실패한 것이 전부입니다. 그것도 러시아와 공동으로 말입니다. 앞으로 한국이 인공위성을 단독으로 발사하기까지 12~13년은 족히 걸릴 것이라는 것이 통설입니다.

그런데도 우리 정치계는 눈앞에 보이는 실익에만 매달린 채 나라의 미래는 전혀 고려하지 않고, 모든 분야가 구멍 뚫린 곳의 땜질에만 몰두하고 있는 형국입니다. 여러 분야의 기초를 잘 다져 놓으면 땜질해야 할 일이 줄어드는 것을 잘 알면서도 기초 분야에 투자하지 않는 까닭이 어디에 있을까요. 말할 것도 없이 위정자들의 식견이 모자란 탓입니다.

새로 당선된 교육감에게 아무렇지 않게 돈 봉투를 들고 축하인사를 가는 교장 선생들이 건재하고, 사립 초등학교에 입학을 허가하면서 천만 원의 돈을 받아 챙기는 교육계의 풍토를 그냥 두고 학원교육만 단속하겠다는 것이 기초를 내팽개쳐 두고 땜질로만 교육을 바로잡겠다는 것입니다. 법관에서 물러난 사람은 최종 근무지 근처에서는 변호사 개업을 하지 않은 것이 법도를 지키는 일인데도 83퍼센트의 퇴직 법관들은 그 지역에서 변호사 개업을 하고 있다는 통계도 있고, 스폰서 검사 운운하더니 이번에는 그랜저 검사가 또 화제가 되는데도 그들이 어떤 처분을 받았다는 소식은 도무지 오리무중입니다.

3부(행정·입법·사법부)의 요인들은 병역 미필이 기본이고, 장관들이나 기관장들은 주민등록법 위반이 다반사이며, 부동산 매매계약서의 작성도 위법이고, 논문의 중복 게재, 심지어 학력까지도 허위로 기재하였다는 소리가 들립니다.

이쯤 되면 대통령이 천명한 '공정한 사회'도 슬며시 꼬리를 내리지 않고서는 아무 명분도 찾을 수 없게 되기 십상입니다. 국가의 기초를 다지지 않고, 눈앞에 닥친 일을 땜질로 감추려고 하는 정치는 국민들의 신뢰를 얻지 못하는 공염불이 될 뿐입니다. 그 원인이 어디에 있다고 보십니까.

한국일보의 논설위원이었던 김성우 선생의 칼럼을 읽어 보면 해답이 나옵니다.

> 지금 세계에서 가장 잘 사는 나라가 어느 나라인 줄 아는가. 자랑스럽게도, 그러나 불행하게도 대한민국이다. 우리나라처럼 흥청망청인 나라가 세상에 없다. 1인당 국민소득이 잘사는 나라의 4분의 1밖에 안 되는 우리나라의 씀씀이는 단연 세계 1위다. 낭비와 과소비와 사치의 천국이다. 소비지출이 소득을 앞지르는 가계 부채로 내일이 없는 사람처럼 잘도 놀고 잘도 쓴다. 이런 나라에 미래가 있을 것인가.

어떻습니까. 마음 아프지만 이 참담한 현실을 인정하지 않을 수가 없지를 않습니까.

우리의 현실이 이런 지경으로 천박해지고서는 미래에 대한 예측도 풍요로울 수는 없습니다. 한국은행은 우리의 미래가 10년 뒤에는 남미의 꼴로 전락할 가능성이 있다고 중장기 예측을 했고, 삼성의 이건희 회장은 앞으로 5년이나 10년 뒤에는 우리가 먹고 살 산업 기반이 거덜 날 수 있다고 경고했습니다.

자, 어느 모로 살펴도 밝은 미래가 아닙니다. 사치와 낭비만 그런 것이 아닙니다. 남편이 아내에게 부모님을 모시지고 강요하면 이혼 사유가 된다는 판결이 나왔습니다. 젊은 대학교수들이 모여서 국사 교과서를 해체하자는 심포지엄을 열었습니다. 초등학교, 중등학교 에서는 국사 과목이 선택 과목으로 전락한 지가 이미 오랩니다. 국 사를 가르치면 세계화에 역행한다는 것이 젊은 사학자들의 논리입 니다.

이 참담하고 한심한 세태에서 벗어나기 위해서 우리가 당장 해야 할 일이 무엇이겠습니까. 돈입니까, 투자입니까, 수출입니까. 아닙 니다. 결단코 아닙니다. 그렇다면 무엇이겠습니까.

우리의 정체성을 바탕으로 한 정신적 근대화에 나서야 합니다. 불행하게도 우리는 지난 20세기 1백 년 동안 우리 것을 내다 버리 는 것을 자랑으로 삼았을 뿐, 우리의 본바탕에 흐르는 가치가 무엇 인지를 생각하지 않았습니다. 이른바 세계화라는 외형에만 요란을 떨었지 그 내실에 대한 고려가 전혀 없었다는 뜻입니다.

조선왕조는 '백성들이 초근목피草根木皮로 연명한다'라는 말이 있 을 만큼 가난한 나라였습니다. 그렇게 가난한 조선왕조가 무엇으로 500년이라는 장구한 세월 동안 단일 왕조의 기틀을 유지할 수 있었 겠습니까. 국가의 기강이 무너지지 않았기 때문입니다.

조선왕조는 강상綱常과 윤기倫紀를 치도治道의 이념으로 삼았습니다. 다시 말하면 도덕국가라는 뜻입니다. 도덕국가가 되기 위해서는 역사에 대한 외경심이 있어야 하고, 역사를 정직하게 기록하여 후대에 전하는 용기가 있어야 합니다. 누가 그런 일을 해냈습니까.

도덕적 용기를 갖춘 젊은 언관들이나 사관들의 직언 없이는 불가능했습니다. 개인적인 이해나 소속된 집단의 이해에 매달리면 직언은 이루어지지 않습니다. 직언은 목숨을 내걸어야만 가능합니다. 그 직언하는 용기를 편년체의 일기로 집대성한 것이 세계의 기록유산으로 선정된 《조선왕조실록》입니다.

그렇다면 조선왕조의 특징은 무엇이겠습니까. 어렵게 생각할 필요는 없습니다. 조선은 붓을 든 선비가 칼을 든 무반武班을 다스린 나라입니다. 500년이라는 장구한 세월 동안, 선비가 군인을 다스렸다는 사실은 세계사의 어디에서도 찾아볼 수 없는 불가사의한 역사이고도 남습니다. '붓을 든 선비가 칼을 든 군인을 지배하면서 500년의 역사'를 유지할 수 있었던 것은 참 선비의 기개와 의리가 살아 있었기 때문입니다.

조선왕조를 지배한 관료집단의 구성원을 사대부라고 합니다. 사대부란 과거 제도와 주자학朱子學의 정신을 근간으로 무려 400여 년이라는 세월에 걸쳐 다듬어진 산물이라고 말할 수 있습니다.

공직에 나가 있는 선비가 사대부라면 '선비'의 참뜻은 무엇이겠습니까. 누구나, 아주 자연스럽게 입에 담는 선비의 참뜻은 뜻밖에도 잘 정리되어 있지 않습니다.

《논어》에도 '처신에 염치가 있으며, 사신이 되어 군명君命을 욕되게 아니하면 선비랄 수 있다'라거나, '무사태평을 염두에 두는 선비는 선비 될 자질이 부족하다' 등 개념적인 설명으로만 일관되어 있을 뿐입니다.

우리의 경우는 더 한심합니다. 한글학회에서 편찬한 《한글 큰 사전》에는 '학식이 있되 벼슬하지 아니한 사람'이라고 선비를 정의하고 있습니다. 터무니없어도 분수가 있어야지요. 선비가 벼슬하지 않았다니 말이나 됩니까. 사대부가 '벼슬한 선비'라는 뜻인데 이무슨 망발입니까. 한국을 대표하는 사전이 이런 지경이면, 선비에 대한 선망이 있을 까닭이 없습니다.

북한판 《조선말대사전》은 그래도 우리보다는 나은 편입니다. 선비의 정의를 '1. 봉건사회에서 주로 유교적 학문을 닦은 양반층 또는 그에 속하는 사람, 2. 낡은 사회에서 실천과 떨어져서 학문을 전문으로 하는 사람'이라고 했습니다. 선비의 정의까지를 이데올로기에 부합하도록 설명하고 있는 것이 답답하기는 합니다만, 그래도 꽤나 생각해 본 흔적이 있지를 않습니까.

그렇다면 선비는 무엇이고, 선비 정신이란 무엇이겠습니까. 조선 시대의 지배 구조를 관통하고 있는 성리학의 정신은 지식인들에게 '지행知行'을 가장 큰 덕목으로 가르쳤습니다. 물론 '지행'이란 배우고 익힌 바를 반드시 실행으로 옮겨야 하는 실천요강이기에 '도덕적 용기'를 수반해야 합니다. 그러므로 조선 시대는 실행하지 않는 고위 관직자보다 실행하는 상민들이 더 존경받을 수밖에 없었고, 도덕적 용기를 갖추지 못한 선비는 참 선비의 대열에 낄 수가 없었습니다.

그런 의미에서 인조조의 재상이었던 신흠申欽의 〈사습편士習篇〉의 구절은 곱씹어 볼만 한 대목이 아닐 수 없습니다.

> 몸에 역량을 간직하고, 나라에 쓰이기를 기다리는 사람이 선비
> 다. 선비는 뜻을 숭상하고尙志, 배움을 돈독히 하며敦學, 예를 밝
> 히고明禮, 의리를 붙들며秉義, 청렴함을 긍지로 여기며矜廉, 부끄
> 러워할 줄 안다善恥. 그러나 세상에는 흔하지 않다.

선비의 자질이 잘 정리된 글이라고 생각됩니다.

조선의 임금들은 스스로 왕도를 세워 나가기 위해 경연(經筵, 임금의 학문을 보살피는 일)을 소중히 했습니다. 경연은 아침, 점심, 저녁에 하였다 하여 조강朝講, 주강晝講, 석강夕講이라 했습니다. 그래도 부족하다 싶으면 밤에도 경연관과 더불어 학문을 논하고, 정사에 관해서도 토론했습니다. 이렇게 밤에 하는 경연을 야대夜對라고 했습니다.

중종 12년 4월 4일의 조강에서 있었던 일입니다. 특진관 이자건이 중종의 면전에서 아주 혹독한 직언을 입에 담았습니다.

> 강원도에는 서리가 오고 눈이 내려 보리가 얼어 죽었다 하고, 여
> 러 변괴로운 일이 아울러 나타나고 겹쳐져 한이 없습니다. 신의
> 생각으로는 성상께서 성심이 지극하지 못하여 그런가 싶습니다.

자연의 재해까지도 임금이 정치를 잘못한 데에서 기인했다는 직언입니다. 이어 시강관 조광조의 직언이 있었는데, 그 내용은 정말 곱씹어 볼만 합니다.

> 학술이 밝아 마음이 빈 거울처럼 맑으면 어찌 소인의 실태를 알지 못하겠습니까. 상하가 일체되어 조정이 화기에 차야 천재가 해소되는 법입니다. 지금 조정 안에서 재상은 옳다 하고 대간은 그르다 하여, 하나의 시비 속에서 조금만 뜻에 맞지 않으면 반드시 반목하여 서로 헐뜯어 위아래가 걸리게 되니, 신은 재변이 생기는 것을 조정의 불화 때문이라고 생각합니다. 만일 재상은 아래 동료들 보기를 자제子弟처럼 하고, 아래 관원은 상관 보기를 부형처럼 하여, 상하의 사이에 은휘(隱諱, 꺼리어 숨기는 것)하는 일이 없이 서로 바로잡고 경계하여 엄숙하고 화기애애하여진다면, 자연히 군자가 진출하게 되고, 소인은 물러나게 될 것입니다. (중략) 불행히 간사한 무리가 무식한 재상과 결탁하여, 간사하게 아첨해서 그의 술책을 부리면 한 소인이 뭇 군자를 이기게 되는 법입니다.

얼마나 기막힌 충정을 담은 직언입니까. 게다가 480년 전의 기록인데도 마치 오늘날 우리의 현실을 보고 있는 듯한 직언입니다. '……보수꼴통이 옳다 하면 386이 싫어하고, 386이 옳다 하면 보수꼴통이 싫어하고, 이런 일은 보수꼴통이 386을 자제처럼 아끼고,

386이 보수꼴통을 어버이처럼 섬긴다면……' 정말로 역사가 두렵다는 것을 실감할 수 있는 구절이 아닐 수 없습니다.

절대군주인 임금의 면전에서 이 같은 직언을 할 수 있는 사람이 참 선비입니다. 이것을 요즘 말로 설명하면 '행동을 수반한 지식인'이 됩니다. 아무리 큰 학문도 실천하지 않으면 무용지물이라는 율곡 이이의 가르침은 금언 중에서도 금언입니다.

선비가 없다는 것, 행동을 수반한 지식인이 없다면 사회의 기강은 무너질 수밖에 없습니다. 사회의 기강이 무너지면 사람들은 천박해집니다. 지금 우리의 현실이 그렇습니다.

━━━━

우리나라 가사 문학의 백미로 평가되는 《관동별곡關東別曲》을 쓴 송강松江 정철鄭澈은 꺾일지언정 휘어질 줄 몰랐던 성품이었습니다. 그가 사헌부 지평(持平, 정5품직)으로 있을 때의 일입니다.

명종의 사촌 형인 경양군이 처가의 재산을 탐내어 그의 아버지와 함께 처족妻族을 모함하여 마침내 처남을 죽이고 처가의 재산을 탈취한 사건이 있었습니다. 정철이 이 사건을 맡게 되자 명종은 그에게 관대히 처분하도록 밀지(密旨, 은밀한 지시)를 내렸습니다. 그런데도 정철은 왕명을 거부하고 경양군을 사형에 처했습니다. 법도와 정의를 으뜸으로 여기는 공직자의 표상이자 용기 있는 행동이 아닐 수가 없습니다.

정철의 강직함이 이와 같았으므로 당대의 거유 퇴계退溪 이황李滉
도 그에게 찬사를 아끼지 않았습니다.

옛 간관諫官의 풍도風度가 있다.

조선왕조와 같은 절대군주 시대에 고위 관직에 몸담고 있으면서
임금의 뜻을 거역하면서까지 공론公論을 주장하는 것은 자신에게
밀어닥칠 불이익을 감수하겠다는 각오 없이는 불가능한 일입니다.
때로는 죽을 각오가 되어 있어야 가능한 일입니다.

어느 시대이건 통치자의 신임을 빙자하여 군왕보다 더한 위엄을
누리면서 국사를 전횡하는 실세들이 있게 마련입니다. 이들 실세들
의 방자한 행태는 결국 그들의 상전인 군왕의 허물이 될 수밖에 없
습니다.

자치통감의 저자 사마광司馬光은 실세들의 방자함과 무능한 군왕
의 함수 관계를 아주 절묘하게 적고 있습니다.

임금의 근심은 신하의 간사한 것을 알지 못하는 데 있으니, 만약
에 알고서 다시 용서해 주면 알지 못하고 있는 것보다 못하다.

고산孤山 윤선도尹善道의 선비다움도 송강 못지 않았습니다. 윤선
도는 당대 주자학의 거벽인 우암尤庵 송시열宋時烈의 아집과 독선을
통렬하게 탄핵했습니다. 그야말로 자신의 이해와 아무 상관이 없이

오직 정도正道를 세우기 위해 분연히 나섰습니다.

아아, 선조로부터 믿고 의지하고 위임한 것이 양송(兩宋. 송시열과 송준길) 같은 이가 없사옵니다. 그런데도 그들은 선왕을 보도輔導하지 못하여 불행한 변이 있게까지 하고, 재궁을 쓸 수 없게 한 일까지 있었으니 이것은 만고에 없는 국가의 큰 변이었사옵니다. 인산因山은 마지막으로 보내드리는 큰 절차인데, 그 극히 길한 땅을 버리고 결점 있는 자리에 모시었으니, 이것은 장지를 택정하여 편안히 모시는 도리가 아니었사옵니다.

이때 윤선도의 나이 일흔넷이었으니, 이른바 행동을 수반한 지식인의 도리를 다한 참 원로의 모습이 아니고 무엇입니까. 그러나 결과는 참담하여 고산은 삼수三水로 유배를 가게 됩니다. 도성을 떠나는 늙은 시인을 우윤右尹 권시權諰가 따라가 배웅하면서 물었습니다.
"심중은 충분히 짐작하옵니다만, 너무 과격한 언사를 쓰시지 않았사옵니까. 노구에 북변 한지의 유배 생활을 어찌 견디려 하십니까."
차라리 부러질지언정 휘어질 줄 모르는 강직한 성품으로 평생을 살아온 노시인의 얼굴에 웃음이 피어올랐습니다.

이미 늙었으니 따뜻한 곳인들 특별히 즐거울 것 없고, 춥고 험한 곳인들 유별나게 괴로운 것도 없을 터, 나와 같은 사람이나 이런 말을 하지 또 뉘라서 하겠는가. 내 한 몸의 화를 충분히 짐작하면

서도 그런 언사를 쓴 까닭은 모두 주상전하를 위해서이네. 보령
스물인 주상전하의 어의를 송시열 등이 좌지우지하니, 이대로야
종사가 제대로 되겠는가. 내 보잘것없는 상소가 우암을 내쫓지는
못하더라도, 경계하는 뜻은 충분했을 것이네.

이 얼마나 태연하고 아름다운 참 선비이자 참 원로의 모습입니
까. 고산 윤선도의 〈오우가五友歌〉를 외면서 그분의 높은 지조를 배
워야 하는 것이 우리 지식인들이 해야 할 일인데도 마치 옛이야기,
책에 나오는 전설처럼 생각하기도 하고, 심지어 그런 이야기가 있
는지조차 모르는 것이 우리 지식인들입니다.

조선 선비의 절반이 영남에 있고, 영남 선비의 절반이 선산善山에
있다는 옛말이 있습니다만, 참 선비가 어느 특정 지역에 몰려 있다
는 것은 그 지역에 학문이 깊고 실행이 뛰어나서 존경받는 스승이
있었기 때문입니다. 문벌이나 학벌에 연륜이 쌓이면 스승을 넘어서
는 제자도 나옵니다. 요즘 우리 학계를 들여다보면 문벌을 이룬 스
승들을 눈 씻고 찾아봐도 없습니다. 모두가 독불장군입니다.

면암勉庵 최익현崔益鉉은 경기도 포천에서 태어났습니다. 말년에
충청도 정산定山에 거처를 정했으나, 을사년의 늑약이 체결된 다음
해인 1906년 2월 21일 일흔세 살의 노구를 이끌고 가출을 단행합

니다. 의병을 일으키기 위해서였습니다.

최익현은 전라도 태인泰仁에 당도하여 임병찬林炳瓚을 찾았습니다. 임병찬은 본시 군리郡吏였는데, 동학군을 토벌하는 큰 공을 세워 낙안군수樂安郡守에 제수되었다가 친상을 당하여 시묘侍墓 살이를 하고 있었습니다. 최익현은 시묘 살이 현장으로 그를 찾아갔습니다.

> 본시 나라에는 삼통三統이 있으니, 부통父統, 군통君統, 사통師統이 라. 부통은 이체理體로 존재하니 체통體統이 되는 것이요, 군통은 이법理法으로 존재하니 법통法統이 되는 것이며, 사통은 이도理道 로 존재하니 도통道統이 아닌가. 그대에게는 지금 나라가 무너졌 으니 이미 법통이 사라졌음이요, 부모의 친상을 당했으니 체통이 또한 사라졌다. 이 두 가지를 다시 살리기 위해서는 체통을 지키 는 효를 법통을 지키는 충으로 옮겨 가야 하지 않겠는가.

실로 최익현 사상의 집약이랄 수 있는 삼통위일三統爲一이 사제 간의 마음을 하나로 묶을 수가 있었습니다.

임병찬은 시묘 살이를 중단하고 최익현을 따라 태인의 무성서원 武城書院으로 달려가 80여 명의 유림들과 강회講會를 열고, 의병 활동 으로 돌입합니다. 최익현의 문도와 유림들은 피 끓는 결기를 새롭 게 하며 '서고조약誓誥條約'을 선언하고 행동으로 옮겼습니다. 불과 보름 동안에 의병의 수는 800여 명으로 늘어났습니다.

최익현의 의병군이 정읍井邑, 곡성谷城, 순창淳昌 등을 중심으로 크게 위세를 떨쳐 나가사, 조신통감부는 남원진위대南原鎭衛隊와 전주지위대全州鎭衛隊를 파견하여 최익현의 체포와 의병군의 섬멸을 명하였습니다.

그해 윤 4월 최익현의 의병군과 정부군의 교전이 있었습니다. 그러나 토벌군의 선봉이 조선군임을 알게 된 최익현은 아무리 나라를 찾는 일이기로 동족의 가슴에 총을 쏠 수 없다 하여 문도들에게 해산 명령을 내리고 자신은 관군에 투항합니다.

조선통감부는 최익현을 약식 재판을 거쳐 적지 대마도에 유배했습니다. 최익현은 초량 앞바다에서 물 한 동이를 마련하고, 버선발 밑에 초량의 흙을 깔았습니다. 한 방울의 일본 물도 마시지 않을 것이며, 일본 흙을 밟지 않겠다는 결단이었습니다. 결국 최익현은 왜국 땅 대마도에서 식음을 전폐하면서 순국했습니다. 면암이 남긴 유시遺詩는 오늘을 사는 우리들을 숙연하게 합니다.

일어나면 북두를 우러르고 임금님 계신 곳에 절하면
起瞻北斗拜瓊樓

흰머리 오랑캐의 옷자락에 분한 눈물 쏟아져 흐른다네.
白首蠻衫憤涕流.

만 번을 죽는다 해도 부귀는 탐하지 않으리.
萬死不貪秦富貴.

평생을 읽은 글이 노나라의 춘추라네.
一生長讀魯春秋.

마지막 구절인 '평생을 읽은 글이 노나라의 춘추라네'라는 대목은 느끼게 하는 바가 너무 커서 백 번을 읽어도 모자람이 없을 것입니다. 역사를 소중히 하고, 역사에 대한 외경심이 있었기에 신하의 도리, 어버이의 도리, 스승의 도리, 제자의 도리를 충실하게 다할 수 있었다는 자부심이 잘 드러나 있기 때문입니다.

최익현이 평생을 하루같이 직언, 직필의 상소문을 올릴 수 있었던 것은 자기희생을 감수하고서라도 임금의 소임을 깨우치고, 나라의 명운을 열어 가리라는 참 선비의 도리를 실행하려는 용기가 있었기 때문입니다. 그러므로 그의 삶은 최익현 한 사람의 삶이 아니라 천하동생天下同生이며, 그의 죽음은 최익현 한 사람의 죽음이 아니라 천하동사天下同死라고 말합니다.

결국 참 선비의 도리는 도덕적 용기를 갖추고, 그것을 행동으로 옮겨 실천한 지식인의 삶에서 찾을 수 있다는 사실을 알게 됩니다.

━━━━

자, 이번에는 직언한 결과를 생각해 보아야 되겠습니다. 직언한 결과는 직언한 사람을 불행하게 했습니다. 대개는 파직되어 벼슬자리에서 쫓겨나야 했고, 더러는 귀양을 갔으며, 심하면 사약을 받고 목숨을 잃었습니다. 그러면서도 직언하는 사람들의 공통점은 자신에게 다가오는 불행을 알고 있었다는 점입니다.

직언은 임금의 잘못을 뉘우치게 하고, 정부의 과실을 바로잡게 합니다. 또한 충직한 직언은 백성을 고초로부디 구해 줍니다. 그러므로 참 선비는 자신의 희생을 조건으로 군왕을 뉘우치게 하고, 정부의 잘못을 바로잡게 하면서 고통 속을 헤매는 백성들에게 희망을 줍니다.

조선의 선비 중에서 가장 빛나는 사람들이라면 누구를 거론해야 합니까. 문묘文廟에 위패가 모셔진 분들일 것입니다. 문묘가 무엇입니까. 성균관 대성전의 별칭입니다. 조선을 대표하는 모든 선비들이 거기에 와서 절을 하면서 존경심을 표하지 않습니까.

죽어서도 영원히 이름을 남기고 이 땅의 모든 후학들로부터 존경을 받는 사람들, 바로 문묘에 모셔진 선비들이 누구인지 살펴보면 직언이 얼마나 어려운 것인지, 그러나 그 결과가 얼마나 아름다운지 알 수 있을 것입니다.

문묘의 제단 중앙에는 공자와 그의 제자 중에서도 사성四聖이라고 불리는 안자顔子, 증자曾子, 자사子思, 맹자孟子를 배향하였고, 해동 18현海東十八賢으로 추앙되는 조선의 현인들도 배향하였습니다. 신라 사람으로 설총과 최치원이 모셔졌고, 고려 사람으로는 안향과 정몽주가 종사從祀되었습니다.

문제는 문묘에 모셔진 조선의 선비들입니다. 생각해 보십시오. 모두가 출중한 선비들인데 누구를 넣고 뺄 수가 있겠습니까. 보통 심각한 일이 아니었습니다. 누구를 문묘에 배향해야 하는가의 논쟁은 끊임없이 계속되다 광해군조에 들어와서 결말을 보게 됩니다. 이른바 사림파士林派의 정치적 승리가 완결되었기에 가능했습니다.

먼저 김굉필, 정여창, 조광조, 이언적, 이황 등 다섯 분이 문묘에 배향됩니다. 참 대단한 결정입니다. 그 후에도 논란이 쉬지 않고 거듭되고서야 김인후, 성혼, 이이, 조헌, 송시열, 송준길, 김장생, 김집, 박세채가 배향되었습니다. 모두 열여덟 분입니다.

이분들이 어떤 분입니까. 쉽게 말하면 칼날 같은 직언으로 임금을 괴롭힌 분들입니다. 화가 난 임금은 이분들을 파직하기도 하고 귀양을 보내기도 했습니다. 김굉필, 조광조, 송시열에게는 사약까지 내렸습니다. 이분들을 괴롭히고 죄준 임금들은 모두 땅속에 묻힌 채 잊혀져 가고 있습니다. 그래서 권력은 한 줌이라고도 합니다.

자신의 희생을 전제로 공익에 이바지한 용기 있는 분들은 모두 다시 살아났습니다. 이분들은 문묘에 배향되고, 서원에 모셔지고, 때로는 향교에도 종사되어 영원히 살아 있으면서 그 자손들에까지 영광을 나누어 주고 있지 않습니까.

지금 우리 주위에 만연한 태만함과 천박함과 과소비의 거품을 걷어 내기 위해서는 행동을 수반한 지식인들이 있어야 합니다. 대통령의 잘못된 언동을 직언으로 꾸짖을 수 있어야 합니다. 비틀거리는 정부의 과실을 바로잡아 주어야 합니다. 날로 천박해지는 국민들의 생각도 똑바로 고쳐 주어야 합니다.

그것은 오직 우리의 정체성을 살펴서 그 정체성을 이 땅의 유소년幼少年들에게 꿈으로 심어 주고서만 가능합니다. 그 꿈을 가꾸어 나가게 하는 것이 바로 정신적 근대화의 시작입니다.

CEO 마인드와
국가 경영

21세기로 들어서면서 나라를 통치하는 일에 'CEO 마인드'를 도입하자는 주장이 분분한 때가 있었습니다. 다시 말하면 절대 권력이 보장된 '통치'라는 수직적인 개념을 '경영'이라는 수평적인 개념으로 확대해 보자는 뜻이 아닌가 합니다.

국가의 통치가 '예고 없이 나타나는 여러 딜레마를 극복하는 과정의 반복'이라는 점에서 기업의 경영과 다를 바가 없습니다. 아무리 많은 자금을 새롭고 유망한 분야에 투자하였다 하더라도 기업 이윤이 생겨나지 않고 적자가 계속된다면 그 책임의 소재가 경영자에게로 돌아가는 것은 당연합니다.

나라의 통치가 국가의 미래로 향해 뻗어 나가지 못하고 현실의 여러 딜레마에만 매달린다면 통치자의 카리스마를 탓하게 되면서 결국 무능을 추궁받게 됩니다. 그러므로 기업을 경영하는 오너 혹은 CEO에게는 경영 철학을 따지게 되고, 나라를 다스리는 통치자에게는 통치 철학의 척도를 묻게 됩니다.

기업의 리더가 소기의 목적을 달성하기 위해서는 첫째로 유능한 스태프를 거느릴 수 있는 능력이 있어야 하고, 그 스태프들이 제기하는 문제를 읽어 내는 식견이 있어야 하며, 또 그것을 실행에 옮기는 데 필요한 판별력과 실천의지가 겸비되어야 합니다. 이를 기업의 핵심 가치를 극대화하는 일이라고 합니다.

국가를 통치하는 일이라 하여 다를 것이 없습니다. 물론 유능한 스태프(장차관 혹은 참모진)를 선임하는 안목이 있어야 하고, 선임된 스태프에게는 스스로 창의성을 창출하여 실행하게 함으로써 국가의 미래를 열어 가는 역량을 극대화해야 합니다.

아무리 훌륭한 창의성도 실행이 되지 않으면 기업에서 말하는 핵심 가치를 훼손하게 됩니다. 그런 점에서는 국가의 경영도 다를 것이 없습니다. 기업이 '창업 정신의 보존과 발전'이라는 핵심 가치를 최상의 목표로 삼고 그것으로 성패를 가늠한다면, 국가의 핵심 가치는 대개가 헌법의 전문前文에 명시되어 있습니다. 또 그것은 해당 국민들이 따르고 지켜야 하는 역사인식歷史認識의 방향이나 다름이 없습니다. 기업의 창업 정신이 무너지면 나아가야 할 방향이 잡히지 않습니다. 물론 국가의 발전도 다를 바가 없습니다.

역사는 그 핵심 가치의 실행 여부를 적어서 후대에 전하고 있습니다. 그러므로 역사가 전하는 성패의 교훈을 바르게 인식하는 것이 국가의 통치와 기업 경영의 성패를 가늠하는 첩경입니다.

> 정치를 잘하려면 지난날의 치란治亂의 자취를 잘 살펴보아야 한다. 치란의 자취를 살피기 위해서는 지난날의 역사를 상고上考하는 것이 최선이다.

수없이 되풀이해 살펴보아도 하자를 찾아내기 어려운 것이 세종대왕의 역사인식입니다. 그분의 치세는 비록 32년간이었으나 조선 왕조 519년 동안의 전체나 다름이 없을 정도로 선정善政의 핵심이었다면 역사인식의 준엄함이 어느 정도인지를 알고도 남게 합니다.

스티븐 코비의《성공하는 사람들의 7가지 습관》이 우리나라에서 초 밀리언셀러가 되었듯, 오늘의 기업이 아른바 'CEO 마인드'라는 서양식 경영 용어에 매달리는 것을 구태여 나무랄 생각은 없습니다. 그러나 그 용어나 내용의 핵심을 이루는 마인드는 아주 옛날부터 우리 동양의 제왕학帝王學적 개념에 구체적으로 거론되고 있었다는 사실에 유념한다면《성공하는 사람들의 7가지 습관》을 읽기에 앞서 우리 역사를 먼저 읽어야 한다는 결론에 도달하게 됩니다.

중국에서는 통치자(황제)를 천자天子라고 불렀습니다. 하늘의 아들임을 들어 제왕帝王의 무한한 권위를 부여한 것이나 다름이 없습니다. 임금에게 주어지는 절대 권력에 대해서는 서양이라 하여 다를 것이 없습니다. 프랑스의 황제는 "짐朕이 곧 국가!"라고 선언할 만큼 임금의 권위에 스스로 무게를 실었습니다.

짐朕은 '나'라는 뜻입니다. 임금은 세상의 모든 사람에게 존칭을 하지 않아도 되는 문자 그대로 유아독존의 '나我'로 군림한다는 뜻이기도 합니다. 그러나 조선왕조의 임금은 스스로 천자가 아닌 속방屬邦의 제후諸侯라고 여겼기에 짐이라는 말을 쓰지 못하고 스스로 모자라는 사람이라는 뜻의 '과인寡人'이라고 몸을 낮추었습니다. 물론 대국(중국)의 눈치를 살피기 위한 방편이었습니다.

스스로 과인이라고 낮추어 부른다 하여 임금에게 주어진 절대 권력이 손상되거나 축소되는 것은 아닙니다. 형식적으로는 임금의 독단을 견제하는 여러 가지 장치가 있었어도, 권도權道라는 명분을 부여하여 오히려 임금의 독단을 존중하기까지 하였습니다.

"……권도로써 행할 것이니 그리 알라!"

이 한마디면 누구도 이의를 제기할 수가 없었습니다. 임금이 후사後嗣 없이 세상을 떠나거나, 쿠데타와 같은 무력 혁명이 없다면 임금의 자리는 세자(장자)에게 세습되는 것이 농경 국가의 법통입니다. 왕위의 세습이 통치자의 자질보다는 적통을 소중히 하였기에 때로는 통치자의 자질을 갖추지 못한 임금이 등장하여 나라의 기강을 무너뜨리고 백성들의 삶을 곤경으로 밀어 넣는 경우도 적지 않았습니다.

임금이라는 절대 권력에게 통치자의 자질을 깨우치기 위해서는, 학덕이 높은 신하들로 하여금 제왕학을 강론하게 하고, 재위 중에는 경연을 열어 임금의 정치적 현실인식을 강화하고자 했습니다. 이는 통치자의 자질이 나라의 명운은 물론 백성들의 삶과 직결되었기 때문입니다.

율곡栗谷 이이李珥는 자신이 쓴 《동호문답東湖問答》의 첫머리에서 나라를 다스리는 정도正道를 명쾌하게 서술하였습니다.

> 손님 "고금에 치란治亂이 없는 때가 없으니, 어찌하면 치治가 되고, 난亂이 되는가?"
>
> 주인 "치에는 두 가지가 있다. 난에도 두 가지가 있다."
>
> 손님 "무슨 말인가."
>
> 주인 "임금의 재지才智가 뛰어나서 호걸을 부리면 치하고, 재지는 부족하더라도 어진 이에게 맡길 수 있다면 치하게 된다. 이 것이 치에 두 가지가 있다는 뜻이다. 임금이 자기의 총명을 믿고 아랫사람을 불신하면 난하게 되는 것이니, 이것이 난 에도 두 가지가 있다는 뜻이다.

실정失政과 선정善政의 차이를 이같이 알기 쉽고 명쾌하게 설파한

글을 만나기란 그리 쉽지 않습니다. 결국 사람(스태프)을 쓰는 일이 경영이나 치도의 핵심입니다. 다른 말로는 군자君子와 소인小人을 구분할 줄 아는 지혜가 필요합니다. 경영에 실패하는 것도, 통치에 실패하는 것도 모두가 군자와 소인을 구별하지 못하는 어리석음에서 시작됩니다. 따라서 이이의 지적은 왕조 시대의 임금에게만 적용되는 것이 아니라, 요즘 화제가 되고 있는 'CEO 마인드'는 물론 대통령의 통치술과도 맥을 같이한다는 사실에 유념하여야 합니다.

불행하게도 우리가 선출한 역대의 대봉령늘은 서로 약속이나 한 듯 두 가지 난亂 중에서 어느 한쪽이 아니라 두 가지 모두에 매달려 있었기에 정치는 정도를 찾질 못했고, 국민들의 마음은 그들의 정부로부터 떨어져 나갈 수밖에 없었습니다. 그 결과는 어느 전직 대통령도 존경의 대상이 되지 못하고 있음이 잘 말해 주고 있습니다. 그러므로 나라를 통치하는 일에 경영 마인드를 도입해야 한다는 주장을 소중하게 여기면서도 가치의 실행 여부에 평가의 기준을 두게 됩니다.

이 대목에서는 아주 귀담아들어야 하는 경영 철학이 있습니다.

일본 국민들이 가장 선호하는 국가브랜드는 '내셔널NATIONAL'입니다. 제 친구인 야마타 노부오山田信夫는 일본 영화계에서 최상의 위치에 있는 시나리오 작가입니다. 그의 집에 가면 소니SONY 제품은 눈 씻고 찾아봐도 없고, 모든 가전제품이 내셔널로 통일되어 있었습니다. 저는 그 뜻이 무엇이냐고 물었습니다. 그의 대답은 간단명료했습니다.

"국민기업이니까."

"그걸 누가 정했나요?"

"국민이 정했지요. 물론 이심전심以心傳心이지만……."

내셔널 하면 반드시 떠오르는 한 사람의 경영자가 있습니다. 모든 내셔널 제품을 생산하는 마쓰시타 전기松下電氣의 창업주 마쓰시타 고노스케松下幸之助입니다. 그는 남의 말을 귀담아듣는 것으로 정평이 나 있습니다. 그것이 지나친 경우가 있어 참모들이 가끔 주의를 준다고 합니다. 그분의 대답은 아주 간단합니다.

학력이 초등학교 중퇴임으로 아는 것이 별로 없어서 남의 말을
귀담아듣지 않을 수가 없다.

너무도 겸손한 말이지만 '남의 말을 귀담아들어야' 하는 것이 마쓰시타 전기의 경영 철학입니다. 또 마쓰시타 전기는 직원들의 후생복지 시설을 무엇보다도 우선하게 합니다. 회사의 간부들이 지금은 복지 시설보다 공장의 증축이 더 급하다고 진언해도 그의 대답은 한결같았습니다.

"내가 어려서 병치레를 많이 해 보아서 아는데, 몸과 마음이 성치 않으면 이루어지는 성과가 없어."

일본 국민들이 내셔널이라는 브랜드를 사랑하는 것은 창업주의 이와 같은 소박하면서도 단호한 의지에 찬동하였기 때문입니다. 그렇지 않습니까. 내셔널이라는 것은 곧 '국가'라는 의미가 아닙니까.

마쓰시타 전기의 창업주 마쓰시타 고노스케는 브랜드 명인 내셔널에 걸맞게 '인재 육성'을 창업 이념으로 세웠습니다. 그리고 그것은 국가의 미래 비전에 연결될 것이라고 확신하였습니다. 그의 소신은 일단 제품으로 증명이 되었고, 회사의 운영 또한 검증되면서 일본 국민들의 전폭적인 지지를 끌어내는 데 성공하였습니다.

이에 보답이라도 하듯 마쓰시타 고노스케는 21세기를 이끌어 나갈 국가적 인재 양성을 표방하면서 마쓰시타 정경의숙松下政經義塾을 설립합니다. 1979년에 70억 엔을 투자해서 세운 특수대학원 과정입니다. 4년제 대학을 졸업한 사람이면 누구나 입학할 수가 있습니다만, 그 선별 과정은 지독히 엄격하였습니다. 대학원을 설립한 마쓰시타 전기에서 필요한 인재가 아니라 일본이라는 나라를 위해 쓰일 인재를 양성해야 하기 때문입니다.

한 학기마다 25세에서 35세까지의 젊은이들을 일곱 명에서 여덟 명 정도 정예만을 뽑습니다. 그리고 인성을 중심으로 하는《논어論語》를 중심으로 아침 7시부터 저녁 7시까지 하루 12시간이라는 혹독한 수업을 강행합니다. 2년 동안이나 말입니다. 그 대신 입학한 학생들에게는 2년 동안 매월 20만 엔(우리 돈으로 270만 원 상당)의 급료를 지급해 가정을 꾸리고도 공부할 수 있는 환경을 만들어 주고 있습니다.

1979년 개교한 이래 오늘에 이르기까지 약 30년의 세월이 흘렀습니다만 그 성과는 실로 엄청납니다. 마쓰시타 정경의숙 졸업생 중 2010년 현재 일본 중의원(衆議院. 우리의 국회의원)이 스물세 명이며,

직권당인 민주당 정부의 장관이 두 명입니다. 그러나 설립 기업인 내셔널에서 일하는 사람은 없습니다.

기업의 이윤이 국가로 돌아가야 한다는 설립자의 창업 의지는 온 일본 국민들을 감동하게 하였습니다. 그가 일본 최고의 훈장을 받던 날 천황은 그가 탄 휠체어를 밀면서 식장으로 들어왔습니다. 텔레비전으로 생중계되는 이 화면을 지켜보면서 수많은 일본인들이 눈물을 흘렸다고 합니다. 많은 일본인들의 가슴에 천황 다음으로 존경하는 인물이 마쓰시타 고노스케라고 새겨지게 되는 까닭을 아셨으리라 생각합니다.

이러한 'CEO 마인드'는 이른바 21세기식 오늘의 현실인식에서 시작된 새로운 이론이 아니라는 사실을 분명히 알아야 합니다. 이미 오래전부터 통치자의 자질을 향상시키기 위한 '제왕학'에 기술되고 강조된 내용을 오늘날의 경영 용어로 바꾼 것임을 명심해야 합니다.

성왕聖王 세종은 32년이라는 재위기간 중 단 하루도 편한 날이 없을 만큼 갖가지 시름과 고통에 시달렸으나, 국정에 임하는 그의 모습은 경건하면서도 초인적이었습니다.

조선의 임금은 하루에 네 번씩 경연관(經筵官. 임금의 학업을 돌보는 젊은 신료들)들과 함께 학문에 정진하면서도 백성들의 사정을 눈여겨 살펴야 합니다. 그러므로 젊은 경연관들은 임금을 민망하게 하는 직언을 할 수밖에 없습니다. 임금의 면전에서 수없이 직언을 한 사람들이 승진하여 판서가 되고 정승이 됩니다. 경연관 시절부터 직언으로 임금을 교화하고 설득했던 선비들이라 지위가 높아진다 하여 직언이 아첨으로 바뀌지는 않습니다. 그런 전통이 '임금을 능멸하고서도 살아남는 나라'를 만들었습니다. 무소불위의 통치자를 능멸하였다면 죽어 마땅한 것이 다른 나라의 예가 되겠습니다만, 조선 왕조에서는 오히려 선비의 미덕으로 평가되었습니다.

임금이 직언을 할 줄 아는 젊은 신하들과 더불어 학문을 탐구하는 것은 고금의 역사를 살펴서 선정이 무엇인가를 궁구하는 일이며, 또한 민심의 향배를 바로 알기 위한 일이었습니다.

> 공론公論은 나라를 지탱하는 으뜸 되는 기운이다. 공론이 조정에 있으면 그 나라는 다스려지고, 공론이 항간에 떠돌게 되면 그 나라는 어지러워진다. 그러나 만약 그것이 상하에 모두 없으면 나라는 망한다. 어찌 공론을 절금絶禁할 수가 있겠는가.

율곡 이이가 임금에게 민심의 중요성을 일깨운 〈대백참찬소代白參贊疏〉의 일부입니다. 오늘날의 기업 경영에 적용하여도, 국가 운영에 적용하여도 한 치의 하자도 없는 내용입니다. 그러므로 성왕 세종은 형언할 수조차 없는 육신의 고통 속에서도 경연을 소홀히 하거나 불참한 일은 거의 없었습니다. 그가 국정에 임한 모습은 어짐을 이루고成仁, 의로움을 취하는取義 일에 전력을 다하는 모습이었습니다.

민심을 바로 알아서 공론을 정하는 것은 경영의 기초를 다지는 일이나 다름이 없습니다. 경영의 기초가 튼튼하면 새로운 미래를 열어 갈 수 있는 자신감을 얻게 되지 않겠습니까. 그러므로 세종은 신임할 수 있는 스태프를 정하면 그들에게 모든 것을 맡기고 자극하는 것으로 창의성을 이끌어 냈습니다.

성왕 세종의 치세가 가장 훌륭했던 태평성대로 평가되는 것은 정법正法과 조화調和를 무엇보다도 소중히 하였던 그분의 통치 철학이 실행으로 옮겨졌기 때문입니다. 그는 정무를 살핌에 있어서 상경(常經, 사람이 지켜야 할 변치 않는 법도)과 권도(權道, 왕명으로 임기응변에 대응하는 것)를 존중하면서도 어느 한쪽에 치우치지 않았으며, 특히 몸소 정법正法을 실행해 보이는 것으로 신료들로 하여금 귀감을 삼게 하였습니다.

성왕 세종의 통치술은 제왕적 통치자의 수직적인 권위에 수평적인 CEO의 경영 마인드를 절묘하게 구사하고 있었음을 잘 보여 주고 있습니다. 바로 여기서 21세기식 CEO 마인드라는 것이 서양식 경영 마인드가 아니라 이미 오래전 동양의 '제왕학'에서 비롯된 것이며, 그것은 이론이 아니라 실천의 여부가 경영의 성패를 좌우한다는 사실을 명백하게 보여 주고 있음이 아니겠습니까.

조선왕조를 경영 마인드의 시각으로 살핀다면 519년 동안이나 기업을 유지할 수 있었던 성공적인 '영속 기업'이라고 볼 수 있겠습니다. 창업 당시의 무수한 어려움을 극복하고 새로운 기업 정신을 확립하는 이른바 '비전 기업visionary company'을 지향하였을 때, 왜구의 침입으로 야기된 임진왜란, 북쪽 오랑캐로 인한 병자호란 등의 외환外患과 왕조 내부의 갈등으로 인한 내우內憂 등 헤아릴 수 없는 위기와 딜레마를 극복하면서도 찬란한 문화유산을 오늘에까지 남길 수 있었다면 500년 조선왕조의 역사는 어떠한 경우에도 폄하되어서는 안 됩니다.

조선왕조를 이끈 스물일곱 명의 CEO들 중 누가 조선왕조라는 거대 기업을 올바른 방향으로 이끌었고, 누가 위기로 몰아넣었는가를 거론한다면 그 성공과 실패의 원인이 어디에 있었는지를 이해하기는 결코 어려운 일이 아닙니다.

한 기업이 초일류 기업으로 성장하기 위해서는 또는 그 문턱에서 좌초되기까지는 다음과 같은 과정을 거치게 됩니다.

창업 - 안정(수성) - 위기(변화) ⟨ 제2의 창업(혁신)
　　　　　　　　　　　　　　　 현실 안주(몰락 · 붕괴)

이 과정을 조선왕조라는 거대 기업에 적용해 본다면 성공한 임금이 경영하는 왕조와 실패한 임금이 경영하는 왕조가 확연하게 달랐다는 사실을 알게 됩니다.

조선왕조의 창업에서 수성(태종), 창조(세종), 정착(성종), 위기(선조), 제2의 창업(정조)으로 이어지는 과정은 기업의 올바른 방향을 설정하고 미래에 대한 비전을 제시했으며, 기회를 장악하는 결단력이 발휘되고 있었음을 알 수가 있습니다.

반대로 실패한 임금의 대열에 놓여야 하는 세조, 중종, 연산군, 광해군, 인조, 고종 등이 이끌었던 시대는 기업의 핵심 이념을 실행에 옮기지 못하였습니다. 다른 말로 바꾸면 기업이 지향하는 '이익의 극대화'에만 매달렸던 탓으로 '이익의 실현'을 넘어서는 가치 창조를 소홀히 하면서 실패 쪽으로 접근할 수밖에 없었습니다.

이 문제는 대단히 중요합니다. 이른바 '비전 기업'의 모범이라고 불리는 '머크Merck' 사의 핵심 가치는 어떻게 보전되고 있습니까.

인류의 생명을 지키고 삶의 질을 향상시키는 것이 우리의 사명이다. 우리 사업의 성패는 이 사명을 얼마나 달성했느냐에 달려 있다.
_ 머크, 〈사내 경영지침서〉 중에서, 1989년

이 구절은 머크 사가 경영상 중요한 판단을 내려야 할 때, 그 판단이 자신의 회사가 지향하는 핵심 가치에 부합하는가를 먼저 반문하게 된다는 사실을 보여 주고 있습니다.

결국 제3세계에 값싸고, 효과 없는 약을 수출할 수 있는 호기가 생긴다고 하더라도 머크 사는 그런 기회를 포기할 수밖에 없었습니다. 왜냐하면 그 거래가 아무리 큰 이익을 가져온다 하더라도 회사의 핵심 가치를 훼손하게 된다면 장기적으로는 기업이 표류하게 되고 끝내는 좌초하게 되기 때문입니다.

머크 사를 비롯한 세계의 유수한 성공 기업들이 신주처럼 받들고 있는 핵심 이념 또는 핵심 가치란 무엇이겠습니까. 그들은 '이윤을 넘어선 그 무엇'이라고 설명합니다. 다른 말로 바꾸면 기업의 창업 이념을 완성하면 가치가 된다는 신념일 것입니다.

국가를 경영하는 일이라 하여 다를 것이 없습니다. 국가에도 창업 이념이 있고, 그 창업 이념을 구체화하는 비전에 핵심 가치가 작용되기 때문입니다. 그러므로 국가의 핵심 가치는 스스로 국가로 존재해야 하는 명분이며 당위일 수밖에 없습니다. 결국 국가나 기업의 핵심 가치란 통치자나 CEO의 단순한 경영 철학이 아닌, 그 국가나 기업의 조직원 모두가 동의하고 존재하는 이유가 되어야 합니다.

세계의 어느 국가에도 그 국가가 지향하는 핵심 이념과 핵심 가치가 있습니다. 그러면서도 성공한 국가와 실패한 국가가 있는 것은 '핵심 가치'를 가지고 있느냐의 여부가 아니라, 그 이념의 가치를 먼저 스태프들에게 이해하게 하고 실천하게 해야 하며, 국민들에게도 그에 합당한 꿈과 역사인식을 심어 주어서 여러 동기를 유발하는 행동의 지침이 되게 하느냐에 달려 있다고 하겠습니다.

세조, 중종, 연산군, 광해군, 인조, 고종의 시대가 실패한 왕조인 것은 국가 경영의 핵심 이념을 임금은 물론 그를 보좌하는 스태프들도 실천하고자 하는 의지가 미약하였기 때문입니다. 또 그들은 머크 사가 지향하는 실천의지에 정반대되는 이른바 눈앞의 실리에만 매달려 있었습니다.

이쯤에서 분명히 해 둘 일이 있습니다. 세계에서 가장 뛰어난 40여 명의 CEO들과 인터뷰를 한 내용을 《CEO 마인드》라는 한 권의 책으로 엮어 세계적인 화제를 모았던 제프리 E. 가튼의 고백은 참으로 음미해 볼만 합니다. 그는 현대의 CEO들이 제시하는 경영 마인드의 이론적인 근거를 살핀 결과 놀랍게도 1600년대로 거슬러 올라간다고 했습니다. 바로 여기가 현대적인 경영 마인드를 서양 이론에 적용하려는 사람들의 한계임을 알아야 합니다.

이른바 현대의 경영 마인드는 조선왕조의 국가 경영에 적용되었던 제왕학에서 한 치의 착오도 찾을 수가 없다는 점입니다. 다만 사용되는 말이 현대의 기업 용어로 바뀌었을 뿐입니다.

그러므로 피지배자들도 불만이 없었던 세종조와 같은 태평성대를 이룩한 세종의 통치 철학은 현대의 CEO들에게는 핵심 가치를 보존하고, 발전하게 하는 현대 경영학의 이론적인 배경을 그대로 보여 주는 귀감이 아닐 수 없습니다. 그러나 같은 제왕학의 이념과 가치로 통치에 임했어도 광해군조의 난정은 핵심 가치의 발전은 고사하고 그 보존까지 위협한 패덕의 연속이었으며, 결국 그 실패는 통치자의 폐출로 이어지고 있음을 명확하게 보여 주고 있습니다.

같은 핵심 이념으로 나라를 통치한 제왕학의 개념이 어찌하여 이같이 상반된 결과로 나타납니까. 해답은 아주 간단합니다. 통치자가 미래로 이어지는 아름다운 비전을 제시하지 못하고, 실행의지를 솔선수범하지 못했던 까닭입니다.

여기서 우리는 통치자의 리더십도 그것을 발휘하게 하는 카리스마도 몸소 식견과 균형을 바탕으로 실천하고 실행하는 귀감을 보여야만 핵심 이념을 굳건하게 보전할 수가 있으며, 그것이 성공하는 시대로 진입하는 외길임을 알게 됩니다.

여러분 CEO들께서 역사를 소중히 해야 하는 까닭이 바로 여기에 있다는 사실을 명심해야 합니다.

꿈이 있는
교육의 실현

사랑하는 교단教壇 후배 여러분, 먼저 각 급 학교의 교장 선생님으로 승진하신 것을 마음으로부터 경하드립니다. 제가 감히 교장 선생님이 되신 여러분에게 사랑하는 교단 후배 여러분이라고 부른 것은 저 또한 초등학교 교단에 섰던 경험을 소중하게 그리고 자랑스럽게 간직하고 있기 때문입니다.

지금으로부터 58년 전, 그러니까 여러분이 아직 태어나기도 전인 1953년에 저는 강릉사범학교를 졸업하고 제가 태어난 고장인 강원도 강릉의 옥계국민학교에 부임하였습니다. 6·25라는 미증유의 동족상잔이 고비에 이르렀을 때였습니다. 미국의 원조 물자가 아니면 먹지도 입지도 못하던 참담한 시절이기도 하였습니다. 따라서 모든 세계인의 캐치프레이즈는 '굶어 죽는 한국의 전쟁고아를 살리자'는 것이었습니다. 부끄러워할 것은 없습니다. 그때의 우리나라는 국민총생산 50달러에도 미치지 못하는 세계에서 가장 가난한 나라였습니다.

제가 담임한 6학년 2반은 67명이었고, 이 중에서 도시락을 싸 올 수 있는 어린이는 5, 6명에 불과하였습니다. 점심시간이 되면 교사인 저는 시선 둘 곳을 찾지 못하고 먼 산을 바라보면서 하염없이 눈물지었던 기억이 지금도 생생합니다.

미국에서 보내 준 원조 물자인 옷은 대개가 그쪽 어른들의 옷이라 어린이들이 입으면 옷자락이 땅에 끌리는 외투와 같았고, 보내 준 먹을거리라는 것도 드럼통에 들어 있는 분유(粉乳, 노란 우윳가루)였습니다. 이 우윳가루를 물에 타서 한 컵씩 마시게 하는 것이 요즘말로 급식인 셈입니다. 사내아이들의 머리에는 대개가 버짐 때문에 진물이 흘러내렸습니다. 불결해서가 아니라 영양실조가 원인이었습니다.

그때 우리는 배고파서 죽어 가는 아이들에게 국사를 가르쳤습니다. 5학년이 되면 국사 교과서《우리나라 발달》1권을 배웁니다. 그리고 6학년으로 진급하면《우리나라 발달》2권을 배우게 됩니다. 국사학자 황희돈黃義敦 박사가 쓴《우리나라 발달》은 참으로 훌륭한 교과서였습니다. 모든 내용에 우리 민족의 자긍심이 넘쳐 났기 때문입니다.

그리고 20년 뒤 주린 배를 움켜쥐고 국사를 배웠던 소년들이 30대가 되었을 때, 우리 민족의 중화학공업 시대를 일궈 내면서 민족 중흥의 새 역사를 쓰는 역군이 되었습니다. 얼마나 대견한 일입니까.

여러분께서 오늘 이 자리에 오시기까지는 적어도 20년 이상의 교단 경험이 있지 않고는 불가능했을 것이라고 저는 확신합니다. 그 많은 세월 동안 여러분께서는 여러분을 믿고 따르는 사랑하는 어린 제자들과 희로애락을 함께 하였습니다. 그것을 조건으로 질문을 하나 드려 볼까 합니다.

"그동안 여러분께서는 사랑하는 제자들에게 '민족' 혹은 '국가'라는 어휘를 써 보신 적이 있으신지요? 있다면 그 빈도는 어느 정도였는지 몹시 궁금합니다."

꼭 민족, 국가라는 말뿐만이 아니라 스승의 입에서는 '꿈'을 간직하고 '호연지기浩然之氣'를 가질 수 있도록 하는 가르침이 담겨져 있어야 합니다.

여러분도 오늘 아침 신문에 대서특필된 기사를 보셨을 것으로 압니다. 고등학교 3학년 교실의 수업시간인데 학생들은 대부분 책상에 머리를 박고 잠을 자고 있었습니다. 그런데 선생님은 교단 위에서 책을 펴 들고 뭔가를 가르치는 사진이 일간신문에 대문짝만 하게 실려 있었습니다. 수업 시간에 잠을 자던 학생들이 깨어나서 했다는 말은 더욱 참담합니다. "실컷 자서 정신이 맑아졌으니 이제 학원에 가야지." 그 대단한 학원의 인기 강사는 비속어와 욕설을 뒤섞어서 쓰는 언어의 무법자들이라고 합니다. 그들의 연봉은 하늘 높은 줄 모르고 뛰어오르는 것이 지금의 현실입니다.

여러분께서 교장 선생님이 되어 현장에 나가면 이 참담한 현실을 타개하셔야 합니다. 어떻게 하시렵니까.

새 교육감이 당선되면 관할의 교장 선생님들은 현금이 든 봉투를 들고 당선 인사를 갑니다. 관례라고 합니다. 어느 사립 초등학교의 교장 선생님은 천만 원의 돈을 받고 열여덟 명이나 부정 입학을 시켰습니다. 그리고 우리만 하는 것이 아니라고 태연히 말했답니다. 이 태만의 현장에 그리고 부패의 현장에 여러분이 나가게 됩니다. 어찌하시렵니까. 얼마간의 희생과 고난을 무릅쓰고서라도 고쳐야 하지 않겠습니까.

고백합니다만, 저는 처음 교직에 나갔을 때 모든 교육 이론은 미국의 철학자이자 교육자인 존 듀이John Dewey의 사상과 이론에서 나오는 줄로 알았고, 교육자의 표상은 스위스의 교육가 페스탈로치 Johann Heinrich Pestalozzi의 실천적인 삶이라고 철통같이 믿었습니다. 그러나 그것이 교육의 전부가 아니라는 사실을 깨닫게 된 것은 불행하게도 제가 교직을 떠나고 한참 뒤였습니다.

다시 말하면 우리의 고전을 접하면서 참 교육의 본질은 우리 민족의 학문에서 비롯되었다는 사실을 깨닫게 되었다는 뜻입니다.

율곡 이이는 자라나는 청소년들에게는 몸소 《격몽요결擊蒙要訣》을 지어서 효행과 도덕적인 용기를 일깨워 주었고, 임금을 비롯한 모든 선비들에게는 올바로 생각하고, 그것을 실천하는 길을 명확하게 일러 주었습니다. 이이가 쓴 《성학집요聖學輯要》의 핵심은 당시뿐만 아니라 오늘을 사는 우리에게도 큰 가르침을 줍니다.

> 애써 나를 닦는 공부에 임해야 하는 것은, 많이 알고 많이 행하기 위한 것이다. 사람이 알아야 하는 것은 참되고 훌륭한 일을 더욱 밝게(《大學》의 至志善과 같다) 하기 위해서일 것이며, 몸소 행해야 하는 것은 성심을 다하기 위한 것이다修己工夫 有知有行 知以明善 行以誠身.

이이는 외가인 강릉 죽헌리에서 태어났습니다. 어머니 사임당이 꿈에 용을 보고 회임하였고, 또 용을 보며 그를 낳았다 하여 그가 태어난 방이 몽룡실夢龍室임은 익히 알려져 있습니다. 또 이이는 태어나면서부터 신이하고 총명하여 일곱 살에 이미 경서에 통달하였습니다. 게다가 타고난 천성이 지극히 효성스러워서 열두 살 때 아버지가 병들자 팔을 찔러 피를 내어 올렸고, 조상의 사당에 나아가 울면서 쾌차를 빌 정도였습니다.

여덟 살 때 외가인 강릉의 죽헌리를 떠나 아버지의 고향인 파주 율곡리로 왔습니다. 그리고 열세 살에 진사 초시에 합격하여 세상을 놀라게 하였으나, 열여섯 살이 되던 해 하늘과도 같은 스승이자 삶의 귀감이었던 어머니 사임당 신씨를 여의었습니다. 세상의 허무를 통탄하며 눈물로 삼년상을 마치고, 1554년(명종 9) 금강산으로 들어가 불교에 심취했던 것은 삶에 대한 회의를 풀고자 하였던 방황이었습니다. 그러나 이이는 일 년 만에 방황을 끝내고 강릉 죽헌리 외가로 돌아와 외할머니와 재회합니다.

외할머니의 자애로운 보살핌을 받으면서 이이는 마음의 안정을 되찾게 되었고, 다시 공부에 열중하면서 앞날을 설계합니다. 이때 자기를 완성시키는 〈자경문自警文〉을 지어 좌우명으로 삼았습니다. 이것은 유학에서 불교에 잠깐 들어갔다가 다시 유학으로 되돌아온 이후 스스로 큰 결단을 한 데서 나온 반성문이자 자신의 행동강령을 세우는 일이었습니다. 자신을 경계하고 채찍질하는 글이라지만, 스무 살 남짓한 젊은이의 결단이었다는 점에서 참으로 놀랍고, 그 내용은 오늘을 사는 지식인들에게도 귀감이 되고도 남습니다.

이이의 〈자경문〉은 강렬한 포부가 담겨져 있는 실천요강이기에 요약을 하면서도 여러 항목을 모두 거론하려 합니다.

> 첫째, 큰 뜻을 세우고 성인을 본보기로 삼아야 하되 털끝만큼이라도 성인에 미치지 못한다면 나의 일은 끝나지 않는다.
> 둘째, 마음이 안정된 자는 말이 적다. 그러므로 마음을 안정시키는 일은 말을 줄이는 일이다.
> 셋째, 마음이란 살아 있는 사물과 같다. 잡념과 헛된 망상을 없애기 전에는 마음의 동요를 안정시키기 어렵다.
> 넷째, 항상 경계하고 두려워하며 혼자 있을 때는 삼가는 마음을

가슴에 담으며 게을리하지 않아야 한다.

다섯째, 글을 읽는 것은 옳고 그른 것을 분별하기 위한 것이니, 만약 이를 살피지 아니하고 오롯이 앉아서 글을 읽는다면 쓸모없는 배움에 지나지 않는다.

여섯째, 재물을 이롭게 여기는 마음과 영화로움을 이롭게 여기는 마음을 비록 쓸어 낼 수 없다고 하더라도, 만일 일을 처리할 때 조금이라도 편리하게 처리하려 한다면 이 또한 이로움을 탐하는 마음이 된다.

일곱째, 만약 해야 할 일이라면 정성을 다하여 해야 하고, 만약 해서 안 될 일이라면 일체 끊어 버려서 가슴속에서 옳으니 그르니 다투게 해서는 안 된다.

여덟째, 한 가지의 불의를 행하고, 무고한 사람을 죽여서 천하를 얻을 수 있다고 하더라도 그런 일은 해서는 안 된다.

아홉째, 어떤 사람이 나에게 이치에 어긋나는 악행을 저지른다면 나는 스스로 돌아서서 반성을 하면서 그를 감화시켜야 한다.

열째, 밤에 잠을 자거나 몸에 질병이 있는 경우가 아니면 누워서는 안 되고, 공부는 급하게 해서는 안 되며, 늦추어서도 안 되는 것은 죽은 뒤에야 끝이 나기 때문이다.

아무리 자신을 도야陶冶하는 준엄한 약속이라 하더라도 스무 살 젊은이의 다짐으로는 완벽을 넘어서는 성숙함을 보이고 있습니다. 그로부터 450여 년이 지난 오늘 우리가 실천요강으로 삼아서 교육의 기초를 삼아야 하지 않겠습니까.

그렇습니다. 교육은 배우고 익힌 바를 실천하게 하는 것입니다. 실천이 따르지 않는 학문은 아무리 큰 성과를 이루었다고 하더라도 모든 것이 헛된 것일 뿐입니다.

―――――

사람이 지혜롭게 살아가기란 그리 쉽지가 않습니다. 어려서부터 배우고 익히는 것이 그 일인데도 좀처럼 성취되지 않는 것은 약간의 불이익을 맛보면서 사는 일을 손해라고 생각하기 때문입니다. 눈앞의 실익을 탐하려다가 얼마나 많은 사람들이 명예를 더럽히고 가족들에게까지 상처를 입혔습니까.

눈앞의 큰 실익보다는 멀리 있는 작은 행복을 볼 줄 아는 것을 지혜로운 삶이라고 합니다. 이 일에 익숙해지자면 살아가는 룰(법도)을 챙길 줄 알아야 합니다. 그 룰이라는 것을 지켜야 할 도리라고 생각하면 조금도 어려운 일이 아닐 것이며, 룰을 지키기 위한 작은 손해를 행복의 단초라고 생각할 줄 알아야 정말로 지혜로운 삶을 안다고 할 것입니다.

조선 시대도 이 룰에 해당하는 '삶의 틀'이 있었습니다. 이 틀이 당대 사람들의 가치관을 지배하게 되고, 마침내 지켜져야 할 것들이 모여 하나의 관행으로 정착됩니다. 우리는 그렇게 정착된 삶의 틀을 후손들에게 길이 전해야 한다는 뜻의 '전통傳統'이라고 합니다.

지금도 그러하듯이 조선 시대의 사람들도 누구나 집에서 태어납니다. 물론 가정이라는 개념의 집입니다. 태어나서 자라는 동안 집안에서 가장 신성한 곳이 온 집안 사람들이 모여서 조상님에게 제사를 올리는 사당임을 자연스럽게 깨닫게 됩니다. 사당에는 역대 조상님들의 위패가 모셔져 있습니다. 명절에는 말할 것도 없고, 기일(忌日, 돌아가신 날)에는 대소가의 사람들이 모두 모여서 제사를 올립니다. 이 사당을 다른 말로 가묘家廟라고도 합니다.

조상님에게 성심을 다해 제사를 올려야 하는 것은 살아 있는 어른들을 섬겨야 하는 일과 조금도 다름이 없습니다. 결국 아버지를 극진히 섬기면서 가정의 대소사를 챙기는 가치관을 '체통體統'이라고 합니다. 그러므로 '아무개는 체통이 있다'라는 말은 체격이 번듯하다는 뜻이 아니라 집안에서 일어나는 모든 범절을 잘 지키고 있는 사람이라는 뜻입니다.

체통을 익히고 나면 초시(初試, 진사나 생원이 되는 시험)에 응시하게 되고, 합격을 하면 서울에 있는 성균관으로 진학하여 중시(重試, 과거)를 준비하게 됩니다. 성균관에서도 가장 성스러운 곳은 스승님先賢들에게 제사를 지내는 곳입니다. 죽어서도 영원히 아름다운 이름을 남긴 스승님들에게 제사를 지내는 곳이 바로 문묘(文廟, 대성전)입니다. 문묘에는 살아서는 말할 것도 없고, 죽어서까지 빛나는 이름을 남기면서 이 땅의 후학들로부터 극진한 존경을 받는 열여덟 분의 위패가 모셔져 있습니다. 다시 말하면 조선 시대의 청소년들이 삶의 지표로 삼아야 할 선현들에게 제사를 올리는 곳이기도 합니다.

그러므로 문묘에서 스승님의 위패를 극진히 모시는 것은 그분들의 학문과 인품을 따르겠다는 다짐입니다. 이 다짐의 가치관을 '도통道統'이라고 합니다.

성균관에서 공부하여 중시에 급제하면 조정의 관원으로 출사하게 됩니다. 그 조정에서도 가장 신성시되는 곳이 종묘宗廟입니다. 물론 종묘는 역대 군왕의 위패를 모신 곳입니다. 역대 군왕에게 제사를 올리는 가치관을 '법통法統'이라고 합니다.

위정척사의 화신과도 같았던 면암 최익현은 이와 같은 세 가지의 통, 다시 말하면 집에서 익히는 체통, 학교에서 실행하는 도통, 조정에서 정사를 살피는 법통은 각각 다른 것이 아니라 하나라며 '삼통위일三統爲一'이라고 정의하였습니다. 그리하여 오늘 우리가 흔히 말하는 '군사부일체君師父一體'의 근원을 이루게 되었습니다.

어려서는 선조님을 극진히 모시면서 집안의 내력을 몸에 익히는 체통을 소중히 하고, 청년이 되어서는 가장 본받아야 할 스승님의 가르침을 따라야 하는 도통을 가치 기준으로 삼으며, 나이 들어서는 나라의 법통을 몸소 실행하여 백성들을 편하게 하는 참 선비의 길을 간 우리네 선현들이 남겨 놓은 '삶의 틀'을 무턱대고 낡은 것이라고 할 수 없습니다.

오늘날의 가정에서, 학교에서, 정부에서 온전하게 행하여지고 있는지 꼼꼼히 살펴보는 것이 우리의 보편적인 삶을 아름답게 가꾸는 빠른 길입니다.

비근한 예를 한 가지 들겠습니다. 한국에서 태어난 아기와 아프리카 원주민의 아기를 서로 바꾸어서 키운다고 가정해 봅니다. 그리고 10년이 지나면 두 아이가 문화적인 환경에 의해 성장하고 지배되고 있음을 선명하게 알게 됩니다.

아프리카 원주민의 품 안에서 자란 한국 아이는 국부만 가린 나체로 들판을 달리게 될 것이며, 그쪽에서 쓰는 언어로 의사소통을 하면서 아프리카 원주민의 성정性情을 몸에 익히게 됩니다. 반대로 한국의 가정에서 자란 아프리카 원주민의 아이는 한국어를 사용하여 의사소통을 하고, 한국 사람의 사고방식을 갖추면서 한국 문화에 익숙해질 수밖에 없습니다.

문화 환경이 사람들에게 미치는 영향을 다른 말로 설명하면 하얀 백지에 그림을 그리는 것과도 같습니다. 여러 가지 색 중에 어느 색을 먼저 들었느냐에 따라 그림이 달라지는 것처럼 아프리카 원주민의 아이라도 한국의 어떤 가정에서 자랐느냐에 따라 서로 판이하게 다른 습관을 몸에 익히게 되기 때문입니다.

거짓말을 밥 먹듯이 하는 정치가의 집에서 자라게 되면 그 아이 또한 거짓말을 밥 먹듯 하게 될 것이며, 사치와 낭비를 일삼는 졸부의 가정에서 자라면 역시 사치와 낭비를 몸에 익히게 됩니다. 그래서 옛 사람들은 나라를 다스리는 일보다 가정을 반듯하게 하는 것이 더 어렵다고 했습니다.

철학자 페스탈로치의 말입니다. 훌륭한 아버지와 자애로운 어머
니는 가정이라는 문화를 만들어 가는 주체입니다. 그러므로 문화는
사람을 에워싸고 있는 환경 그 자체이지 꼭 예술적인 것을 필두로
하는 형이상학적인 것만이 아닙니다. 돈이 많고 생활이 풍족한 가
정이 꼭 좋은 문화적인 환경이 될 수 없듯이 재물 없이 가난하게 살
면서도 가치의 기준을 세울 줄 아는 가정이 문화적으로 바람직한
환경이 됩니다.

자, 다 함께 A. 반다이크의 말을 되새겨 보면 가정이 곧 문화 환
경임을 더욱 자세하게 알 수 있습니다.

대리석의 방바닥과 금을 박은 담벽이 가정을 만드는 것이 아니
다. 어느 집이든지 사랑이 깃들고, 우정이 손님이 되는 그런 집이
행복한 가정이다.

권력과 재물을 모든 가치의 우위에 두고 위선과 개인의 이득에
만 몰두한다면, 그 가정이 곧 몰락하지는 않더라도 구성원들의 삶
을 어렵게 하고 불행하게 합니다. 요즘 우리 주위에 팽배한 사치와
낭비와 거짓말 그리고 위선 등은 대부분 가정에서 만들어진 것들입
니다. 그 가정의 주체가 되는 아버지와 어머니는 모두 고학력의 지

식인들입니다. 지식인들의 가치가 무너진 가정에서 자라나는 어린 아이들은 천박하고 보잘것없는 문화 환경을 최상의 가치라고 배우게 됩니다.

소나 말은 태어나면 곧 걸을 수 있을 정도로 완성된 생명으로 태어나지만, 사람은 태어나서 일 년 정도의 시간이 지나야 겨우 걸음을 뗼 수가 있을 정도로 불완전하게 태어납니다. 그러나 소나 말은 문화 환경을 갖추지 못하는 까닭으로 동물로 존재하는 것이며, 사람은 문화라는 특수한 환경을 만들 수 있었기에 '만물의 영장'이 됩니다. 그러므로 문화는 사람들을 에워싸고 있는 환경 그 자체인 것이지 예술 행위와 같은 고급문화만을 지칭하는 것이 아닙니다.

지금 대한민국의 모든 가정에서는 아프리카 원주민의 아이를 맡아서 기르는 것이 아니라, 바로 자신들의 핏줄을 이어받은 아이들을 키우고 있습니다. 그 가정의 문화 환경이 건전하고 아름다워야 자라나는 아이들이 바로 자라게 되는 것이 엄연한 사실인데, 이 사실을 잘 알고 있으면서도 실제로는 엉뚱한 생각들을 하고 있는 것이 요즘의 한국 가정입니다. 옳은 것을 알면서도 입에 담지 않는 지식인 아버지와 개인의 이해에만 매달리는 지식인 어머니의 위선이 가정과 사회의 문화 환경을 극단적인 이기주의로 몰아가고 있습니다.

학교 교육은 가정에서 시작된 교육을 완성하는 곳입니다. 가정에서 익힌 아름다운 법도는 더욱 더 빛나게 가꾸어 주어야 하고, 가정에서 못다 이룬 것들은 학교에서 보완하여 주어야 합니다. 가정의 문화 환경을 건전하게 꾸며 나가기 위해서는 그 가정 나름의 가풍이 있어야 하듯 학교에는 건전하고 긍정적인 생각을 피어나게 하는 교풍이 있어야 합니다. 그것이 밝고 보람 있는 문화 사회를 이끌어 가야 하는 절체절명의 소임입니다. 바로 그 소임을 여러분은 국가로부터 위임받았습니다. 실로 책임이 막중하다는 사실을 한시도 잊어서는 안 됩니다.

20세기가 배출한 가장 훌륭한 역사학자이자 문명 비평가인 영국인 석학 아놀드 토인비A. J. Toynbee 교수는 자신의 역저《역사의 연구》에서 '도전挑戰과 응전應戰'의 관계가 문명을 만들어 낸다는 탁견을 제시하여 세계의 학계를 흥분하게 하였습니다.

다시 말하면 중국 대륙에는 북쪽에 황허 강黃河江, 남쪽에 양쯔 강楊子江이라는 두 강이 있습니다. 두 강의 유역을 중심으로 한 지리적·지역적인 조건을 비교해 보면 남쪽의 양쯔 강 유역은 땅이 비옥하고 기온이 온화하여 농사 짓기에 안성맞춤인 천혜의 땅이지만, 황허 유역은 해마다 가뭄과 홍수가 되풀이되고, 해충(메뚜기떼 등)의 피해가 극심하여 사람들이 안심하고 살기 어려운 척박한 땅으로 비유됩니다.

그럼에도 불구하고 세계 4대 문명 발상지의 하나인 중국의 고대 문명은 땅이 비옥하고 기후 조건이 좋은 양쯔 강 유역에서 생성되지 않고, 모든 조건이 양쯔 강 유역과 비교될 수 없는 척박한 환경인 황허 유역에서 생성되었습니다.

토인비 교수는 바로 이 불가사의한 중국 고대 문명의 생성을 '도전과 응전'이라는 논리로 명쾌하게 풀어냈던 탓에 자신의 역저 《역사의 연구》를 일약 20세기 최고의 명저로 끌어올렸습니다.

보다 더 구체적으로는 양쯔 강 유역에서 사는 사람들은 천지자연으로부터 인간들에게 가해지는 도전(災害)이 얼마나 잔인하고 혹독한 것인지를 경험할 수 없었습니다. 외부로부터의 도전이 없으면 응전할 필요도, 대상도 없게 됩니다. 씨를 뿌려 두면 자연의 조화가 열매 맺게 해 주는 영농 방식은 사람들을 게으르게 하고 안일하게 하여 마침내 생각의 폭을 좁게 합니다. 다시 말하면 양쯔 강 유역의 사람들에게는 자신들의 불행을 뚫어 가기 위한 응전의 기회가 없었기에 문명이라고 불리는 새로운 문화가 탄생할 수가 없었습니다.

반대로 황허 유역에서 사는 사람들에게는 고통스러운 삶을 극복해야 하는 응전의 기회가 잠시도 쉬지 않고 찾아들었습니다. 가뭄이 들면 수로水路를 열어야 하기에 관개灌漑의 이치를 연구해야 되고, 홍수가 나면 전답의 경계가 없어지므로 없어진 전답의 경계를 정확하게 복원하기 위해서는 기하학의 이치를 깨달아야 합니다. 또 그들은 별자리가 일그러지면 천재지변이 있다는 사실을 깨닫게도 됩니다. 천재지변을 미리 알아서 대처하자면 천문학에 매달려야 합니다.

그러므로 외부로부터의 도전이 강하면 강할수록 응전의 태세도

격렬해집니다. 바로 이 같은 도전과 응전의 논리로 문명이 생성된다는 토인비 교수의 탁견은 우리에게 시사하는 바가 너무나도 큽니다.

토인비 교수의 도전과 응전의 논리는 황허 유역에만 적용되어 고대 중국 문명의 발상을 논술한 것이 아니라, 우리가 몸으로 체험했던 국란 극복의 논리와도 어긋남이 없다는 사실에도 역사의 존엄성이 존재하게 됩니다.

21세기의 초입을 넘어서는 2020년 무렵의 우리나라를 이끌어 갈 핵심적인 존재들, 그때의 20대 청년들은 지금 여러분의 품 안에 있습니다. 그들에게까지 권력의 부패와 정경 유착의 실상을 보여 줄 수는 없지 않겠습니까. 도덕의 붕괴와 가치관의 혼돈은 더욱 보여 줄 수가 없습니다.

우리가 살고 있는 땅덩이는 그들로부터 잠시 빌려 쓰고 있는 것입니다. 빌려 쓰고 있는 그들의 땅덩이를 더 이상 훼손하고 더럽힐 수도 없습니다. 그들에게 온전하게 전해서 그들의 자긍심이 되어야 할 우리의 역사와 역사인식을 더욱 강하게 가다듬어야 하는 것이 여러분에게 주어진 가장 큰 임무입니다.

모든 교과 과정은 그들로 하여금 21세기를 품에 안을 수 있도록 개편되어야 하고, 그러기 위해서는 우리의 찬란한 국란 극복의 역사를 좀 더 구체적으로 알게 해야 하는 것이 바로 여러분의 소임입니다.

사랑하는 제자들에게 꿈을 심어 주셔야 합니다. 그리고 그 꿈을

실현할 수 있는 용기까지 가꾸어 주어야 힙니다. 지금을 사는 우리
가, 교직에 봉사하는 여러분의 새로운 결기가 있어야만 그들은 세
계사가 소용돌이치는 일대 변혁기를 뛰어넘는 도전 정신의 날을 세
울 수 있을 것입니다.

　여러분의 분발을 기대합니다.

제2부

선각의
횃불을
들게 하라

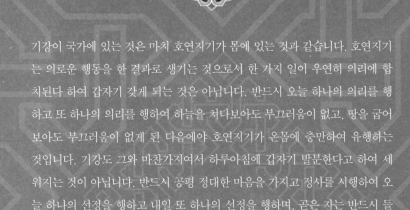

기강이 국가에 있는 것은 마치 호연지기가 몸에 있는 것과 같습니다. 호연지기는 의로운 행동을 한 결과로 생기는 것으로서 한 가지 일이 우연히 의리에 합치된다 하여 갑자기 갖게 되는 것은 아닙니다. 반드시 오늘 하나의 의리를 행하고 또 하나의 의리를 행하여 하늘을 쳐다보아도 부끄러움이 없고, 땅을 굽어보아도 부끄러움이 없게 된 다음에야 호연지기가 온몸에 충만하여 유행하는 것입니다. 기강도 그와 마찬가지여서 하루아침에 갑자기 발분한다고 하여 세워지는 것이 아닙니다. 반드시 공평 정대한 마음을 가지고 정사를 시행하여 오늘 하나의 선정을 행하고 내일 또 하나의 선정을 행하며, 곧은 자는 반드시 들어서 쓰고 부정한 자는 반드시 폐기하며, 공이 있으면 반드시 상을 주고 죄가 있으면 반드시 벌을 준다면 기강이 저절로 수립될 것입니다.

— 율곡 이이의 상소문의 일부, 《선조수정실록》 중에서

무엇이 정신적
근대화인가

한 나라의 선진화는 그 나라 국민들의 정신적 근대화를 기반으로 성립합니다. 근대화는 물질적 근대화와 정신적 근대화가 있고, 이 두 가지가 동시에 진행되고 성사되어야 포괄적인 의미의 근대화가 완성됩니다.

우리의 경우는 박정희 대통령이 중화학공업 시대를 표방하면서 물질적인 근대화를 시도하여 얼마간의 성공을 이끌어 냈고 '한강의 기적'이니 '아시아의 네 마리 용'이니 하는 긍정적인 평가를 받으면서 지금은 선진국 대열의 문턱에 이르게 되었습니다. 그러나 우리의 정신적 근대화는 그 시도조차 하지 않았던 탓에 오늘 우리는 참담한 정신적 공황恐慌에 허덕이고 있습니다.

이 불행한 비극은 대한제국의 종말을 눈앞에 두었던 19세기 말부터 이미 시작되었습니다. 유럽의 선진화 세력은 맹렬한 속도로 동진東進을 거듭하면서 인도, 베트남을 쑥대밭으로 만들었고 청나라까지 멸망의 길로 들어서게 하였습니다. 아편전쟁이 끝나고 1842년에 난징 조약南京條約이 체결되면서 청나라는 망국의 길로 들어섰습니다만, 조선왕조는 그보다 24년 뒤에 대동강으로 거슬러 올라온 미국 상선 제너럴 셔면 호를 화공火攻하는 무지를 저지르면서 스스로 몰락의 길로 들어가게 됩니다. 그 몰락의 갈등이 '근대화開港'라는 명제였습니다.

조선 근대화의 사상적인 변천은 2세대로 이어집니다. 개화사상의 1세대는 실학의 대가 연암燕巖 박지원朴趾源의 손자인 박규수朴珪壽의 주변에서부터 시작됩니다. 박규수는 실학 중에서도 할아버지의 북학 사상을 이어받았습니다. 그가 사신이 되어 청나라를 내왕할 때의 수역(首譯, 각 관아나 사신에 속한 역관의 우두머리)이 오경석吳慶錫이었던 인연으로 청나라에 들어와 있던 서양 문물에 눈뜨게 되었고, 오경석의 죽마고우인 유홍기劉鴻基와도 알고 지내게 되었습니다. 여기에 또 한 사람의 젊은 승녀 이동인李東仁이 가세하게 되었습니다. 이들 세 사람을 조선 개화사상의 제1세대라고 부릅니다.

유홍기는 그의 호를 따서 백의정승 유대치劉大致라고 불릴 만큼 고매한 인물과 학덕을 갖추어 많은 사람들의 존경을 받는 의원醫員이었습니다. 오경석은 금석학金石學의 식견을 두루 갖춘 역관譯官으로 청나라에 자주 드나들면서 서양 문물과 관련 있는 서적, 문물을 수집하여 귀국해 어려서부터의 절친한 친구인 유홍기에게 전하였습니다. 이들 두 사람의 영향을 받아 조선 개항에 몸을 던진 젊은이가 이동인입니다. 이동인은 신촌 봉원사奉元寺에 승적을 두었던 스님이었습니다. 당시의 신분 제도로 본다면 의원, 역관, 승려는 모두 관직에 나갈 수 없었던 중인中人이었으므로 이들의 개화사상은 안타깝게도 조정이나 반가에 영향력을 행사할 수 없었을 뿐만 아니라 상민들에게조차 뻗어 나갈 수 있는 통로가 없었습니다. 바로 이 점이 조선의 비극이었습니다.

1866년 7월 미국 상선 제너럴 셔먼 호가 대동강으로 거슬러 올라왔습니다. 다른 나라의 큰 배가 내륙 깊숙이까지 들어오도록 내버려 둔 평양감영의 무능과 겨우 문정(問情, 물어서 정보를 얻는 것)에만 의지하는 조선 조정의 방위력은 한심하기 짝이 없습니다. 이 배에는 승무원 스물세 명이 타고 있었고, 그중 흑인도 다섯 사람이나 끼어 있었습니다. 그 흑인을 조선 조정의 문건은 '오귀자烏鬼子'라고 적었습니다. '까마귀 귀신의 새끼'라는 뜻입니다. 뿐만 아니라 제너럴 셔먼 호의 마스트에서 펄럭이는 성조기가 미국의 국기라는 사실도 몰랐고, 다른 나라의 국기를 훼손하면 그에 상응하는 응징을 받게 된다는 상식도 없었습니다. 그때 제너럴 셔먼 호는 조선의 개항을 요구한 것이 아니라 상행위(무역)를 요구하는 상선이었습니다. 비록 상선이기는 했어도 무장을 하고 있었고, 또 대포를 발사하는 등의 무력 시위를 했던 까닭으로 평양 시민들의 화공에 의해 수장되고 말았습니다. 이때의 평양감사가 조선의 개화사상을 이끌어야 할 박규수였다는 사실에서 당시 외국 문물에 대한 인식과 정보를 읽을 수 있는 능력이 어느 정도의 수준이었는지 짐작하게 합니다.

사회진화론社會進化論에 의한 서구 제국의 동진은 마침내 중국 땅에 이르러 1840년 아편전쟁을 발발하게 함으로써 약육강식, 약자도태, 적자생존의 길을 열었고, 뒤이어 1842년 난징조약의 강제 체결로 조선이 그토록 상국으로 떠받들던 청나라는 망국의 길로 들어시게 됩니다. 이때부터 세네럴 셔먼 호가 대동강에 닻을 내리게 되는 24년 동안 조선의 사신은 몇 번이나 옌징(燕京, 베이징의 옛이름)에 다녀왔을까요. 일 년에 네 차례가 통상이라면 무려 백 번을 다녀온 것이 되고, 정사, 부사, 서장관으로 구성된 점을 전제로 한다면 조정의 고위 인사 300여 명이 청나라에 다녀온 셈입니다.

자, 이렇게 다녀오면서도 청나라가 망국의 길로 들어서고 있는데 대한 보고서조차 제출되지 않았다면 해외 정세를 읽을 수 있는 능력이 전혀 없었다고 보아도 무방하지 않겠습니까. 해외 정세를 읽을 수 있는 능력이 없었다는 것은 꼭 청나라에 국한된 것은 아니었습니다.

1868년 메이지 개원明治開元을 선언하고 이른바 새로운 유신 정부를 발족한 일본이 변화된 시대를 이끌어 갈 국교를 교섭하는데도 조선 조정은 끝까지 왜구倭寇의 준동으로 얕잡아 볼 정도로 인접 국가에 대한 정세조차 읽을 능력이 없었습니다. 이 능력의 부족이 결국 1875년 운양호사건이라는 재앙을 자초하면서 스스로 망국의 길로 들어서게 됩니다. 당연한 결과가 아니고 무엇이겠습니까.

당시 해외 정세를 읽을 수 있는 문건이나 전적으로는 《해국도지
海國圖志》가 전부래도 과언이 아니었습니다. 《해국도지》는 아편전쟁
이 끝나고 난징조약이 체결된 1842년에 청나라의 학자 위원魏源이
썼고, 지도를 곁들인 세계 풍물지와 같은 전적이었으며, 전 50권으
로 구성된 방대한 내용이었으나 조선에 들어온 것은 30여 권으로
전해지고 있습니다. 서양식 조병창造兵廠과 신식 무기의 제조과정까
지를 적은 《해국도지》는 오경석이나 유홍기와 같은 선각의 지식인
들에게는 경이로운 내용일 수 있어도, 주자학으로 무장된 조정의
고위 관원들에게는 불경하거나 혹세무민惑世誣民의 내용으로 취급되
었을 것이 분명합니다.

이런 와중에 김옥균金玉均, 박영효朴泳孝, 홍영식洪英植, 유길준兪吉
濬, 서재필徐載弼 등 실질적인 개화 2세대들이 유홍기의 문하로 들어
옵니다. 명문 반가의 자제들이 중인 신분의 역관이나 의원을 스승
으로 섬긴다는 것 자체가 철옹성과도 같았던 신분 제도가 무너지는
상징적인 변화가 아닐 수 없습니다. 물론 이 변화의 배후에는 우의
정으로 승차되어 조정으로 돌아온 박규수의 영향이 있었음은 말할
나위도 없습니다. 바로 이들 반가의 자제(개화 2세대)들이 조선 근대
화에 나설 수 있는 계기가 마련되었다는 사실은 대단히 의미 깊은
일이긴 했어도 이들의 나이가 어렸기에 개화사상은 학문으로도 행
동으로도 뿌리내릴 수가 없었습니다. 참으로 애석한 노릇이 아닐
수 없습니다.

1875년 일본의 군함 운양호가 강화도를 침공한 사건을 계기로 이른바 '강화도조약江華島條約'이라는 불평등 조약이 강제로 체결되면서 조선 땅에 일본인들의 상륙이 허락되었습니다. 참으로 놀라운 것은 일본의 공사가 부임하기도 전에 일본 불교의 포교를 빙자한 사찰이 먼저 부산포에 상륙하였다는 사실입니다.

1877년, 일본 교토에 본 찰을 둔 히가시 혼간지東本願寺가 부산 별원을 개설하고, 주지승 오쿠무라 엔신奧村圓心과 그의 여동생인 오쿠무라 이오코奧村五百子를 파견하였습니다. 주지승 오쿠무라 엔신은 이때의 일을 《조선포교일기朝鮮布敎日記》에 아주 소상히 적고 있습니다. 이동인은 승려의 신분을 이용하여 이들 남매와 사귀고 일본으로의 밀항을 주선해 줄 것을 강청하게 됩니다. 오쿠무라 남매는 이동인의 개항 의지를 높이 사게 되었고, 마침내 1879년에 교토에 있는 히가시 혼간지로 이동인을 보냅니다. 물론 밀항입니다.

그해 6월 히가시 혼간지에 여장을 푼 이동인은 그곳 승려들로부터 일본어를 배우는 데 몰두하였고, 다음 해인 1880년 봄에 이른바 진종본묘의 승려로 득도하면서 도쿄로 진출하게 됩니다. 일본의 수도 도쿄에는 히가시 혼간지의 아사쿠사 별원이 있었고, 바로 그 아사쿠사 별원이 조선에서 오는 사신들의 숙소로 제공된다는 점에서 이동인에게는 큰 행운이 아닐 수 없었습니다. 이동인이 도쿄에서 누구를 만나 무엇을 했느냐는 것은 전설이 아니라 영국의 외교문서에 명확히 기록되어 있습니다.

1980년 영국 외무성에서는 비공개 시효가 만료된 외교문서 〈사토 페이퍼〉를 공개하였습니다. 이 문건은 조선 말기의 외교사를 다시 써야 할 만큼 충격적인 내용을 담고 있습니다. 이 〈사토 페이퍼〉가 쓰인 시기가 1880년 무렵이니 장장 백 년 만에 빛을 보게 된 셈입니다.

문건을 쓴 어니스트 사토는 이동인이 일본 교토에 있는 히가시 혼간지의 승려가 되어 활동하고 있을 무렵, 주일 영국 공사관의 2등 서기관으로 근무하고 있던 37세의 외교관입니다.

1880년 5월 12일, 그는 조선인 승려 이동인과 첫 대면을 하게 됩니다.

"처음 뵙겠습니다. 제 이름은 아사노라고 합니다."

"아사노라니요? 그것은 일본 이름이 아닙니까?"

"그렇지요. 저는 조선에서 왔으니까 조선 야만인이라는 뜻이지요."

너무도 구체적인 기록이 아닐 수 없습니다. 이동인은 어니스트 사토의 조선어 교사가 되어 그로부터 급변하는 세계의 정세를 익혀 가면서 조선의 선각자로 성장하게 됩니다.

이 땅의 역사학자들은 왜 이 엄연한 사실을 끝까지 외면하는지 내 상식으로는 이해가 되지 않습니다. 이동인이라는 선각의 스승이 없이는 김옥균, 박영효, 홍영식, 서광범, 서재필 등의 개화파는 생겨날 수가 없습니다. 이 엄연한 사실을 외면한 것이 우리들의 서글픈 근세사近世史입니다. 불행하게도 우리의 지식인들은 일본과 일본인들의 근대화 과정을 제대로 헤아리지 못한 채, 일본적인 사고로 세상을 바라보는 데 익숙해지고 말았습니다. 마침내 대한민국 정부 수립을 선포한 지 반세기가 지나도록 식민지 사관의 늪에서 허덕이는 모습이 우리의 참담한 현실이 되었고, 젊은 지식인들마저 거기에 물들면서 자가당착의 모순에서 헤어나지 못하고 있는 것이 오늘의 참담한 현실입니다. 통렬한 반성이 요구되는 사안입니다.

또 다른 내용을 간추려서 소개한다면 이때 어니스트 사토는 조선으로 가고 싶어 이동인에게 조선어를 사사했다는 내용도 포함되어 있으며, 둘이서 시장에 나가 시계를 사기도 하였고, 특히 놀라운 것은 영국을 비롯한 선진대국의 산업 시설이나 개화된 나라의 사람들의 거처多層建物와 의상을 찍은 사진 등을 많이 구해 주었다는 내용도 포함되어 있습니다.

도쿄에서의 이동인의 활동에서도 우리가 주목해야 할 점은 게이오 대학慶應大學의 설립자이자 당대 일본 최고의 사상가이면서 일본 조야에 막중한 영향력을 행사하던 후쿠자와 유키치(福澤諭吉, 일본 만원권 지폐의 초상화 인물)와 교유했다는 점입니다. 물론 어니스트 사토의 주선일 것이라고 믿어지지만, 이를 계기로 후일에 이르러 김옥균 등이 후쿠자와의 후원을 받게 되었고, 유길준, 윤치호가 외국인으로서는 처음으로 경응의숙(慶應義塾, 게이오 대학의 전신)에 입학을 하게 되고, 설립자인 후쿠자와 유키치의 집에서 기거하게 됩니다.

1871년 11월이면 메이지 개원이 이루어진 지 겨우 3년째 되는 해로 일본의 국내 정치가 혼돈을 거듭하고 있을 때입니다. 혼돈이라기보다는 이른바 보신戊辰 전쟁이라고 일컬어지는 내전 상태로 돌입해 있었습니다. 그러나 정부의 리더 격인 이와쿠라 도모미岩倉 具視는 정부를 이끌어 가는 핵심 참의(參議, 메이지 유신의 주역)를 비롯한 요원 46명을 거느리고 미국과 유럽 시찰을 강행합니다. 여기에 장차 일본을 이끌어 갈 유학생 59명이 포함되었으니 무려 105명으로 구성된 거대한 사절단이었습니다.

이들은 미국, 영국, 독일을 비롯한 11개국을 시찰하였고, 영국에서는 무려 120일 동안이나 머물면서 산업혁명의 현장을 살펴보았습니다. 또 독일에서 66일간 체류하면서 바이마르 헌법을 연구하는 등 총 1년 10개월 동안 선진국을 둘러보면서 새로운 문물을 익히고 배워 옵니다. 여기서 우리는 참 리더의 오픈 마인드와 만나게 됩니다. 변혁의 시기에는 변혁에 알맞은 리더가 있어야 하는 것을 이보다 선명하게 보여 줄 수는 없습니다.

이들이 귀국한 후에 기술한 1,085권에 이르는《특명전권대사 구미회람실기特命全權大使 歐美回覽實記》라는 방대한 보고서가 일본의 정신적·물질적인 근대화를 이루는 기초가 되었다는 사실에 우리는 주목하지 않을 수가 없습니다.

유신 정부의 주역들은 일본의 선진화를 꾀하기 위해 서양의 제도와 문물을 받아들이고자 했어도 거기에 걸맞는 용기容器가 없었습니다. 이를테면 르네상스, 내셔널, 커머셜, 스피치, 로맨티즘, 달러 등 당장 필요한 서양 용어를 일본어화하는 작업이 시급했다는 뜻입니다. 당시 서른여섯 살의 나이로 지금의 게이오 대학인 경응의숙을 설립하고, 일본의 선진화를 열망하던 후쿠자와 유키치를 비롯한 선각의 지식인들은 이 어마어마한 작업에 도전합니다. 이른바 정신적 근대화의 토양을 다지는 일이었습니다.

르네상스는 문예부흥文藝復興으로, 내셔널은 국가國家 · 민족民族으로, 커머셜은 상업商業, 스피치는 연설演說이라는 새로운 일본어가 탄생합니다. 뿐만 아니라 인민人民, 공화국共和國, 물리物理, 화학化學, 생물生物, 노견路肩 등 어찌 그 수를 일일이 열거할 수가 있겠습니까만, 오늘 우리가 쓰는 일본어식 한자어의 대부분이 이때 만들어진 신조어라는 사실을 유념해야 할 것입니다. 로맨티즘은 마땅한 의역어가 없었던지 '로망'이라는 소리를 그대로 한자로 적었던 탓에 '로망浪漫'이 되었습니다. 화폐 단위 달러는 '$'와 유사한 한자인 '불弗' 자를 쓰고 일본어 발음인 '도루ドル'라 읽기로 했습니다. 이 성과는 그대로 조선과 중국에 전해지면서 소위 일본어식 한자어가 이른바 대동아공영권大東亞共榮圈을 만드는 공용어가 되었고, 불행하게도 지금 우리는 여러 분야에서 그때 그들이 만들었던 일본식 한자어를 그대로 쓰고 있습니다.

남의 나라의 정신적 근대화를 몽땅 받아들인 우리의 처지는 어떻게 되었습니까. 지금도 우리는 로맨티시즘을 낭만주의浪漫主義라 쓰고, 소리 나는 대로 읽고 있습니다. 일본어식 로망을 낭만으로 읽는다면 과연 그것이 로맨티시즘과 관련이 있는 말인지 묻지 않을 수가 없습니다. 또 미국의 화폐 단위를 '불弗' 자로 적었다 하여 아직도 이 땅에서는 달러를 불이라고 발음하는 지식인들이 허다합니다.

심지어 신문의 제목에도 '2000불 시대'라고 주먹 같은 활자로 찍혀 나오는 형편입니다. 호금도胡錦濤라고 적어 놓고 '후진타오'라고 읽는 나라에서 달러를 '불'이라고 발음하는 것이 얼마나 우스꽝스러운 일입니까. 게다가 법률 용어는 어떻습니까. 또 기술 용어는 어떻습니까. 지금 쓰이고 있는 산림법山林法은 또 어떻습니까. 그게 바로 조선의 강토를 황폐화했던 조선총독부의 '산림법'인데 조국이 광복된 지 반세기가 지나도록 아직 그대로 쓰고 있습니다. 이것이 부끄러운 우리의 처지입니다.

엊그제의 신문기사를 보면 아직도 일본인이나 동양척식주식회사와 같은 약탈기관의 명의로 된 땅이 여의도 넓이의 7배나 된다고 합니다. 정말 이래도 되는지 한심하기만 합니다. 나라가 일제의 사슬에서 벗어난 지 반세기를 넘어 60년이 되었는데, 아직도 일본 사람의 이름으로 된 땅이 그 정도라면 과연 지금까지의 정부는 무엇을 하고 있었으며, 이 땅의 지식인들은 무엇을 하고 있었는지 묻지 않을 수 없습니다.

몇 해 전이던가, 그나마 문화를 아는 이어령李御寧 전 문화부 장관의 주선으로 '노견'을 '갓길'로 고친 일이 있습니다. 사소한 일 같지만 얼마나 아름다운 일입니까. 바로 이렇게 우리 것을 찾아서 확립해 가는 것이 정신적 근대화의 시작입니다. 그 정신적 근대화가 나라의 정체성正體性을 확립하는 길로 이어집니다. 날로 우리 것이 무너지는 오늘의 정신적 공황이 어디에서부터 시작되었습니까.

광복 후 오늘에 이르기까지 아홉 사람의 대통령이 무소불위의 권세를 누리면서 통치자로서의 이름을 남기고 있었지만, 그 누구도 우리의 정신적 근대화를 생각하고 이끌어 온 사람은 없습니다. 그들은 때로 '역사 바로 세우기', '제2의 건국', '과거사 청산'과 같은 당연히 필요한 기치를 내걸면서도 그것을 국가적 차원이 아니라 정권적 차원으로 이용하려 하였기에 아무 성과도 거두지 못하고 흐지부지되었습니다. 그 원인이 어디에 있었는가를 규명하기는 조금도 어렵지가 않습니다.

1880년 예조참의 김홍집 金弘集을 수신정사로 하는 58명의 조선의 사절단이 일본 도쿄에 갔을 때 히가시 혼간지 아사쿠사 별원을 숙소로 쓰게 되었습니다. 조선의 고관이 중인의 신분인 이동인 선사의 자문을 받아야만 소기의 목적을 달성할 수 있는 운명적인 사건이 발생한 것입니다. 김홍집이 일본에 온 목적을 달성하기 위해서는 이동인을 통역으로 써야 하고, 반대로 이동인이 이를 강청하였을 수도 있습니다. 물론 이동인은 김홍집의 말을 그대로 통역했을 리 없고, 자신의 생각을 피력했을 것이 분명합니다. 이해 7월 6일자 도쿄니치니치 신문(東京日日新聞, 요미우리 신문의 전신)의 기사를 보면 이 같은 사실을 충분히 입증할 수가 있습니다.

이동인은 급격하게 변하는 국제 정세를 조선에 알리기 위해 김홍집보다 한 발 앞서 귀국합니다. 그가 귀국할 때 가지고 온 수많은 서적을 김옥균, 박영효 등이 밤을 새우면서 읽었고, 이동인에 의해 비로소 서구 문물이 비교적 정확하게 이 땅에 전해졌습니다. 이 엄연한 사실이 국사 교과서에 오르지 않고 있는 까닭이 무엇일까요.

이동인이 국사의 표면에 나시지 않는 한 우리나라의 근대화는 상상할 수도 없습니다.

———

김홍집이 귀국하여 이동인의 존재를 고종에게 알리자 놀란 고종은 이동인을 대궐로 부르게 됩니다. 배불숭유排佛崇儒의 나라에서 그것도 승려의 도성 출입을 금지한 조정에서 임금이 극비리에 이동인을 대궐로 불러서 만났다는 사실은 국법이 아니라 국시國是를 어기는 일입니다. 이를 계기로 고종과 민비는 처음으로 조선인이 입에 담는 서구 문물과 일본의 근대화 과정을 소상히 알게 되었고, 이동인이 마련해 온 사진 등으로 서구 문물의 실체를 확인하게 되었습니다. 이로 인해 고종과 민비는 보다 확실한 조선 근대화의 방향을 모색하게 되었습니다.

고종은 이동인에게 금봉金棒 세 개를 내려 주면서 다시 한 번 일본에 다녀올 것을 당부합니다. 물론 이때는 고종의 신임장이 주어집니다. 이 사실이 조선의 수구 세력에게 알려진다면 큰 문제가 야기될 것이 분명합니다. 이에 고종은 "부산釜山에서 떠나면 남의 눈에 뜨일 염려가 있으니 원산元山에서 떠나라."라고 몸소 당부했을 정도였습니다.

다시 일본으로 건너간 이동인은 어니스트 사토에게 군함軍艦을 구입하겠다고 교섭한 것으로 되어 있지만, 그것이 고종의 뜻인지 이동인 개인적인 욕망인지는 확실치 않고 내용도 소상히 전해지지 않는 것이 유감입니다. 필시 사카모토 료마坂本龍馬의 스승이었던 가쓰 가이슈勝海舟를 만났을 것으로 짐작될 뿐입니다.

게다가 어니스트 사토와 고베神戸에 주재하고 있었던 또 한 사람의 영국 외교관(영사)인 아스톤W.G. Aston이 그 후에도 이동인과 서신 연락을 하고 있었던 것으로 미루어 보면 이동인은 일본에서 비밀 외교관의 구실을 톡톡히 하면서 조선의 근대화를 위해 숨 가쁘게 질수한 것이 분명합니다.

이 같은 사정으로 미루어 본다면 당시 개화와 수구의 양 갈래로 갈라졌던 조선의 지식인 중에서 근대화의 필요성과 근대화의 방향을 가장 정확하게 파악하고 있었던 인물이 이동인이었다는 사실은 누구도 부정하기 어렵습니다. 게다가 이동인이 고종의 외교 자문에 응하게 되면서 그의 위상이 급격히 부상하는 것은 당연하지 않겠습니까. 실제로 이동인은 한미수교조약의 초안을 작성했으나, 청나라의 북양대신 리훙장李鴻章에 의해 거부된 일도 있습니다.

당시 조선은 근대적인 조직으로 정부를 개편하는 와중이었습니다. 고종은 이동인에게 "환로宦路에 나서야 하지를 않겠느냐."라고 출사를 권고합니다. 이 같은 이동인의 급격한 부상은 수구 세력이나 젊은 개화 세력 모두에게 위기감을 불러일으킵니다. 과거에도 응할 수 없는 중인 신분인 이동인이 조정의 고위 관원이 되고, 만에 하나라도 외교를 좌지우지하게 되는 위치에 있게 된다면, 이 땅의 양반 사대부들에게는 굴욕이 아닐 수 없고, 500년을 이어 온 신분 제도의 벽이 무너질 위험이 있습니다. 설혹 개화의 필요성을 느끼고 있는 젊은 관직들이라고 하더라도 중인이자 승려의 지도나 지배를 받게 되는 것을 환영할 까닭이 없습니다.

뿐만이 아닙니다. 청나라에서도 국제 정세에 정통한 조선인의 출현은 특히 북양대신 리훙장에게는 눈엣가시와 같은 존재일 것이었고, 일본에서도 처음과는 달리 자신들의 속내를 꿰뚫어 보는 이동인의 존재를 달갑게 여길 까닭이 없지 않겠습니까.

이 같은 주변의 여러 사정이 복합적으로 작용되어 1881년 이동인은 고종을 배알하고 퇴궐하는 길에 행방불명이 되고 맙니다. 조선의 자주적인 근대화를 원치 않는 사람들에 의해 암살된 것이 분명합니다. 그러나 언제, 어디에서, 누구에 의해 암살되었는지는 지금까지 알려지지 않고 있습니다.

다만 많은 사서史書가 민씨 일문이나, 홍선대원군 쪽의 소행일 것이라는 추측을 적고 있을 뿐이라 안타까운 노릇이지만, 실상은 조선에 대한 영향력의 상실을 우려한 청나라 자객에 의해 살해되었을 가능성, 혹은 조선의 자주 외교 노선을 차단하기 위한 일본 쪽의 낭인들에 의해 목숨을 잃었을지도 모릅니다. 물론 저의 생각은 후자의 범주에 있습니다.

일본의 근대화로 상징되는 메이지 유신은 1853년 우라가浦賀에 구로부네黑船 함대가 출현하면서부터 시작되어 내란이 거듭되는 혼란을 겪으면서 1868년에 메이지 개원의 선포로 외견상 16년 만에 근대화가 매듭지어집니다. 여기서 우리가 유념해야 할 점은 미국의 군함이 나타나기 2년 전인 1851년에 이미 사쓰마 번薩摩藩의 개명한 지도자 시마즈 나리아키라島津齊彬는 '로마' 자로 일기를 쓰면서 그 내용에 '아편전쟁의 전철을 밟아서는 안 된다'는 결의를 다짐하고 있었고, 집성관集成館을 마련하여 서양식 무기를 생산하였으며, 거기서 건조한 범선에 일장기日章旗를 걸 줄 알았습니다.

그런 개명한 집념으로 메이지 유신의 삼걸三傑로 평가되는 사이고 다카모리西鄕隆盛, 오쿠보 도시미치大久保利通 등과 같은 젊은 인재를 양성하였습니다. 또 조슈 번長州藩의 요시다 쇼인吉田松陰은 가쓰라 고고로桂小五郎, 이토 히로부미伊藤博文, 다카스기 신사쿠高杉晉作, 이노우에 가오루井上馨, 야마가타 아리토모山縣有朋 등과 같은 젊은 문도들에게 일본이라는 새로운 나라가 열리고 있음을 일깨우면서 호연지기를 가다듬게 하였습니다.

이들 선각의 지도자가 있었기에 메이지 유신을 이루어 낼 수 있는 핵심 세력들인 20대의 지식인들을 확보할 수가 있었습니다. 그리고 그들은 새로운 일본의 건설을 위해 정신적 · 물질적 근대화에 총력을 아끼지 않았습니다. 그 결과 메이지 개원을 선포한 지 불과 7년 후이자, 지식인 지도자들이 미국과 유럽을 둘러보고 귀국한 지 3년 후인 1875년에 미국이 그들에게 했던 똑같은 방법으로 운양호雲揚號를 기함으로 하는 군함 4척과 신식 소총으로 무장한 4천 명의 해병대陸戰隊로 하여금 강화도를 침공할 수 있는 획기적인 도약을 하게 됩니다. 이를 근대화의 기적이라고 아니한다면 무엇이 기적이겠습니까.

이 개항 과정을 조선의 경우와 비교해 보면 사회진화론에서 파생되는 서구 제국의 동진 등 국제 징세를 정확히 읽을 수 있는 선각의 지식인과 그들을 지원하는 집단이 없었음을 통탄하게 됩니다.

조선은 1866년 미국 상선 제너럴 셔먼 호가 대동강으로 들어왔고, 한 달 뒤에 프랑스의 군함이 한강을 거슬러 올라와 마포와 서강에 닻을 내리는 병인양요丙寅洋擾가 시작되지만 문정問情에 의지할 수밖에 없었습니다. 급변하는 국제 정세를 읽을 능력이 없었고, 시류를 판단할 수 있는 지식인과 그들을 지원할 수 있는 집단이 없었습니다. 그리하여 1881년 이동인이 암살되기까지의 시간이 15년입니다. 일본이 16년이라는 짧은 기간에 메이지 유신을 성공시킨 데 비해 우리는 그 어려웠던 15년 동안에 한 사람의 선각자를 죽였을 뿐입니다.

그렇다면 21세기에 들어선 이 시점에서 대한민국의 처지는 어떻습니까. 나라는 있어도 국가의 미래를 가늠하는 프로젝트를 운영할 줄 모르는 것이 그때와 다름이 없고, 정부는 있어도 다스림이 없는 것 또한 그때와 다름이 없습니다. 게다가 그때에 비해 악조건은 더 늘어나 있습니다. 국토의 분단이 그렇고, 지역감정으로 인한 국론의 분열이 그렇고, 보수와 진보로 갈라 세우는 터무니없는 명분의 대립이 또한 그렇습니다.

정녕 해결책은 없습니까. 나라의 정체성을 기반으로 하는 정신적 근대화에 나서는 일이 유일한 해결책입니다. 우리가 단 한 번도 시도하거나 경험하지 못하였던 정신적 근대화는 지금 시작해도 늦지 않습니다. 정 눈앞이 캄캄하다면 중국에서 열을 올리고 있는 동북공정東北工程이라도 배우면 될 것이 아니겠습니까. 그것이 바로 동북 지역의 정체성을 확립하면서 그 지역의 구성원들에게 물질적·정신적인 근대화를 이끌어 나가는 프로젝트이기 때문입니다. 그래도 모르겠다면 일본 유신 정부의 리더인 이와쿠라 도모미岩倉具視가 국내의 어려운 사정도 아랑곳 아니하고 차세대의 리더들을 거느리고 과감히 유럽 시찰에 나선 결단력이라도 배워 보라고 권하고 싶은 심정입니다. 바로 이 정신적 근대화에 나라의 명운이 걸려 있다고 믿는 까닭입니다.

이 땅의 젊은이들에게 정신적 근대화의 횃불을 들게 해야 합니다.

젊은이들의 횃불,
일본의 메이지 유신

21세기를 맞으면서 일본 굴지의 언론사에서 지난 천 년 동안 일본을 위해 가장 공헌한 인물이 누구냐고 묻는 여론 조사를 한 일이 있었습니다. 놀랍게도 1위를 사카모토 료마坂本龍馬가 차지하였습니다. 그리고 2위가 오다 노부나가織田信長, 3위가 도쿠가와 이에야스德川家康, 4위가 다나카 가쿠에이田中角榮, 5위가 요시다 시게루吉田茂, 6위가 도요토미 히데요시豊臣秀吉 등으로 나왔습니다.

참으로 놀라운 결과가 아닐 수 없습니다. 놀랄 수밖에 없는 이유는 이 결과만으로 일본인들의 국가관이 무엇인지, 그들의 역사인식이 무엇인지를 명확하게 알 수 있기 때문입니다. 일본이라는 나라에 흥미를 가진 사람들에게는 두려운 생각이 들 정도의 결과가 아닐 수 없습니다.

6위까지 선정된 사람들은 가장 일본적인 사람들입니다. 오다 노부나가를 비롯한 네 사람의 사무라이武士들은 일본 사람들의 입에 가장 많이 오르내리는 일본적인 리더들이며, 현대의 인물인 다나카 가쿠에이, 요시다 시게루 또한 가장 일본적인 총리대신이었습니다. 일본인들의 성향에 맞는 사람들이 선정되는 것은 당연한 이치겠지만 이들 모두가 일본이라는 '국가'를 연상하게 하는 인물이라는 점에서 전체 일본 국민들의 역사인식을 가늠하게 하기 때문입니다.

━━━━━━

서른한 살 아까운 나이에 암살로 목숨을 잃은 사카모토 료마가 지난 천 년 동안 일본을 위해 가장 큰 공헌을 한 인물이라면, 일본 근대화의 기초를 이루게 한 메이지 유신이 오늘의 일본을 있게 한 일본 역사상 가장 큰 위업이라는 뜻이나 다름이 없습니다. 사카모토 료마가 그 메이지 유신을 성사시킨 핵심 인물이기 때문입니다. 그러나 엄밀하게 따져서 사카모토 료마가 메이지 유신의 성사를 위해 공헌한 기간은 1863년부터 1867년까지 고작 4년 정도에 불과하고, 또 그는 메이지 유신이 이루어지기 일 년 전에 암살로 세상을 떠났다는 사실에 유념할 필요가 있습니다. 그러므로 사카모토 료마가 스물아홉 살에서 서른세 살까지 활동하고서도 지난 천 년 동안 일본을 위해 가장 공헌한 인물이라고 믿고 있는 일본인들의 마음에는 그가 항상 살아 있었으며, 또 그를 살아 있게 한 일본인의 정신이 무엇인지를 살펴보지 않고서는 일본인들에게 내재된 역사인식을 가늠하기가 어렵다는 뜻입니다.

일본의 오늘을 있게 한 소위 메이지 유신은 '존황토막尊皇土幕'의 명분을 성사시킨 혁명이나 다름이 없습니다. 황실이 있고 임금이 있어도 허울뿐이고, 모든 정치권력은 막부幕府의 수장을 세습하는 도쿠가와德川 일문에서 나옵니다. 그 기간이 장장 270년이나 되었다면 권력의 남용과 부패의 폐해가 고스란히 백성들에게 떠넘겨질 수밖에 없습니다. 그러므로 메이지 유신을 성사시킨 깃발인 존황토막은 '허울뿐인 황실을 다시 일으키고, 막부를 때려눕히자'라는 뜻입니다. 그런 어마어마한 계기를 마련해 준 것이 개항開港이라는 명분입니다. 또 그것은 일본의 근대화를 전제로 하고 있다는 사실에 유념해야 합니다.

1854년 미국의 동인도함대東印度艦隊 사령관인 페리 제독이 기함 '사스퀘하나'를 비롯한 '미시시피', '사부라이', '카프리스' 등 네 척의 군함을 이끌고 에도 만江戶灣 어구인 우라가 항에 닻을 내리고, 미국 대통령 필모어의 친서를 전하겠다고 위협하면서 개항의 바람에 불씨를 당기기 시작하였습니다.

당시 일본 사족(士族, 사무라이)들은 서양인들이 타고 온 군함이 검은색이라 하여 구로부네黑船라고 불렀으나, 단 네 척의 배가 일본 조야를 벌집 쑤시듯 뒤집어 놓을지 어찌 짐작이나 하였겠습니까.

태평했던 깊은 잠을 깨운 증기선

단지 네 척뿐인데, 잠 못 이루네.

당시 일본 사람들이 뇌까렸다는 이 노래를 누가 탓하겠습니까.
구리하마 항 왼쪽에서 바다로 뻗어 나간 야산 언덕에 무수한 구경
꾼들이 몰려들었을 게 아닙니까. 저렇게 큰 배가 무슨 수로 물 위에
뜰 수가 있을까. 무엇을 연료로 쓰기에 검은 연기와 하얀 증기를 함
께 뿜어 내는가. 과연 일본은 무사할 수가 있을까. 노랫말에 적힌
대로 잠 못 이루는 밤이 계속되지만, 그런 와중에도 나라를 생각하
는 선각의 지식인이 현장에 있었다는 사실이 일본의 근대화를 앞당
기는 근원적인 계기를 마련해 줍니다. 물론 국운일 수도 있습니다.

한 사람은 서양 포술砲術을 연구하고 있던 선각자 사쿠마 소산佐久
間象山이었고, 또 한 사람은 그를 스승으로 섬기고 있던 스물세 살의
청년 요시다 쇼인이었습니다. 나라가 구각舊殼을 벗어 던지고 새롭
게 탈바꿈하기 위해서는 호연지기에 불타는 선각의 젊은이가 있어
야 합니다.

"저 배를 타고 넓은 세상으로 나가 서양의 문물을 배워 오지 못한
다면 일본이라는 나라의 미래는 없다!"

선각자 사쿠마 소산의 이 한마디가 청년 요시다 쇼인의 가슴에
불을 지르게 됩니다. 이 순간부터 요시다 쇼인은 서양 문물을 배우
겠다는 생각, 새로운 일본의 미래를 꿈꾸면서 자신의 젊음을 불태
우게 됩니다. 그는 폭풍우를 뚫고 미국 군함으로 올라갑니다. 그리

고 온몸으로 페리 제독에게 자신을 미국에 데려가 줄 것을 애원합니다. 페리 제독은 일본이 아직 국교가 없는 나라임을 설명하고, 내년이면 데려갈 수 있다고 약속하면서 그를 뭍으로 돌려보냅니다.

호연지기에 불타올랐던 요시다 쇼인은 자신이 밀항을 시도하였음을 당당하게 발설하고 감옥에 갇히는 신세가 되었고, 곧 고향인 하기秋로 압송됩니다.

당시의 일본은 중앙집권제가 아닌 각 지역에 번(藩, 지역을 다스리는 장군가의 영토)을 두고 다스리는 봉건국가 체제나 다름이 없었으므로 소위 구로부네와의 접촉은 각 번의 형편과 이해에 따라 판이하게 다르게 됩니다. 바다를 끼고 있는 지역이냐, 아니면 내륙 깊숙이에 있는 지역이냐에 따른 지정학적인 필요에 의해 접촉의 강도가 달라지는 것은 당연하였고, 또 개항을 열망하는 선각자가 있느냐, 없느냐에 따라서도 큰 차이가 있을 수밖에 없었습니다.

가령 개항에 앞장섰던 조슈 번(長州藩, 지금의 야마구치 현)의 경우는 요시다 쇼인과 같은 걸출한 선각의 젊은이가 있어 일본 근대화의 역군을 길러 낼 수가 있었습니다. 밀항에 실패하고 하기로 강제 압송된 요시다 쇼인은 옥살이를 하면서도 학업에 전념하여 일본의 미래에 대한 노심초사를 거듭하였고, 출옥 후에는 젊은 인재들에게 옳게 사는 길은 무엇이며, 자기 변혁의 필요성을 일깨우기 위해 작은 서당을 열고 쇼카손주쿠라고 이름 하였습니다.

다다미 여덟 장 크기의 단 칸짜리 이 서당에 열세 명의 젊은이들이 모였습니다. 스물여덟 살의 젊은 스승 요시다 쇼인은 이들에게 새로 탄생될 일본의 미래를 위한 꿈을 아우르게 하고, 호연지기를 심어 주었습니다.

> 죽어서 불후不朽가 되려거든 시간과 장소를 가리지 말 것이며, 나
> 라를 위해 큰일大業을 이루려거든 오래 살아라!

여기서 우리는 젊은 세대들에게는 학문보다 꿈을 아우르는 호연지기를 심어 주어야 한다는 사실을 깨닫게 됩니다. 네 평짜리 서당에서 배운 열세 명의 제자들 중에서 메이지 정부의 총리대신이 세 사람이나 배출되었고, 여섯 사람의 대신(장관)이 나왔다는 사실이 이를 입증합니다.

> 학문도 중요하지만 학문을 알고 또 이를 실행하는 것이 남자의 길
> 이다. 시도 좋겠지만 서재에서 시를 짓고 있는 것만으로는 뜻을
> 펼 수 없다. 사나이라는 것은 자기의 일생을 한 편의 시로 이룩하
> 는 것이 중요하다. 구스노키 마사시게는 한 줄의 시도 쓰지 않았
> 으나, 그의 일생은 그대로 비길 데 없이 크나큰 시가 아니었는가!

얼마나 멋있는 가르침입니까. 그는 또 '하늘 높이 솟아올라서 세상의 모든 소리를 들으면서 눈을 크게 떠야 할 것이다飛耳長目'라는 말로 젊은 인재들을 감동하게 하였고, 마침내 그들로 하여금 미래의 일본을 위해 몸과 마음을 함께 내던지게 하였습니다.

마침내 요시다 쇼인은 막부의 잘못된 정책을 맹렬하게 비난하면서 새로운 나라를 만들어야 한다는 '시세론時勢論'을 주장하며 쇼카손주쿠에 모인 젊은 인재들의 가슴에 불을 지릅니다. 그것은 도쿠가와 막부를 타도하고 근대화된 일본을 세워야 하는 당위성을 일깨우는 일이었고, 또 조선을 집어삼켜서 북방의 영토를 넓혀 가야 한다는 정한론征韓論의 발단이기도 하였습니다.

> 조선을 책하여 인질과 조공을 바치게 하고, 북쪽으로 만주 땅을 분할하고, 남쪽으로 대만과 필리핀 제도를 손에 넣어 점점 진위 자세를 보여야 한다.

새롭게 탄생될 미래의 일본을 젊은 문도들에게 설파한 선각의 지도자 요시다 쇼인은 개항의 지지자들을 처단하는 옥사(安政の獄, 안세이의 옥사)에 연루되어 서른한 살의 나이로 세상을 떠납니다. 그러나 다다미 여덟 장 넓이의 좁은 서당에서, 그것도 2년 남짓 강의하고서도 후일 메이지 유신을 성사시키고, 근대화된 일본을 이끌어 갈 불세출의 정치가들을 길러 낼 수가 있었다면, 그의 선견지명이 어느 정도인지, 또 그의 영향력이 얼마나 컸었는지를 짐작할 수 있지 않겠습니까.

일본 근대화의 화신 다카스기 신사쿠高杉晉作, 가쓰라 고고로桂小五郎, 촌부의 아들로 태어났으나 메이지 정부의 초대 총리대신이 되는 이토 히로부미伊藤博文 그리고 이노우에 가오루(井上馨, 후일의 외무대신,

조선공사), 야마가타 아리토모(山縣有朋, 후일의 내무대신, 육군대신) 등 기라성과도 같은 인물들이 모두 다다미 여덟 장 크기의 쇼카손주쿠에서 일 년 남짓 호연지기를 배운 젊은이들이었다면 교육의 근원이 무엇인지를 명료하게 보여 주었다고 하겠습니다.

━━━

일본 근대화의 상징인 조슈 번과 함께 개항 세력의 주축을 이루었던 사쓰마 번(薩摩藩, 지금의 규슈 남단 가고시마 현)에서는 바다에 둘러싸인 지역적인 특성으로 일찍부터 개항의 필요성을 절감하고 있었으므로 보다 일찍 근대산업에 눈을 뜨게 되었고, 오쿠보 도시미치大久保利道, 사이고 다카모리西鄉隆盛 등과 같은 걸출한 젊은이들을 길러내게 됩니다. 물론 이들에게는 희대의 명군이라고 평가되기도 하는 개명한 번주 시마즈 나리아키라島津齋彬와 같은 선각자의 비호와 지원이 있었기에 국가를 위해 목숨을 버리는 용기를 가다듬어 갈 수가 있었습니다.

선각의 지식인이란 얼마나 아름답고 영광스러운 명예입니까.

1835년 도사 번(土佐藩, 지금의 시고쿠 고치 현)의 조오카마치(城下町, 성 밑 거리)에서 고오시(鄕士, 하급무사)의 아들로 태어난 사카모토 료마는 열아홉 살이 되어서야 검술 공부를 하기 위해 에도로 떠난 그야말로 늦깎이 시골 청년이었습니다. 그가 검술을 가르치는 치바 도장千葉道場에서 호쿠신잇토류北辰一刀流의 연마에 몰두하고 있을 때, 소위 구로부네의 소동이 있었고, 그 구로부네를 관찰하는 과정에서 조슈 번의 젊은이 가쓰라 고고로桂 小五郎를 만나면서 비로소 세상일에 어렴풋이 눈뜨게 되지만, 일단 귀향하게 됩니다.

막상 고향에 돌아오고 보니 답답해서 견딜 수가 없었습니다. 뭔가 심상치 않은 일(개항의 바람)이 일어나고 있기는 한데 그것이 무엇인지 알 수가 없었기 때문입니다. 그는 그 뭔가를 탐색하기 위해 단신으로 조슈 번으로 달려가 동갑내기 구사카 겐스이(久坂玄瑞, 요시다 쇼인의 수제자)를 만나서 세상 물정을 살피지만, 뭔가 긴박하다는 것만 눈치챘을 뿐, 아무 소득도 없이 다시 고향으로 돌아오고 맙니다. 스물여덟 살 때의 일이었습니다.

고향으로 돌아와도 답답하기는 마찬가지였습니다. 실제로 소위 왕당파勤王派들에 의해 토막討幕 운동이 논의되고, 사쓰마 번의 군대가 교토를 포위하고, 막부의 병사들을 박살 낼 것이라는 소문이 무성한데도 사카모토 료마의 지식으로는 그것이 무엇을 의미하는지 도무지 알 수가 없었습니다.

탈번脫藩이다!

탈번이라는 것은 번의 허가 없이 고향을 떠나는 일입니다. 따라서 잡히면 사형에 해당하는 범죄자로 취급되던 시절, 사카모토 료마는 달랑 칼 한 자루에 몸을 의지하고 보다 넓은 세계로 나가기 위해 탈번을 감행합니다. 그는 에도로 바로 가지 않고 조슈, 사쓰마

등을 돌며 젊은 근왕파 지사들과 교유하며 급박해진 국내의 사정에 눈뜨면서 오사카, 교토를 경유하여 에도로 들어가 새로운 문물을 탐구합니다.

비록 과묵하면서도 성품이 열혈과도 같았던 사카모토 료마의 운명을 바꾸게 한 것은 후일 일본의 해군을 창설하게 되는 개화의 선각자이자 13년 연상인 가쓰 가이슈勝海舟라는 걸출한 선각자와 만나게 되면서였습니다. 두 사람의 만남은 운명적인 결합이 아닐 수 없었습니다. 가쓰 가이슈는 사카모토 료마가 급변하는 세계정세를 정확하게 읽고 행동할 수 있도록 모든 논리와 체험의 길을 터 준 후원자요, 선각의 스승이었기 때문입니다.

스물아홉 살의 열혈 청년 사카모토 료마는 가쓰 가이슈의 사숙私塾인 고베神戸 해군조련소의 우두머리熟頭로 발탁되어 후진을 양성하면서 해원대海援隊 대장이 됩니다. 그 후 사카모토 료마는 가쓰 가이슈가 주선한 상선을 타고 전 일본 국토의 연안을 누비고 다니면서 국제공법國際公法을 몸으로 익히게 됩니다. 그것은 곧 새로 탄생될 일본의 미래를 설계하는 일이며, 서양 여러 나라의 문물을 이해하고 동경하는 일이나 다름이 없었습니다.

1865년 서른한 살 때 사카모토 료마는 동지 50명을 규합하여 일본상사日本商社의 원형이라고도 평가되는 카메야마샤추龜山社中를 조직하여 사무소를 나가사키長崎에 두고, 운수, 개척, 투기, 수입대행 등의 업무를 개시했는데, 모든 직원의 월급을 차등 없이 동일하게 지불할 만큼 신감각의 소유자이기도 했습니다. 이 일을 친구이자 후일 미쓰비시 상사二菱商社의 창업자인 이와사키 야타로岩崎彌太郎는 참으로 놀라운 상술에 경탄했다고 회고했고, 후일 그를 연구하는 사람들은 카메야마샤추의 활동을 상법감각商法感覺을 익힌 정보력의 승리라고 높이 평가하였습니다. 그러나 사카모토 료마는 서른두 살에 카메야마샤추를 토사 해원대土佐海援隊로 개편하고 유신 대업에 총력을 기울이게 됩니다.

사카모토 료마가 이루어 낸 최대의 공헌은 사이가 벌어진 조슈와 사쓰마를 화해하게 하여 이른바 삿조 동맹薩長同盟이라는 회천回天의 대업을 성사시킨 일입니다. 서로 원수로 여기는 양대 번을 하나로 엮어 내는 일은 피눈물 나는 열정의 산물입니다. 또 그것은 싸우지 않고도 막부를 쓰러뜨릴 수 있다는 확신이 있었기에 가능하였습니다. 그 확신이 바로 대정봉환大政奉還이라는 획기적인 계책을 탄생하게 합니다. 천황의 세력과 막부의 세력이 최후의 일전을 벌인다면 그 희생은 백성들에게 돌아갑니다. 이 재난을 막기 위해서는 막부의 세력이 지난 270년 동안 무소불위로 누려 온 모든 권력을 임금(황실)에게 반납하게 한다는 계획입니다. 누구도 믿을 수 없는 이 엄청난 계획은 모두 해원대의 배 위에서 설계되었다 하여 후일의 사가들은 사카모토 료마의 '선중팔책船中八策'이라고 평가합니다. 바로 이 선중팔책이 곧 새로 탄생할 메이지 정부의 조직과 이념이 되었다는 사실에서 선각의 젊은이들이 엮어 내는 불타는 애국혼을 배우게 됩니다. 토막·유신의 화신이자 일본 근대화의 상징인 사카모토 료마는 그야말로 메이지 유신의 설계자이며 실천자라 해도 손색이 없습니다.

막부의 주위를 에워싼 무사의 집단들은 '대정봉환大政奉還'을 강력하게 반대할 수밖에 없었습니다. 자신들의 생존권이 박탈되기 때문입니다. 신센구미(新選組, 막부의 사수를 외치는 무사 조직)를 비롯한 수구 무사들은 사카모토 료마의 목숨을 노렸습니다. 대정봉환을 막아내지 못한다면 사무라이의 운명도 끝장나기 때문입니다. 그러나 검술의 달인인 사카모토 료마를 습격하기는 쉽지 않아서 몇 번이고 실패를 거듭합니다. 그러나 불행하게도 1867년 11월 15일 오후 9시 교토의 여관인 오미야近江屋에 머물고 있던 사카모토 료마는 일곱 사람의 자객에 의해 무참히 살해되고 맙니다. 향년 서른세 살, 그가 열망하던 메이지 개원이 선포되기 4개월 전의 일이었습니다.

일본이 근대화되는 과정인 메이지 유신이 1854년, 미국의 동인도함대 사령관인 페리 제독에 의해 불붙기 시작한 지 불과 15년 만인 1868년에 소위 메이지 개원이라고 불리는 새로운 시대, 새로운 나라를 열어 갈 수가 있었던 것은, 나이든 정치가들의 경륜에 의해서가 아니라 앞에서 거론한 20대의 피 끓는 젊은이들의 물불을 가리지 않는 투혼과 열정에 의해 이루어졌다는 사실을 우리는 꼭 기억해야만 합니다.

자, 다시 처음의 화두로 돌아갑니다.

1위에서 3위에 이르는 인물들은 모두 파란으로 점철된 불 같은 삶을 산 사무라이들이지만, 놀라지 마십시오. 그들의 정열이 일본인들의 가슴에 새겨지게 한 것은 일본의 역사학자가 아니라 소설가의 힘이라는 사실도 우리는 새겨 두어야 합니다.

소설이란 물론 문학예술의 영역임에는 틀림이 없습니다. 그러나 시바 료타로司馬遼太郎라는 결출한 일본의 역사 소설가는 문학예술보다도 일본인들의 가슴에 역사인식을 심어 주는 일에 평생을 이바지하였습니다. 그가 세상을 떠났을 때 요미우리 신문이 그를 국사國師라고 칭한 데서 그의 불멸의 업적을 찾을 수가 있습니다.

그가 쓴 두 편의 역사 소설《언덕 위의 구름》,《용마龍馬가 간다》는 일본인들이 가장 감동한 작품으로 평가됩니다. 두 편 모두가 일본의 근대화 과정을 정면에서 다루고 있습니다. 또 철저하게 국가의 미래를 입에 담고 있습니다. 그리고 꿈을 가진 젊은이들이 나라를 펼치는 불굴의 의지를 세심할 정도로 그려 가고 있습니다.

사카모토 료마가 지난 천 년 동안 일본을 위해 가장 공헌한 사람임은 역사적인 사실입니다만, 그 구체적인 과정을 정확하게 담아낸 역사 소설가의 국가관이 작용하고 있었다는 사실 또한 이 자리를 통해 강조해 둡니다. 그 소설가 시바 료타로는 사카모토 료마가 일본사의 기적이라면서 일본의 근대화를 다음과 같이 적었습니다.

사카모토 료마를 유신사維新史의 기적이라고 한다. 분명 그랬을 것이다. 같은 시대에 활약한 소위 영웅호걸들은, 그 시대적 제약에 의해 몇 가지 유형으로 나눌 수 있다. 특수형이라 일컬어진 다 카스기 신사쿠도, 그것은 성격이지 사상까지 특수형은 아니었다. 료마만이 특수형이다. 료마 같은 형은, 막부 말幕末 유신維新에 산 몇천 명의 지사들 중에서 한 사람도 그 유례를 찾아볼 수가 없다. 일본사가 사카모토 료마를 가졌다는 것은, 그것 자체가 기적이었 다. 왜냐하면 하늘이 기적적인 인물을 내리지 않았던들 혹시 역 사가 달라졌을지 모르기 때문이다.

한 나라의 정신적 근대화는 그 나라의 미래와 직결됩니다. 오늘 날 우리가 물질적인 근대화에 매달리면서 얼마간의 만족감을 느끼 면서도 뭔가 한쪽 구석이 비어 있는 듯한 허전함을 느끼는 것은 정 신적 근대화를 이루지 못한 공백 때문입니다.

여러분께서는 지난 천 년 동안 우리나라를 위해 가장 크게 공헌 한 사람은 누구라고 생각하시는지요. 이제라도 늦지 않았습니다. 우리의 젊은이들에게 나라의 미래(꿈)가 담긴 근대화의 횃불을 들게 해야 합니다.

선각의 횃불이 불타올라야 나라의 앞길이 열리기 때문입니다.

조선인 포로와 일본의 도자기 문화

저는 도자기를 빚는 물레에 앉아 본 일이 없습니다. 물론 오르막 가마登窯에 불을 지펴 본 일도 없습니다. 그런 처지로 일본에서 오신 여러 유명 도예가와 우리나라의 대표적인 도예대가들이 모인 이 자리에서 도자기에 관한 이야기를 입에 담게 되어 송구스럽기 그지없습니다. 한 문외한의 발언이라는 점을 너그럽게 헤아려 주시기 바랍니다.

벌써 30 수년 전의 얘기가 되겠습니다만, 일본을 대표하는 역사 소설가인 시바 료타로가 쓴 소설 《고향을 어찌 잊으리까》를 읽고, 상당한 흥분과 부끄러움을 함께 느꼈던 일이 있었습니다. 솔직히

말해 이렇게 엄청난 얘깃거리가 있었던가 하는 것이 흥분의 요인이었고, 이런 얘기를 왜 일본인 작가가 써야 했으며, 우리나라 작가들은 대체 뭐하고 있었을까 하는 것이 부끄러움을 자극하는 두 가지 요인이었습니다.

저는 그 소설을 몇 번이고 다시 읽었습니다. 그런 과정에서 시바 료타로 선생이 아무리 일본을 대표하는 역사 소설가라고 하더라도 그가 일본인이기에 조선인을 묘사하는 데 큰 오류를 범하고 있다는 사실을 알게 되었습니다. 그리고 또 하나의 일본 소설을 읽게 되었습니다. 이와타 레이분岩田玲文 씨가 쓴《이조도공의 말예末裔》였습니다. 이 소설도 앞서 말한 시바 선생의 작품과 같은 시대의 도공(조선인 포로)들의 애환을 다루고 있으면서 똑같은 오류를 되풀이 하고 있었습니다. 이때는 흥분도 아니며, 부끄러움도 아니며, 마치 분노 같은 것이 가슴 한가운데서부터 끓어오르기 시작했습니다. 그 소재는 한국인, 한국 작가의 손에서 다시 씌어져야 한다는 울분이었었다고 기억됩니다.

가슴에 응어리를 키우고 있던 저는 마침내 1977년 5월 19일, 사쓰마야키薩摩燒의 고장으로 날아가는 비행기에 올랐습니다. 어느 때보다도 흐뭇했던 것은 외환 사정이 여의치 않았고, 일본 여행이 어려웠던 시절에 자비自費로 해외 취재에 나섰다는 자부심 때문이었던 것으로 기억하고 있습니다.

———

　일본 규슈九州 땅, 400년 전인 임진·정유년의 왜란 때 10만여 명이라는 엄청난 수의 조선인들이 일본 땅으로 끌려왔습니다. 조금 성급하게 얘기를 몰아가 본다면, 그때 왜병들에게 잡혀 온 10만여 명의 조선인 포로 가운데 약 5만여 명이 포르투갈이나 네덜란드 등에 인신매매로 팔려 갔고, 나머지 5만여 명이 일본 땅에 뿌리내리면서 살아왔습니다. 규슈는 조선인 포로들이 정착한 본고장이나 다름이 없습니다. 조선인 포로들이 지난 400여 년 동안이나 일본인과 피를 나누면서(결혼하면서) 살아왔다면 지금의 규슈 사람들은 거의 모두가 조선인 포로와 무관하지 않을 것이라는 저의 말에, 가고시마鹿兒島 대학의 교육학부장인 요츠모토四本 교수는 "……거의 대부분이 아니라 전부."라고 정정해 주기까지 하였습니다.

　가고시마는 동양의 나폴리라고 불리는 아름다운 고장이었습니다. 긴코 만錦江灣의 한가운데에 떠 있는 그림같이 아름다운 사쿠라지마櫻島는 그대로 활화산, 그날도 검은 분연을 뿜어내고 있었습니다. 모래알과도 같은 분연가루를 피하기 위해 종이우산을 쓰고 시내를 걷는데 마치 싸락눈 떨어지는 소리처럼 들리는 이국의 풍경이 신기롭기만 하였습니다.

　가고시마 시내에서 서쪽으로 50여 분가량 달려서 이슈잉伊集院이라는 작은 마을을 지나자 곧 히가시이치키東市來라는 작은 마을이 눈에 들어왔습니다. 거기서 5분 거리에 유노모토湯の元라는 온천 지

역이 있었습니다. 유황 냄새가 물씬 풍기는 일본식 여관인 하루모토소春本莊에 여장을 풀고, 조선 도공 14대 심수관 씨 댁에 전화를 걸어서 방문하고 싶다는 저의 뜻을 전했습니다.

심수관 씨의 공방壽官陶院이 있는 미야마美山는 택시로 10분 정도의 거리에 있었습니다. 지금은 미야마라고 부르지만 이 지역의 옛날 이름은 나에시로가와苗代川로 아름다운 지역이었고, 조선인 도공들이 전쟁 포로로 잡혀 와 뿌리내리면서 일본이 세계에 자랑하는 도자기 사쓰마야키薩摩燒를 구어 낸 정말로 유서 깊은 고장입니다.

심수관沈壽官, 그는 어느 모로 뜯어보나 그 골격부터가 한국 사람이었습니다. 그럴 수밖에 없습니다. 심수관 씨의 몸에는 단 한 방울도 일본 사람의 피가 섞이지 않았기 때문입니다. 400년 전, 정유재란丁酉再亂 때에 심당길(沈当吉, 본명 심찬)이 전라도 남원에서 포로가 되어 일본 땅으로 끌려온 이래, 13대 심수관에 이르기까지 400년 동안 일본인 여성과 결혼한 일이 단 한 번도 없었기 때문입니다.

여기서 먼저 말씀해 둘 일은 심수관이라는 이름입니다. 처음으로 일본 땅으로 끌려온 초대는 심당길沈当吉이었고, 2대가 심당수沈当壽, 3대가 심도길沈陶吉, 4대가 심도원沈陶園, 5대가 다시 심당길, 6대가 심당관沈当官, 7대가 심당수沈当壽……, 이렇게 11대 심수장沈壽藏까지 다른 이름을 썼고, 12대에 이르러 지금의 심수관으로 굳어지면서 13대, 14대, 15대로 습명襲名되고 있습니다.

조선 도공 14대 심수관과 그 주변을 취재하면서 저를 놀라게 한 사료史料는 다음 두 가지였습니다.

첫 번째는 심수관 씨가 거처하는 사랑채 마당 건너편 담장 밑 풀숲에 있는 돌비석이었습니다. 그것은 형언할 수 없는 감동이자 슬픔이기도 했습니다. 풀숲에는 높이 45센티미터 정도의 돌비석이 두 개 서 있었는데, 놀랍게도 '반녀니'라는 여성의 이름이 한글로 새겨져 있었습니다. 반녀니라면 양반이 아닌 천녀의 이름이 분명합니다. 조선 시대에 흔히 쓰였던 '언녀니'와 같은 종류의 비천한 신분의 여성의 이름, 그런 이름을 가진 여인이 죽었다 하여 비석을 세우고, 그 비면에 여자의 이름을 새기는 일⋯⋯. 그것도 순 한글로 새겼다는 사실, 그런 일이 (그들이 본다면) 본국本國에서라면 어찌 상상이나 할 수 있겠습니까.

도공들에게 섞여서 함께 잡혀 온 비천한 여성이라면 남성 도공들을 위해 헌신적인 봉사를 했을 것이 분명합니다. 또 그것은 피눈물의 세월이 아닐 수가 없었을 것입니다. 그녀들이 겪은 노고에 대한 파격의 예우였기에 그들(동족)의 단합심이 얼마나 뜨거웠던가를 알고도 남지를 않겠습니까.

"얼마나 된 비석인가요?"

저는 심수관 씨에게 비석의 내력을 물었습니다.

"아버님 말씀으로는 200년은 족히 되었을 것이라 하셨습니다."

머나먼 타국 땅에 전쟁 포로로 끌려온 사람들이 얼마나 눈물겹게 서로에 의지하면서 살아왔는가를 명확하게 보여 주는 대목이어서 나도 모르게 눈물을 흘리고 말았습니다. 심수관 씨는 내가 흘리는 눈물의 의미를 물었습니다. 나는 그때 조선인 포로이자 도공들의 단합된 애환 때문이라고 대답하였습니다. 이 이야기는 후일 심수관 씨에 의해 〈주간 아사히週刊 朝日〉에 대서특필되기도 하였습니다.

두 번째의 감동은 '옥산신사玉山神社'의 유래에 관한 것이었습니다. 미야마의 서편 쪽 언덕 위에 자리 잡고 있는 옥산신사의 본이름은 '옥산궁玉山宮'입니다. 참으로 놀랍고 대견한 것은 남의 땅에 전쟁 포로로 끌려온 사람들이 옥산궁을 창건하고 거기에 단군檀君의 위패를 모시고 해마다 8월 한가위 날에 제사를 지냈다는 사실입니다. 그 당시(400여 년 전) 국조國祖 단군의 위패를 모시고 망제望祭를 올리자고 발의할 수 있었다면, 잡혀 온 사람 중에는 상당한 지식인이 있었다는 점을 입증하는 일이기도 합니다. 다시 말하면《삼국사기三國史記》나《삼국유사三國遺事》를 읽고, 바르게 숙지한 지식인이 있었기에 옥산궁을 창건하여 도공들의 단합을 이끌고, 조선인의 자부심을 지켜 가게 할 수가 있었지 않았겠습니까.

1867년(慶應 3)에 씌어진《옥산궁유래기玉山宮由來記》에 '옥산궁은 조선 개조 단군의 묘廟'라고 적혀 있는 일본 쪽 기록으로 봐도 당시 조선인 도공들의 조국애가 일본인들에게 전해질 만큼 당당하였음도 알 수 있습니다.

지금도 옥산신사에서 쓰는 제기祭器를 보면 장고가 있는데 길이

만 짧아섰을 뿐 모양은 우리 것과 같으며, 시루떡을 찌는 작은 시루
에 구멍이 뚫려 있는 것은 참으로 신기할 지경입니다. 사제司祭가
추는 춤의 형태는 지금 우리나라의 진주 지방에서 추는 검무劍舞와
아주 흡사하다는 사실로 미루어 조선의 정서와 풍습이 완벽하게 전
해져 있었음을 알 수가 있었습니다. 그러므로 시바 료타로 선생의
소설에 '옥산궁'에서 불리어졌다는 고시조古時調〈오날이쇼서〉의 소
개와 해석은 모두 잘못될 수밖에 없었습니다.

저는 《청구영언靑丘永言》에 수록되어 있는 원시原詩를 제시하면서
심수관 씨에게 물었습니다.

"일본을 대표하는 역사 소설가 시바 료타로 선생의 《고향을 어찌
잊으리까》는 당신의 가계家系를 기둥 줄거리로 하고 있는데, 이와
같은 오류가 있어서는 곤란하지 않습니까?"

'나무는 보았으되, 숲은 보지 못했다'라는 저의 지적에 심수관
씨는 아주 명쾌하게 대답해 주었습니다.

"아, 정말 몰랐습니다. 냉철한 지적 감사합니다. 그러나 시바 선생
의 소설에 잘못 표현되고 묘사된 것은 전적으로 제 과실일 뿐입니
다. 선생은 제 잘못된 구술을 토대로 그 소설을 쓰셨을 테니까요."

이로써 제가 의문을 품었던 오류의 원인이 밝혀진 셈입니다.

취재를 대충 마치고, 대하드라마 〈타국他國〉을 쓸 때 가장 주의할
점이 무엇이냐고 물었을 때 심수관 씨의 표정은 숙연해졌고, 마치
선조의 유언을 전하듯 진지한 어조로 말했습니다.

"슬픔이나 괴로움이 응결되어 있는 사람이 무엇인가 이루어 놓습

니다. 사쓰마야키는 일본인일 수 없으면서 일본인이어야 했던 조선인 도공들의 응결된 괴로움과 슬픔의 결정이라고 생각합니다. 언어가 통하지 않고 풍속이 다른 이국땅에서 생존하기 위해서는 그들 나름대로의 지혜가 생기게 마련입니다. 자신들을 위해서 반발도 참을 줄 알아야 했고, 장차를 위해서는 그들 스스로 일본인들을 도울 줄도 알았지만, 아첨이 되지 않는 선에서 슬며시 손을 놓아 자신들의 긍지를 자위할 줄도 알아야 했습니다. 이러한 어려움 속에서 자신들의 뜻이 이루어지면 언제 그런 일이 있었느냐는 듯 묵묵히 일해 가면서 생존의 집념만을 생각했습니다. 이와 같이 복잡미묘한 감정이 사쓰마야키薩摩燒를 구워 내는 원동력이 되었습니다. 그래서 일본인과의 대항 의식만은 삼가해 주셨으면 합니다."

물론 저는 심수관 씨의 당부를 뇌리에 새기면서 텔레비전 드라마 〈타국〉을 집필할 수가 있었습니다.

━━━

일본 측 기록인 《사쓰마번사薩摩藩史》의 기술에 따르면 구시키노串木野의 시마비라 하마島平浜에 박평의朴平意와 그의 아들 정용貞用을 비롯한 43명의 남녀가 도착하였고, 조금 내려가서 가미노가와神ノ川 하구에 김해金海를 비롯한 남녀 10명이 그리고 규슈의 남단을 돌아서 가고시마에 남녀 20명이 도착한 것으로 기록되어 있습니다.

특히 박평의와 김해의 사료는 그 가계까지 정확하게 기록되어 있습니다. 그러므로 이들 두 사람이 당시의 일본인들이 하늘처럼 떠받들던 도공임을 입증하는 귀중한 사료가 분명합니다. 박평의는 조선인 최초로 묘지다이토(揢字帶刀, 성을 쓰고 칼을 차는 일)를 허가받아 마침내 쇼야(庄屋, 촌장)가 되어 사족의 예우를 받았다는 기록이 보이는 데 반해, 심수관 씨의 선조인 심당길에 관한 기록은 눈에 띄지 않습니다. 바로 여기에 심수관 가의 비밀이 있다고 저는 판단했습니다.

심당길은 도공이 아니라 사옹원司饔院에서 일을 보던 관리였는데, 도공들과 함께 잡혀 와서 그들의 정신적인 지주가 되었으나, 도공이 아니고서는 살아갈 방도가 없음을 깨닫고, 박평의의 문하에 들어가 도공이 되었을 것이라는 추리는 얼마든지 가능합니다. 그렇다면 양반이 상민의 문하가 되는, 고국에서는 상상도 할 수 없는 신분의 포기나, 변화가 요구되는 엄청난 드라마가 생기게 됩니다.

심당길이 김해의 문하로 들어가지 않은 것은 확실합니다. 김해는 구시키노串木野에 도착한 지 3년 뒤인 1601년에 동족을 배반하고 호시야마星山라는 성을 받았으며, 아이라군姶良郡 조오사우토帖佐宇都에 가마를 열고 당시의 번주였던 시마스 요시히로島津義弘의 극진한 사랑을 받았다는 기록이 이를 뒷받침하기 때문입니다.

구시키노에 도착한 조선인 도공들이 최초로 도자기의 가마窯를 연 것은 도착한 다음 해인 1599년이었고, 이때에 처음으로 구워진 그릇은 검은색이었습니다. 물론 백토白土가 없었기 때문입니다. 이때 이미 북쪽 지방인 아리타有田에서는 같은 조선인 도공인 이삼평李參平 등에 의해 백옥과도 같은 백자가 구어지고 있었기에 번주 시마스는 말馬과 병사들을 박평의 휘하에 배치하고 백토를 찾는 일에 전력을 다할 것을 독려하였습니다.

그러나 실제로 백토가 찾아진 것은 조선인 도공들이 잡혀 온 지 무려 16년 만인 1614년의 일이었습니다. 사쓰마야키의 특색인 그릇의 표면이 아주 흰색이 아니고 엷은 베이지색(상아 빛깔)인 것은 발견된 백토의 성분에서 연유된 것입니다.

구시키노에 도착한 조선인 도공보다 먼저 가고시마의 본성 밑에 도착하여 사무라이士族 대우를 받고 있었던 주가선朱嘉善을 비롯한 일단의 무리들도 있었습니다. 이들이 살고 있는 마을이 고려촌高麗村이며, 지금도 도처에 이들이 살고 있었던 흔적이 남아 있습니다. 이들은 임진년의 왜란 때 역관譯官을 지내다가 왜병과 함께 철수한 사람들로 추측됩니다.

이에 대한 입증은 이들은 그릇을 구울 수 있는 기술도 없으면서 본성 밑 조오카마치城下町에 살면서 일본 성과 이름을 쓰고 있었다는 사실로도 잘 설명될 것이라고 생각합니다.

━━━

일본의 도자기는 대개가 조선인 포로(도공)들에 의해서 구워지기 시작하였습니다. 일본인들이 가장 선호하는 도자기 중의 으뜸인 하기야키萩燒는 그 명성이 아주 대단합니다. 그들은 하기야키를 설명하면서 언제나 '숨 쉬는 도자기'라고 말합니다. 오래 사용하면 사용한 차茶의 특색에 따라 다기(茶器, 磁器)의 색깔이 변하기 때문입니다. 그래서 하기야키 중에서도 이도다완井戶茶碗은 하기야키의 대명사이기도 합니다.

이도다완을 처음 구워 낸 사람들도 임진·정유년의 왜란 때, 조슈 번의 번주 모리 데루모토毛利輝本에 의해 전쟁 포로가 되어 일본으로 끌려간 조선인 도공들이었습니다. 일본 측 기록에 따르면 이작광李芍光, 이경李敬 형제가 이도다완을 처음으로 구워 낸 것으로 되어 있고, 특히 형인 이작광이 먼저 왔고, 일 년 뒤에 동생인 이경을 데려(초청)왔다는 기록은 당시의 사정을 감안하면 불가능한 가정假定이거나 추리가 아닌가 합니다.

이도다완의 원형은 '조선 막사발'입니다. 조선에서 사용되는 '막사발'은 서민들이 사용하는 생활용기였습니다. 그러므로 조선에는 '막사발의 이가 빠지면 개밥그릇으로 쓴다'는 말이 있기도 합니다. 이도다완이라는 명칭의 내력도 곱씹어 볼만 합니다. 조선 땅에서는 여러 곳에서 막사발이 구어지곤 했습니다만, 경상남도 하동 지방의 새미골에서 대량으로 생산된 것으로 보이는 가마터窯跡가 발견되었습니다. 그 '새미골'을 일본식 한자로 옮겨 적으면 샘井이 되고, 골戶이 됩니다. 그러므로 일본어의 이도다완은 한국어의 '새미골 막사발'이 됩니다. 물론 이 사실은 일본에서도 인정을 하고 있고, 또 지금도 새미골에서는 여류 도공인 장금정張今貞 여사에 의해 조선 막사발이 재현되고 있습니다. 물론 수많은 하기 사람들이 다녀가기도 하였습니다.

따라서 하기萩 지방으로 끌려간 조선인 전쟁 포로 이작광, 이경 형제는 경상남도 하동 지방에 근거를 두었던 도공임이 분명합니다만, 그들이 형제라는 사실을 입증할 만한 논거論據는 찾기가 어렵습니다. 영천 이씨永川李氏의 족보를 살펴보아도 그렇습니다. 아마도 포로로 잡혀간 처지가 부끄러워 본명이 아닌 가명假名으로 살지 않았나 싶기도 합니다. 사쓰마야키의 심당길沈當吉의 본명(족보에 기록된)이 심찬沈讚이라는 사실도 방증 자료가 될 줄로 압니다.

여담이 되겠습니다만 400여 년 전, 전쟁 포로가 되어 일본 땅으로 끌려간 조선인 도공들에 의해 만들어진 '조선 막사발(초기의 이도다완)'이 지금도 42개가 남아 있다고 전해지는데, 그중의 하나가 일본 국보로 지정되어 교토京都의 다이토쿠지大德寺에 보관되어 있습니다.

저는 영광스럽게도 일본인 수집가 하마타 요시아키濱田義明 선생이 보관하고 있는 초기의 조선 막사발 두 개를 구경할 수 있는 기회가 있었습니다. 하나는 일본다도의 시조라고 불리는 센리큐千利休의 소장품이어서 놀랍게도 그가 입었던 당시의 옷자락에 싸여져 있었고, 다른 하나는 도쿠가와 가문德川家에서 사용되던 것이 일본 황실로 옮겨가 메이지 천황明治天皇이 애지중지하던 것이라는 설명이 있었습니다. 엷은 색 흙빛이 도는 400년 전 조선 막사발의 촉감은 참으로 놀라웠습니다.

하마타 선생은 제가 조선 막사발의 고국 사람이라 하여 거품이 살짝 인 말차末茶를 대접해 주었습니다. 제 평생 가장 비싼 다완으로 가장 맛있는 차를 마신 셈입니다. 물론 팔지는 않겠지만, 한 개의 값이 일본 돈으로 무려 40어 엔(한화로 약 5,100어 원)을 웃돈다니 얼마나 놀라운 일입니까.

———

한국과 일본의 도자기를 매개로 한 문화 교류는 양자 모두에게 불가분의 관계를 맺어 주고 있습니다. 이 사실은 누구도 거부할 수가 없습니다. 그러므로 그 교류의 시대적인 배경, 혹은 인물사적인 연구는 보다 더 학문적으로 연구되어야 마땅합니다. 그러나 실제에 있어서는 향토사학적인 범위에서, 혹은 취미로 연구되는 수준에 머물고 있습니다. 그러므로 한일 도자문화에 관한 연구는 지역에 따라 서로 달라서 세목細目으로 들어가면 갈피를 잡기가 어려운 경우가 왕왕 있습니다. 이러한 오류를 극복하기 위해서는 한일 양국의 전문가가 참여하여 보다 광범위하고, 정확한 연구가 선행되어야 할 것으로 압니다.

역시 사견입니다만, 한일 간의 도자문화가 교류된 지역을 방문할 때마다 두세 권의 관련 저서를 상재한 향토사학자를 만나게 됩니다만, 어딘가 어색하고, 어딘가 부족한, 그리하여 공인公認되지 않은 연구결과와 만나게 되는 느낌입니다. 이럴 때의 토론은 한일 간의 불우했던 역사를 토론하는 것만큼이나 델리케이트한 경험을 저는 여러 번 하였습니다.

아리타有田의 이삼평李參平이 그렇고, 하기萩의 이작광 형제가 또

151

한 그렇고, 가고시마의 도오고東鄕家의 경우도 그러합니다. 역사적 사실에 대한 신뢰가 있으면 간단히 해결될 일인데, 거기에 현대적인 감정을 가미한 데서 혼란을 자초한 경우도 있습니다. 이제 우리는 보다 냉철한 눈으로 현실을 직시할 필요가 있습니다. 지난날의 도자문화의 교류를 놓고 수혜냐 아니냐를 따지는 일은 바람직하지 못합니다.

조선인 전쟁 포로에 의해서 만들어지기 시작한 일본 도자기는 세계의 명품으로 도약했습니다만, 한국의 현대 도자예술은 거기에 반도 미치지 못하고 있습니다. 이 척도는 국민들의 자국 문화에 대한 사랑을 바탕으로 성립된다는 사실을 입증한 결과나 다름 없습니다.

이제는 서로가 마음의 문을 더 활짝 열어야 합니다. 문화에는 차이差異는 있어도 우열優劣은 없습니다. 그런 생각으로 한일 양국의 도자문화 교류에 대한 사실적 논거를 확보해야 할 때가 왔습니다. 그렇게 하여 찾아진 진실된 논거를 바탕으로 도자문화의 교류를 다시 시작한다면, 우리는 멀지 않아서 새롭고 아름다운 세계의 도자문화를 꽃피워 갈 수가 있을 것입니다.

여러분의 더욱 활발한 교류를 기대합니다. 감사합니다.

조선조 여인들의 삶,
그 진실과 오해

조선 시대의 문학 중에서 여성을 주제로 한 작품을 거론하자면 당연히 조선조의 3대 궁중소설宮中小說이라고 불리는《계축일기癸丑日記》,《인현왕후전仁顯王后傳》,《한중록閑中錄》을 거론하게 됩니다. 이세 소설이 모두 여성을 주제로 여성에 의해 씌어졌다는 점에서 더욱 그렇습니다.

《계축일기》는 광해군에 의해 서궁(西宮, 지금의 덕수궁)에 유폐되었던 선조 비 인목왕후仁穆王后의 죽지 못해 살아가는 참담한 모습을 소상하게 적고 있으므로 인목왕후를 섬기던 측근 상궁이 쓴 것으로 추측되고 있습니다. 그러므로 폐모廢母를 자행한 광해군과 그 일당의 패덕을 극렬하게 비방하면서 상전(인목왕후)의 눈물겹도록 처절한 삶을 인종의 미덕이라는 관점에서 그려 놓고 있습니다.

《인현왕후전》도 숙종 비 인현왕후에게 박해를 가하는 희빈 장씨의 잔혹한 투기를 세세히 그리면서 인현왕후가 겪어야 하는 회한의 삶과 희빈 장씨의 비극적인 종말을 대비해 놓고 있습니다. 이러한 정황으로 보아서 이 소설 또한 인현왕후를 측근에서 섬기던 상궁이 쓴 것으로 추측하게 됩니다.

《한중록》은 추존 임금인 장조(莊祖. 사도세자)의 지어미로 헌경의황후(獻敬懿皇后)로 추존된 혜경궁惠慶宮 홍씨가 사가의 조카들에게 보내는 편지투로 씌어진 작품이지만, 이 역시 사도세자를 박해한 영조와 신하들의 광태 그리고 정쟁政爭의 실상을 낱낱이 적으면서도 자신이 겪었던 여인으로서의 회한을 처연한 필치로 적어 남겼습니다.

문장은 아름답고 묘사는 정교하며, 내용은 처절하지만, 모두가 왕실과 왕비의 주변을 그리면서 정쟁에서 빚어지는 특수한 갈등을 골격으로 하고 있습니다. 그러므로 삶에 접근했다고 하기보다는 인종忍從의 미덕과 권선징악의 주제에서 벗어나지 못하였다는 단점도 있습니다.

이 세 소설과 성격을 달리하는 국문소설로는 서포西浦 김만중金萬重이 쓴 《사씨남정기謝氏南征記》를 들 수가 있습니다. 이 작품은 인현왕후를 괴롭히는 희빈 장씨의 악덕은 반드시 응징될 것이라는 점을 예언하고 있지만, 정치적으로 민감한 내용인 까닭으로 중국으로 무대를 옮겨서 중국의 여인들을 등장시켜 마치 중국의 이야기인 것처럼 꾸며 놓았습니다. 게다가 직자의 종손從孫인 김춘택金春澤에 의해 한문으로 번역된 탓에 중국 소설로 오인되기도 하였습니다.

현존하는 우리 고전의 내용이 지금까지 거론한 것과 대동소이하다면 문학작품을 통해 조선 시대의 보편적인 여인상과 만나기는 결코 쉽지가 않습니다. 그러므로 오늘을 사는 많은 사람들은 조선 시대의 관행과 풍습을 토대로 그때의 여인상을 상상하게 되지만, 조선 시대의 여성에게 관련된 관행과 풍습은 대체로 잘못 이해되고, 잘못 알려진 형편이어서 역사 왜곡이라는 더 깊은 수렁으로 빠져들 위험이 있다는 점에 유의해야 할 것입니다.

자, 지금부터는 《조선왕조실록》에 등재된 기사를 중심으로 이야기의 실마리를 풀어가 보고자 합니다. 오늘날의 우리는 문학작품을 빙자하여 얼마나 많은 잘못을 저지르고 있는지, 또 잘못 이해되기 쉬운 관행과 풍속조차도 허다하게 잘못 알고 있는 경우가 많습니다. 그 원인은 정사사실正史史實를 외면하였기 때문입니다. 정사사실을 외면하였다는 뜻은 정답正答을 모르는 채 (알려고도 하지 않은 채) 오답誤答 근처만을 맴돌았기 때문입니다.

─────

조선조에 살았던 여성들에게는 이름이 없었다고 믿는 지식인들이 뜻밖으로 많습니다. 여기서 한 술 더 떠서 상당한 지도층에 있는 여류 명사들이 수많은 여성 청중들 앞에서 "조선조 여성들에게 이름을 지어 주지 않은 것은 우리 선조들이 얼마나 우매하게 살았던가를 여실하게 보여 주는 일이며, 우리나라 여성사의 큰 비극이 아닐 수가 없고, 또 그것만으로도 남존여비의 사상이 얼마나 극심했던가를 알고도 남는다."라는 식의 열변을 토하면서 청중들의 역사 왜곡을 부추기는 광경을 저는 여러 번 지켜보았습니다. 그들 여성 지도자들은 대개가 명문대학 출신이며 더러는 미국 유학을 마치고 장관이나 국회의원을 지내기도 한 유명 인사들이었습니다.

무덤가에 피어나 허리가 굽었기에 '할미꽃'이며, 풀줄기가 뾰죽하고 길어서 '쥐꼬리풀'인 것처럼 하찮은 잡초나 들꽃에도 이름을 지어 주었고, 바다 속에서 서식하는 '불가사리', '말미잘'과 같은 것에도 이름을 붙여 주지를 않았습니까. 그렇게 정겨운 사람들이 자기가 낳은 딸자식에게 이름을 지어 주지 않았대서야 말이 됩니까. 더구나 그것이 남존여비의 사상에서 비롯된 것이라고 우겨 댄다면 그야말로 제 얼굴에 침 뱉는 식자우환識字憂患이 아니고 무엇이겠습니까.

또 있습니다. 족보族譜를 살펴보면 여자의 경우는 사위의 이름이 대신 적혀 있습니다. 옳거니, 여자에게는 올릴 이름이 없어서 이렇게 되었구나, 과연 남존여비의 결과가 아니고 무엇인가 라면서 목청을 높인다면 그것이 바로 누워서 침 뱉는 우를 범하는 것임을 알아야 합니다.

조선조의 여성들에게는 지금보다 더 아름답고 뜻깊은 이름을 지어 주었습니다. 그것을 확인하기 위해서 따로 많은 공부를 할 필요는 없었습니다. 아니 모두 알고 있으면서두 자기 자신을 모르고 있다는 착각에 빠져 있다는 사실을 깨달아야 합니다.

섹스 스캔들로 일세를 떠들썩하게 하였던 유감동兪甘同과 어우동於乙宇同이 바로 조선조 여성의 이름이 아닙니까. 또 숙종의 총비로 중전의 자리에까지 올랐던 역관의 딸이 장옥정(張玉貞. 장희빈)이며, 연산군의 사랑을 받았던 여인이 장녹수張綠水, 광해군의 총비에 개시介屎가 있고, 윤원형의 애첩이 정난정鄭蘭貞입니다. 이게 여성의 이름이 아니면 무엇이 여성의 이름입니까.

더 자세히 살펴보겠습니다. 사육신의 한 사람으로 명망이 높은 성삼문成三問의 어머니는 미치未致, 아내는 차산次山, 딸은 효옥孝玉이었습니다. 그리고 단종 릉에 배향된 중신의 한 사람인 김문기金文起의 아내는 봉비奉非, 딸은 종산終山이었습니다. 17세기 동양 삼국에서 으뜸 가는 여류 시인으로 문명을 떨쳤던 허난설헌許蘭雪軒의 이름이 초희楚姬가 아니었습니까.

이렇게 적어 가자면 끝이 없습니다. 그런데도 조선조의 여인들에게 이름이 없었다고 강변하는 사람들 중에 지식인 여성들이 많다는 것은 역사를 왜곡하는 무지는 고사하고, 그녀들이 선봉에 선 우리 나라 여성 운동의 수준을 알게 하는 대목이 아닐 수 없습니다.

조선조 여성(특히 반가의 여성)들에게는 이름이 아닌 다른 존칭이 많았기에 이름의 쓰임이 지금과 같이 요긴하지를 않았습니다. 출가 전에는 아가, 아기씨 등으로 불리었고, 출가를 하게 되면 아씨, 마님, 노마님 등으로 존칭되었으므로 이름이 불릴 기회가 없었다는 뜻입니다. 그러므로 사회적으로 대단히 존경을 받았다든가, 아니면 떠들썩한 화제를 뿌린 여성이 아니고는 그 이름이 문건에 기록되지 않았으므로 전해지지 않았을 뿐입니다.

족보에 딸 대신 사위의 이름을 적었던 것은 연혼連婚을 과시(소중히)하였던 당시의 사회 분위기를 반영한 때문입니다. 그러므로 족보에는 외가와 처가의 인적사항이 등재됩니다. 바로 이 결과가 큰 죄를 지으면 삼족三族을 멸하는 결과를 초래하게 됩니다.

《조선왕조실록》에도 수많은 여성들의 이름이 등장합니다. 이른바 민초民草에 해당하는 상민 출신의 여성들은 순수한 우리말로 된 이름을 쓰고 있었으나, 그것이 《조선왕조실록》에 등재되는 과정에서 음가가 한문으로 고쳐 적힌 경우를 허다하게 보게 됩니다.

예컨대 '구슬'이라는 이름은 '구슬이(仇瑟伊, 세종 5년 7월 4일 자)'로 적었고, '방울'이라는 이름은 '방올(方兀, 세종 23년 9월 17일 자)'로 적고 있습니다. '보배'는 '보배(寶背, 세종 18년 7월 6일 자)', 혹은 '보배(寶排, 태종 10년 5월 1일 자)'로 적고 있는데, '보배'의 경우 '배背'와 '배排'가 혼용되고 있는 것은 음가를 옮겨 적는 사람史官들의 취향이 아닌가 싶기도 합니다. '장미(薔薇, 세종 2년 8월 14일 자)'라는 이름도 많이 나옵니다. 이 이름에도 착각의 여지가 많습니다. 장미꽃은 '로즈'를 연상하게 합니다. 그래서 장미꽃을 연상할 때 그것이 서양의 꽃이라는 선입견으로 '장미'라는 말이 일본을 통하여 전래되어 온 것으로 착각하기가 쉽습니다. 그러나 일본에서는 로즈를 장미라 하지 않고 '바라ばら'라는 제 나라 말을 쓰고 있습니다. 물론 《장미배양법薔薇培養法》

이라는 책이 메이지 8년에 간행된 바 있으나, 이 경우는 개량장미를 의미합니다. 그러니까 장미는 로즈의 번역어가 아니라 중국어라는 사실을 알아야 합니다. 그러기에 조선조 여인의 이름에 '장미'가 많은 것이며, 이때의 장미는 로즈가 아닌 들장미에서 따온 이름입니다. 들장미의 원산지가 히말라야 산맥의 북쪽인 중국 땅이라는 사실을 안다면 조금은 이해가 될 것이라고 생각됩니다.

국화(菊花, 태조 7년 10월 28일 자)나 매화(梅花, 태종 3년 3월 4일 자)라는 이름도 장미의 경우와 크게 다를 바가 없습니다. 이와 같은 확증이 있음에도 장미라는 꽃 이름이 일본을 통하여 전래되었다고 짐작하여 단정하는 것이 얼마나 무지하고 우스꽝스러운 일인지 잘 아셨을 것으로 믿습니다.

구슬, 방울, 보배, 장미, 국화, 매화 등으로 불리어진 조선조 서민 여성들의 이름이 얼마나 순결하고 아름답습니까. 물론 그렇지 않은 경우도 있습니다. 귀하게 얻은 자식에게 천한 이름을 지어서 부르면 병치레를 면할 수 있다는 속설에 따라 개똥이(介叱同, 세조 14년 9월 6일 자), 쇠똥이(牛叱同, 같은 조), 말똥이(馬叱同, 광해조), 기시례(加屎禮, 광해군 5년 6월 자) 등의 이름도 있어서 우리를 미소 짓게 합니다.

━━━

조선조는 주자학朱子學을 숭상하였습니다. 그러므로 모든 행위의 평가는 윤리와 도덕을 척도로 삼을 수밖에 없었고, 나라를 다스리는 치도의 이념조차도 강상綱常과 윤기倫氣를 으뜸으로 여겼습니다. 그러나 전해지는 관행이나 풍속이 하루아침에 달라지는 것이 아니었기에 고려 시대의 유습遺習은 쉽사리 사라지지 않았습니다.

상궁들이나 무수리들은 한번 대궐로 들어오면 궐 밖으로 나갈 수가 없습니다. 평생을 첩첩산중과도 같은 대궐에서 살아야 하고, 그것도 결혼하지 못한 처녀의 몸으로 혼자 살아야 합니다. 아무리 그렇다고 하더라도 상궁이나 무수리들에게 사랑이라는 감정까지 싹트지 않는대서야 말이 됩니까. 그녀들에게도 감정이 있습니다. 애욕이 꿈틀거리기도 합니다. 그러한 감정과 애욕을 해소하는 방안으로 동성애同性愛를 하게 됩니다. 평생을 혼자 살아야 하는 정한을 달래기 위한 단 하나의 방편인 셈입니다.

문종 임금도 세자 시절에 지어미의 동성애로 시달림을 받았습니다. 그의 첫 빈궁嬪宮 김씨는 투기가 심하여 폐출되었고, 두 번째로 맞이한 빈궁 봉씨는 동성연애를 하다가 폐출되었습니다.

문종은 학문을 지나치게 숭상하여 평생 동안 주색을 가까이하지 않았습니다. 그러므로 빈궁의 거처를 찾는 일도 잦지 않았습니다. 그런 까닭으로 첫 번째 빈궁은 그를 다가오게 하려는 비방(秘)에 매달리다가 폐출되었고, 두 번째 빈궁 봉씨는 외로움을 견디다 못해 부리는 무수리 아이 소쌍召雙과 동성연애에 빠지게 됩니다. 그때 이미 소쌍에게는 단지端之라는 무수리 애인이 있었습니다. 결국 빈궁 봉씨는 무수리 아이들과 동성애의 삼각관계에 휘말리게 되었습니다.

이 망측한 시실을 알게 된 세종 비 소헌왕후^{昭憲王后}는 소쌍을 잡
아들여서 문초하게 됩니다. 소쌍의 자복은 이러했습니다.

> 빈궁마마께서 쇤네와 동침한 후에는 시비를 시켜서 이불을 개게
> 하지 않고, 빈궁마마께서 손수 이불을 갰고 더러워진 금침은 남
> 몰래 비자를 시켜서 빨았습니다.

소헌왕후는 동성끼리의 동침을 어떻게 하였느냐고 다그쳐 물었
습니다. 《조선왕조실록》에 적힌 소쌍의 대답은 이러하였습니다.

> 빈궁께서 강요하여 하는 수 없이 반쯤 옷을 벗고 병풍 안으로 들
> 어갔습니다. 빈궁께서는 저의 옷을 강제로 벗기고 억지로 자리에
> 눕게 하여 남자와 교합하는 모양으로 희롱하였습니다.

소헌왕후의 수치심은 하늘을 찌를 수밖에 없었습니다. 아무리 며
느리고 빈궁의 지위라고 하더라도 진상을 밝혀서 죄주지 않을 수가
없었습니다. 마침내 빈궁 봉씨가 국청(鞠廳, 문초를 받는 곳)으로 불려 나
왔습니다. 소헌왕후는 부끄러움을 무릅쓰고 동성애라는 것을 어떻
게 하는 것인지 물었습니다. 놀랍게도 《세종장헌대왕실록》은 빈궁
봉씨의 실토를 가감 없이 기록해 놓고 있습니다.

> 소쌍이 항상 단지를 사랑하고 좋아해서 밤에는 함께 잘 뿐이 아

니라 낮에도 서로 목을 껴안고 혀를 바꾸어 가며 빨았다.

우리는 여기서 조선조 여인들의 자유분방했던 사랑의 형식과 만나게 됩니다. 그러나 사회의 규범이 새롭게 다져지면서 여성들에게도 그에 합당한 새로운 규제가 강요될 수밖에 없었습니다. 특히 여성을 일정한 틀에 가두는 규범이 동시대의 여성에 의해 확립되었다는 사실은 아이러니가 아닐 수 없습니다.

조선조의 모든 관행이 자리 잡게 되는 1475년(성종 6), 성종의 모후이자 조선 최고의 지식인 여성이었던 소혜왕후(昭惠王后. 인수대비)는 궁중의 비빈妃嬪과 부녀자들을 훈육하기 위하여 몸소 《내훈內訓》을 편찬합니다.

혼례는 만세의 시작이 되는 것으로, 다른 성姓을 취하여 결혼하는 것은 먼 것을 가까이하고 구별을 두터이 하려는 것이다. 따라서 예물을 반드시 정성스럽게 하며, 말은 옳은 말이 아니면 사용하지 아니하며 곧고 신뢰할 수 있게 고告하는 것이다. 신뢰스러움은 사람을 섬기는 것이 되며, 신뢰스러움은 부인의 덕이 되는 것이다. 그러므로 한번 가지런히 짝지어진 다음에는 종신토록 바꾸지 못하는 것이다. 이 때문에 남편이 죽어도 아내는 개가改嫁를 하지 않는다.

이와 같이 《내훈》은 고금의 명저를 두루 섭렵하면서 언행言行의 규범을 기르치고, 효친孝親의 소중함을 일깨우며, 혼인의 신성함과 부부의 도리가 무엇인지를 깨우치게 하였습니다. 어디 그뿐이겠습니까. 더 나아가서 어머니의 의무에 이르는 갖가지 내용을 망라함으로써 조선조 여성들의 종합 훈육서訓育書의 역할을 하게 되었습니다. 정승과 판서도 처음에는 어머니가 가르치게 되므로 여성의 교육을 충실하게 해야 한다고 역설하였습니다만, 그 역설이 너무 강하여 조선조 여인들에게 속박에 가까운 제약을 가하게 됩니다. 실로 아이러니가 아닐 수 없습니다.

같은 시대를 살았던 신숙주도 여성 교육의 필요성을 역설하였습니다.

> 부인은 군자의 짝이 되어 집안일을 주장하여 다스리니 가도家道의 흥하고 폐하는 것은 다 부인에게 달려 있다. 그런데 세상 사람들은 남자를 가르칠 줄은 알면서 딸 가르칠 줄은 모르니 잘못된 생각이다.

이로 미루어 본다면 조선 시대에도 명문가에서는 여성 교육을 소홀히 하거나 도외시하지 않았음을 알 수가 있습니다. 그러나 요즘의 지식인 여성들은 조선 시대의 여인들은 이름도 없고, 교육도 받지 못했다고 주장하고 다닙니다. 제 나라의 역사를 몰라도 한심할 정도로 모르고 있다는 사실을 스스로 입증하고 있는 셈입니다. 참으로 안타깝습니다.

남녀칠세 불공석男女七歲不共席이라는 말을 기억하실 겁니다. 남자와 여자가 일곱 살이 되면 자리를 함께 하지 않는다는 규범을 놓고 해석이 구구한 것은 엄격하기는 해도 애매한 규제이기 때문입니다. 그 말의 참뜻은 자리를 함께 하지 못한다는 뜻이 아니라, 같은 '자리' 위에 앉지 아니한다는 뜻으로 풀이해야 옳습니다. 설사 그렇다고 하더라도 남녀가 유별하다는 관행까지 무너지는 것은 아닙니다.

일곱 살이 되면 남녀가 같은 자리에 앉으면 안 된다는 규범이 엄연한데도 세간을 떠들썩하게 한 섹스 스캔들은 언제나 왕실이나 사대부가에서 비롯되었습니다. 남녀 간의 본능적인 욕정은 규범이나 규제로 다스리기가 어려운 것은 예나 지금이나 다름이 없습니다.

조선조에 있었던 섹스 스캔들의 주역은 단연 유감동과 어우동이라는 두 여성입니다. 섹스 스캔들과 같은 부도덕한 일이 《조선왕조실록》에 소상히 기록되어 있고, 그것을 적은 사관들이 등재를 꺼렸다는 기록까지 있고 보면 당시의 사람들에게도 대단한 충격이었음을 잘 반영하고 있습니다.

유감동은 검한성檢漢城 유규수의 딸로 태어나 평강현감 최중기의 아내가 되었습니다. 최중기가 무안군수가 되어 임지에 부임하면서 아내와 함께 갔으나, 유감동은 병을 빙자하여 서울로 오르내리면서 스스로 창기娼妓라 자처하며 많은 사내들과 간음하였습니다. 그녀와 관계한 사내들이란 대개가 사대부들이라 마침내 헌부憲府에서 이글 문세 삼기에 이르자 세종대왕도 진노하였습니다.

《조선왕조실록》은 유부녀인 유감동과 동침한 사내들의 수를 헤아릴 수 없다고 기록하고 있습니다. 그리고 섹스 스캔들의 전모를 밝히면서 관련된 자를 모두 하옥하고 파직했습니다. 여기서 우리는 《조선왕조실록》이 얼마나 준엄한 기록인가를 다시 한 번 확인하게 됩니다. 그때 하옥되거나 파직된 부도덕한 사람들의 이름과 관직을 빠짐없이 기록해 두었다는 사실이 무엇을 의미합니까.

총재 정호문, 상호군 이효량, 해주판관 오만로, 도사 이곡, 호군 전유정을 비롯하여 장연첨절제사 박종지, 행사직 주진자, 간관 유승유, 길주판관 안위, 진해현감 김이정 등 수많은 관원들과 황치신, 전수생, 김여달 등과 같은 명문가의 자제들도 끼어 있습니다.

한 번 맺은 불륜의 관계가 평생을 망치고, 또한 그 이름을 세세만년 남겨서 그들의 후손까지도 얼굴을 들지 못하게 하는 것이 우리의 역사인식이라는 사실을 알아야 합니다. 스캔들의 여주인공인 유감동은 평생토록 지방 관아의 종으로 부처되었습니다.

'남녀칠세불공석'이라는 규범도 일률적으로 규제하기 어려웠음을 여실하게 보여 주는 사건입니다. 그렇습니다. 풍속 사범은 규제만으로 다스려지지는 않습니다. 유감동의 불륜보다 더 크고 요란했던 섹스 스캔들의 주역은 당연히 성종조의 어우동입니다.

어우동은 승문원 지사였던 박윤창의 딸로 태어나서 종실 명문인 태강수泰康守 동소에게 출가했습니다. 종친의 부인이었던 어우동은 당연히 외명부 품계인 혜인惠人으로 불리게 됩니다. 더 구체적으로 적으면 세종대왕의 형님인 효령대군의 손자며느리였습니다. 그녀의 스캔들에서 특히 주목해야 할 점은 왕실 명문 간의 근친상간이 반복되고 있다는 점입니다.

어우동은 팔촌 시아주버니가 되는 수산수 기(守山守 麒, 정종대왕의 현손)와 간통을 하고서도 또다시 육촌 시아주버님인 방산수 난(方山守 欄, 세종대왕의 손자)과 통정을 했습니다. 상민도 아닌 왕실의 사내들이 같은 왕실의 혜인과 간통을 했습니다. 이보다 더 끔찍한 일이 어디에 다시 있겠습니까.

어디 그뿐입니까. 어우동은 몸을 주는 대신 사내의 몸뚱이에 자신의 이름을 자청(刺青, 문신)하기를 강요하기도 했습니다. 이리하여 전의감 생도였던 박강창은 팔뚝에 어우동이라는 글자를 새겨 넣게 되었고, 서리 감의동은 등판에다 사랑하는 여인의 이름을 새겨 넣었습니다.

전해지는 기록과 《조선왕조실록》의 기사에 따르면 어우동과 관계한 사람들은 그녀의 늪에서 헤어나지 못한 것으로 되어 있습니다. 병조판서 어유소와 직제학 노공필도 거명되어 있고, 헌부의 도리 오종년과 같은 아전도 끼어 있으며 과거에 등과하여 유가(遊街, 과거급제자가 시가행진을 벌이며 시험관, 친척 등을 찾아보던 일) 길에 올랐던 홍찬은 그녀로 인해 신세를 망친 대표적인 사내라고 할 수 있을 것입니다.

어우동에게는 번좌番佐라는 딸이 하나 있는데 그 아비가 누구인지는 밝혀지지 않고 있습니다. 어우동의 섹스 스캔들이 회오리치자 동부승지 김계창이 탄핵했습니다. 왕실을 상대로, 조정의 고위 관직을 겸하고 있었던 사대부의 음탕함을 고발하고 처단을 요구하는 탄핵은 용기를 필요로 합니다. 결국 어우동은 형장의 이슬로 사라졌습니다.

━━━━━

조선조의 여성들은 남편의 지위에 따라 외명부外命婦의 품계를 받았습니다. 뿐만이 아니라 남편이 품계가 승차하면 그 부인들도 따라서 승차되었습니다.

벼슬길에 나가 있는 남편이 정승이나 판서의 지위에 오르면 그들의 부인은 정경부인貞敬夫人으로 봉해집니다. 남편이 참판의 서열에 오르면 그 부인은 정부인貞夫人으로 봉해지고, 남편의 직급이 참의에 이르면 그 부인은 숙부인淑夫人이 됩니다. 이런 법도에 따라 부인들의 지위도 숙인淑人, 영인令人, 혜인惠人, 공인恭人, 의인宜人, 안인安人, 단인端人, 유인孺人으로 예우하였습니다.

뿐만이 아니라 등과하지도 못하고 벼슬길에 나가 보지도 못한 채 세상을 떠난 남편의 위패에는 학생부군學生府君이라고 적지만, 그 부인의 경우에는 유인孺人 아무개라고 표시하게 하였습니다. 평생을 벼슬 한 번 하지 못한 백수와 살아온 노고를 위로한다는 뜻에서 외명부 9품九品으로 예우하였습니다.

여기에 비한다면 오늘을 사는 여성들은 어떠합니까. 남편의 지위에 따른 여성의 호칭은 물론 없습니다. 가장 품위 있고 정상적인 호칭이라면 영부인令夫人이 하나 있을 뿐인데, 그것마저도 대통령 부인에게 뺏기고 말았습니다. 결국 애매모호한 호칭에 불과한 사모님, 여사와 같은 호칭을 쓰고 있는 셈입니다. 사정이 이러한데도 오늘의 여성들이 조선 시대의 여성들에 비해 월등한 예우를 받고 있다고 생각한다면 그 또한 무지의 소산이 아닐 수 없습니다.

이러한 무지가 현대를 살아가는 우리의 무지로 고스란히 이어지고 있음을 도처에서 발견할 수가 있습니다. 20세기와 같은 산업 시대를 살다가 세상을 떠난 남성들의 위패에 '학생부군'이라 쓰고, 그의 묘비에도 '학생'이라고 새기고 있습니다. 유식하고 무식하고는 상관없이 모두 그렇게 쓰고 있습니다. 이런 망발이 어디에 다시 있겠습니까.

예컨대 대학을 졸업하고, 운전면허증의 취득과 같은 크고 작은 시험에 합격하기도 하였으며, 군에 입대해서는 이등병을 면한 남성들, 더구나 기업체에서 차장·부장을 지내면서 왕성하게 활동하였고, 혹은 사회단체에서 개혁을 위해 뼈 빠지게 일한 남성들이 어찌하여 이미 잊히고 없는 '학생부군'으로 적혀야 합니까. 이는 분명 선조의 위명을 깎아내리는 무지의 소산인데도 사람들은 제삿날마다 잘못 쓴 위패를 적어 놓고 거기에 절을 하고 있는 것이 우리의 한심한 현실입니다.

여성의 경우라 하여 다를 바가 없습니다.

현대를 살다가 세상을 떠난 여성들의 위패에 '유인'이라고 적고, 묘비에 또한 '유인孺人' 아무개라고 새기는 것은 할머니나 어머니의 명예를 깎아내리는 망발이 아닐 수 없습니다. 그 끼닭은 자명하질 않습니까.

오늘날에는 여성 스스로 남성들에게 버금가는 지위를 확보하기 위해 부단히 노력하면서 살아갑니다. 그 결과 장관의 지위에 오르기도 하였고, 국회의원이 되기도 하였으며, 판사, 전문의, 교수, 교장, 교사를 지내기도 하였는데 이분들이 세상을 떠나서 유인이 된대서야 말이 됩니까. 더구나 학생부군으로 죽은 지아비가 없는데 어찌 유인이 있대서야 말이 됩니까.

'유인'은 정부에서 내리는 외명부(벼슬아치의 아내)의 직급입니다. 대한민국 정부에서는 정경부인 혹은 유인 등의 벼슬을 내리지 않습니다. 그럼에도 할머니나 어머니의 위패에 '유인'이라고 적는다면 문서위조가 된다는 사실을 알아야 합니다.

그렇다면 현대를 살다가 세상을 떠난 남성이나 여성의 위패에는 무엇이라고 적어야 할까요. 모두 살아서 활동하던 직위나 존칭을 적고 새겨서 그 영혼들을 예우해야 합니다. 외부와는 상관없이 정말로 지어미의 도리와 어머니의 도리를 다하고 세상을 떠나신 여성의 위패에는 당연히 '영부인'이라고 적는 것이 정상입니다.

여성들을 대상으로 강연을 하면서 이 같은 사실을 설명하노라면 반드시 뒤따르는 질문이 있습니다.

"칠거지악七去之惡이야말로 남존여비의 극치가 아니고 무엇입니까?"

얼핏 생각하면 그럴 수도 있겠다 싶겠지만, 한 가지 일을 반만 알게 되면 이런 우문이 생겨나게 됩니다. 꼭 역사에 관한 일만 여기에 해당되는 것이 아니라 모든 일이 그렇습니다. 그래서 우리의 선현들은 '대저 한 가지 일에 도를 통하면 나머지 일은 대충 알게 된다'라고 하지 않았습니까.

물론 '칠거지악'이란 지어미를 내치는 일곱 가지 악례를 정한 것으로 그 구체적인 내용은 이러합니다.

> 불순구고不順舅姑, 시부모와의 사이가 나쁜 것.
> 무자無子, 슬하에 자식을 두지 못한 것.
> 음행淫行, 외간 남자와 통정한 것.
> 질투嫉妬, 투기가 심한 것.
> 악질惡疾, 몹쓸 병이 있는 것.
> 구설口舌, 남의 입에 오르내리는 것.
> 도절盜竊, 도둑질을 하는 것.

이 중에서 한 가지 사유에만 해당되어도 아내는 남편에게 버림받는다 하여 칠거지악이 남존여비의 전형이자 극치라고 생각하는 것도 한 가지 일을 반만 아는 결과라고 할 것입니다. 왜냐하면 설혹 칠거지악에 해당되어 내침을 당하게 되었다 하더라도 거기서 구원받을 수 있는 장치가 있었다는 사실에 유념해야 합니다.

삼불거三不去가 바로 그것입니다. 그러니까 내치지 못하는 세 가지 사유가 있었다는 사실을 아셔야 합니다.

첫째, 혼인할 때는 가난했지만 그 뒤에 부귀하게 되었으면 내치지 못한다. 이는 여성의 노고와 재산권을 인정하는 항목입니다. 다시 말하면 결혼 후에 부귀를 얻었다면 부인의 노고와 내조가 그 원동력임을 명백하게 밝혀 놓고 있습니다.

둘째, 부모의 삼년상을 함께 치른 아내는 내치지 못한다. 이 항목은 효행을 강조하고 있습니다. 옛날은 지금과 달라서 부모의 삼년상을 치르는 것이 여간 큰 고통이 아니었습니다. 혼백이 모셔진 제청에 하루에 세 번씩 상식을 올려야 하고, 초하루와 보름에는 삭망제를 지내야 하며, 또 소상과 대상도 장례식 못지 않게 번거로웠습니다. 그 고통을 견디어 내면서 이루어진 효행이 아내의 권리를 보장받게 하였습니다.

셋째, 쫓겨나도 갈 곳이 없는 여인은 내치지 못한다. 여기에 이르면 휴머니즘의 경지가 아닐 수 없습니다. 그야말로 여성의 인권을 보장하고 있음이 아니고 무엇이겠습니까.

이렇게 본다면 '칠거지악'을 저질렀다고 하더라도 삼불거에 의해 대부분 사면되었을 것임을 알 수 있습니다. 결국 '칠거지악'은 경계의 의미에 중점을 두었을 뿐, 그것으로 인해 피해를 본 여성은 극소수에 불과했다는 결론을 얻게 됩니다.

━━■━━

지금까지 살펴본 바와 같이 조선조의 여인들이 '남존여비'라는 굴레에 둘러싸여 인격적인 모욕을 감내하면서 살았다는 따위의 잘못된 매도는 우리의 역사를 소상히 살펴보지 않은 데서 비롯되었음을 알 수가 있습니다.

그렇다고 하더라도 조선조의 여성들은 법도와 관행에 억눌린 채 대단히 조심스러운 삶을 누렸다는 사실을 부정할 수는 없습니다. 바로 그와 같은 삶이 탁월한 관리 능력으로 승화하였고, 어머니의 책무와 아내의 도리를 목숨보다 소중히 여기게 되었습니다.

여성들의 힘은 위대합니다. 하늘 아래 무엇이 어머니의 가르침보다 더 소중한 것이 있겠습니까. 엄격한 규제 속에 있었으면서도 자식들을 바르게 훈육했던 조선조 여성들의 품 안에서 수많은 명현名賢과 청백리淸白吏가 탄생되었고, 임금도 두려워하지 않은 충절들이 태어났습니다.

조선조의 여성들은 지금의 사범대학이나 교육대학에서 교육학이나 심리학을 전공하지 않았습니다. 그러나 자식을 가르치면서는 인간의 도리가 무엇인지를 스스로 실천해 보였습니다.

언제나 가난했던 조선왕조가 장장 500년 동안이나 왕권을 지탱할 수 있었던 것은 조선조 여인들이 인종忍從을 미덕으로 하는 본분과 책무를 소중히 한 결과임을 부정할 수 없습니다.

인문학이
나라의 근본이다

– 역사 드라마와 인문학적 상상력

모두들 아시는 바와 같이 인문학人文學이란 인간다움을 뜻하는 라틴어 후마니타스humanitas에서 유래한 것으로 되어 있습니다. 우리는 그런 고전적인 의미로 인문학이라는 용어를 써 오면서 근자에 이르러서는 인문학의 위기를 맞았다고도 하고, 인문학을 전공한 학자나 교수들이 사라져 간다고들 합니다. 그러면서도 인문학과 우리의 관계를 보다 정밀하게 검토하는 것을 소홀히 하지 않았나 하는 의구심을 갖게 됩니다.

1871년 메이지 유신에 성공한 신생 일본은 정부 요직(해설 참의) 46명과 앞으로 일본을 짊어지고 나갈 유학생 59명을 포함한 무려 105

명의 선진국 시찰단을 구성하여 영국, 미국, 독일, 프랑스를 비롯한 11개국을 무려 120일간이나 시찰하게 하였습니다. 그리고 그 기간에 경험하였던 갖가지 사연들을 보고서 형식의 리포트로 제출하게 한 것이 이른바 《특명전권대사구미회람실기特命全權大使歐美回覽實記》라는 문건으로, 그 분량도 어마어마하여 1,085권이나 되었습니다.

좀 지루하실 것 같은 염려를 하면서도 모두에 이 이야기를 적어야 하는 것은 인문학이란 용어에 포함된 외래어적인 요소 때문입니다. 그때 현지에서 처음 듣게 된 서양 말들을 일본어로 받아 쓸 수가 없었기에 원문대로 적을 수밖에 없었습니다. 가령 내셔널, 소셜, 스피치, 르네상스, 프레지덴트, 스테이션과 같은 용어들인데, 막상 리포트에 적었다고 하더라도 일본 국민들에게 알릴 방도가 없었다면 얼마나 참담한 노릇이겠습니까. 또 알리지 못한다면 일본의 근대화는 불가능합니다.

이에 후쿠자와 유키치(福澤諭吉, 게이오 대학의 설립자) 등 젊은 지식인들이 이 방대하기 그지없는 내용들을 일본식 한자로 번안飜案하여 새로운 문명용어文明用語로 재탄생시키게 되었습니다. 내셔널은 국가·민족으로, 소셜은 사회, 스피치는 연설, 르네상스는 문예부흥, 프레지덴트는 대통령, 스테이션은 역, 스쿨은 학교 등, 이런 식으로 새로 만들어진 단어가 2만여 개가 넘습니다. 가위 서양 문명의 동양에서의 재탄생이라 하여도 별로 틀린 말은 아닙니다.

인문학이라는 용어도 이런 식으로 만들어져서 우리에게 전해진 일본어식 용어로 짐작됩니다.

국사편찬위원회의 홈페이지로 들어가서 《조선왕조실록》을 클릭하고, 탐색어 란에 인문학人文學이라고 한자를 쓰고 클릭해 보았습니다. '해당결과 없음'으로 나왔습니다. 뒤에 다시 언급하겠습니다만, 예스러운 기록대로 읽으면 《조선왕조실록》의 양적인 수치는 1,866권 887책이 되는 방대한 기록에 인문학이라는 용어가 단 한 번도 씌어지지 않았다면 인문학은 우리나라의 용어가 아닌 것이 분명하기에 메이지 유신 이후에 개편된 신조용어新造用語일 것으로 짐작됩니다. 그러나 천만다행하게도 인문학에 관한 개념이나 정의를 살펴보면 우리와 전혀 무관한 것이 아니라 아주 밀접한 것임을 알게 됩니다.

인문학이 빈사 상태에 빠지고 인문정신의 중요성이 망각되면, 국가와 사회의 발전은 기대할 수 없다. 인문학은 세상을 살아가는 데 반드시 필요한 윤리와 도덕 기준을 제시해 주는 학문이기 때문이다.

인문학을 전공한 학자들이 적은 인문학에 대한 개념입니다. 우리에게는 너무도 익숙한, 아니 어디서 많이 듣던 소립니다. 그렇습니다. 바로 이 구절은 조선왕조의 통치 이념이나 다름이 없습니다. 조선왕조는 예치禮治의 나라를 지향하였고, 예치는 인본人本과 도의道義를 존중하게 됩니다. 바로 이 점이 '임금을 능멸하고서도 살아남을 수 있었다'는 세계사에서도 유례를 찾을 수 없는 조선왕조의 도덕적 척도를 만들어 내게 됩니다. 그 원동력이 바로 성리학의 정신입니다. 그러므로 조선 성리학이 지향하는 바가 오늘 우리가 말하는 이른바 인문학의 핵核이 됩니다.

━━━━

우리가 간직한 위대한 유산 《조선왕조실록》은 언어의 보고寶庫나 다름이 없습니다. 시리고 저릴 만큼의 정확한 용언用言 그리고 큰 물결과도 같은 유장悠長한 문장들이 참으로 넘쳐 나게 흘러가고 있습니다.

또한 《조선왕조실록》은 체험의 보고나 다름이 없습니다. 그 안에 우리가 살아온 내력이 고스란히 담겨 있기 때문입니다. 여기서 우리는 성공한 체험은 반드시 되풀이되어야 하고, 또 실패한 체험은 어떤 경우에도 되풀이되어서는 안 된다는 준엄한 역사인식을 배우게 됩니다.

그리고 《조선왕조실록》은 초월超越의 보고이기도 합니다. 이상 국가를 만들어 가기 위해서는 형이하학적인 현실 문제에만 안주할 수 없습니다. 때로는 형이상학적인 초월의 세계를 넘나들고서야 품격을 갖춘 이상 국가을 지향할 수 있기 때문입니다.

짐작하셨으리라 믿습니다만, 인문학을 말할 때 문사철文史哲을 거론하는 것이 상식입니다. 좀 더 구체적으로 설명할 때는 '문사철 600'이라 하여 읽어야 할 책의 수치까지 거론하는 것을 당연시하였습니다. 그러나 그 모든 원리와 요체가 《조선왕조실록》에 내재되어 있다는 사실이 제게는 얼마나 행복하고 자랑스러운지 모릅니다.

조선의 정치 지도자들은 대개가 일세를 풍미한 문장의 대가들이었습니다. 그들은 모두 시문詩文으로 과거에 급제하였기에 누구나 이백李白, 두보杜甫 등 중국의 명시를 즐겨 감상하면서 자신의 시상을 가다듬었고, 《논어》, 《대학》, 《중용》과 같은 고전을 딸딸 외면서 자신이 살았던 시대의 맥을 짚는 수상隨想의 글로 써서 남겼습니다.

삼봉三峰 정도전鄭道傳, 율곡栗谷 이이李珥, 퇴계退溪 이황李滉, 우암尤庵 송시열宋時烈 등은 조선 시대를 대표할 만한 사상가이자 경세가이고, 송강松江 정철鄭澈, 고산孤山 윤선도尹善道, 교산蛟山 허균許筠 등은 당대 최고의 문학가들입니다. 용재慵齋 성현成俔, 사계정四佳亭 서거정徐居正, 연암燕巖 박지원朴趾源, 성호星湖 이익李瀷, 초정楚亭 박제가朴齊家, 다산茶山 정약용丁若鏞 등의 문장은 그 깊이와 아름다움이 후세의 귀감을 이룰 뿐만 아니라 그 자체가 경학經學이며, 또 당사자가 모두 고위 관직에 있어서 경학과 현실 정치는 언제나 같은 맥락이었습니다. 또 남명南冥 조식曺植, 중봉重峯 조헌趙憲, 면암勉庵 최익현崔益鉉, 매천梅泉 황현黃玹 등이 보여 주었던 실천궁구實踐窮究는 역사 발전의 원동력이었습니다. 어찌 이들만을 조선의 지식인이라고 하겠습니까. 이들이 아니고도 조선 시대를 이끌었던 수많은 명현들의 문장이 《조선왕조실록》을 가득 채우고 있습니다. 그러므로 《조선왕조실록》은 조선 시대를 대표할 만한 모든 사상과 명문장이 망라되어 있다는 사실 하나로만으로도 문사철의 총집이나 다름 없습니다.

조선 시대 최고의 지식인들이 구사하는 문장의 패턴은 대개가 이상 국가를 지향하는 나라 사랑을 기조로 하고 있습니다. 이 패턴은 조선 시대의 모든 지식인들이 실행하였던 미덕이었고, 이 미덕은 통치자의 교화로 직결되었습니다.

율곡 이이 선생이 선조 임금을 타이르고 가르치는 문장을 살펴봅니다.

기강이 국가에 있는 것은 마치 호연지기가 몸에 있는 것과 같습니다. 호연지기는 의로운 행동을 한 결과로 생기는 것으로서 한가지 일이 우연히 의리에 합치된다 하여 갑자기 갖게 되는 것은 아닙니다. 반드시 오늘 하나의 의리를 행하고 또 하나의 의리를 행하여 하늘을 쳐다보아도 부끄러움이 없고, 땅을 굽어 보아도 부끄러움이 없게 된 다음에야 호연지기가 온몸에 충만하여 유행하는 것입니다. 기강도 그와 마찬가지여서 하루아침에 갑자기 발분한다고 하여 세워지는 것이 아닙니다. 반드시 공평정대한 마음을 가지고 정사를 시행하여 오늘 하나의 선정을 행하고 내일 또하나의 선정을 행하며, 곧은 자는 반드시 들어서 쓰고 부정한 자는 반드시 폐기하며, 공이 있으면 반드시 상을 주고 죄가 있으면 반드시 벌을 준다면 기강이 저절로 수립될 것입니다.

선조 7년 2월 1일 자《선조수정실록》

문사철이 논리로만 존재하는 것이 아니라 그것이 실천됨으로써 국가의 존립에 영향을 미치게 된다는 준엄한 기록입니다. 지금 우리가 배워서 실천해야 하는 인문학의 가치이자 방향입니다.

━━━

인문학적인 관점에서 역사 드라마라는 말이 성립하는지의 여부는 고사하고, 지금까지 한국의 역사 드라마가 이런 식으로 거창하게 논란된 일이 전무했다는 사실에서 오늘 이 자리는 저에게 무척 고무적이고 뜻깊은 자리입니다. 아시다시피 저는 지난 40년 동안 오직 이 일에 종사하여 왔습니다. 제가 목표 삼았고, 제가 혼신의 힘을 다했다고 자부하는 것은 '정사正史의 대중화大衆化'였습니다.

버터와 계란 그리고 샐러드와 파슬리가 곧 오믈렛은 아니다.

미국의 저명한 전기 작가인 리톤 스트라치Lytton Strachey의 이 말은 역사와 역사 드라마의 성립을 대단히 함축적으로 시사하고 있습니다. 그의 말을 보다 구체적으로 설명한다면 버터와 계란 그리고 샐러드와 파슬리는 사적史的 사실史實을 말하는 것이며, 오믈렛은 역사를 말하고 있습니다. 그러므로 사적 사실을 아무리 많이 쌓아 놓았다고 할지라도 그것이 그대로 역사가 되는 것이 아니며, 그와 같은 사실을 요리하여 오믈렛을 만들기 위해서는 예술적 직관直觀이 필요합니다. 다시 말하면 스트라치는 역사가는 시인詩人이 아니면 안 된다고 주장하고 있는 셈입니다.

같은 맥락으로 《조선왕조실록》이나, 《연려실기술燃藜室記述》에 기록된 흥미로운 대목을 그대로 영상으로 옮겨 놓았다 하여 그것이 곧 역사 드라마가 되는 것은 아닙니다. 여기에는 반드시 작가의 역사인식과 예술적 직관이 작용되지 않으면 안 되기 때문입니다.

또 1950년에 《서부로 가는 길》로 풀리처 상을 받기도 한 미국의 대표적인 역사학자인 거들리 주니어A. B. Guthrie, Jr도 의미 있는 말을 남기고 있습니다.

　역사란 뜻밖에도 잘 가르쳐지지 않고 있다.

위 두 가지 견해는 저 신봉승의 역사 읽기의 출발이며, 과정이며, 도착지였습니다. 그것이 바로 문자와 문자 사이의 여백인 '행간 읽기'였습니다. 그것은 또 역사인식의 구현이었지 사실의 탐구만은 아니었습니다. 그러므로 저에게는 사실이냐, 허구이냐 하는 문제는 그리 중요하지 않았습니다. 그 모두가 역사인식의 테두리 안에 있었기 때문입니다.

하도 많이 논란된 역사 드라마여서 이젠 흥미로울 것도 없지만, SBS에서 방영되었던 역사 드라마 〈바람의 화원〉을 다시 거론해야 하는 것은 화제가 사실 왜곡의 전형이기 때문입니다.

신윤복申潤福은 조선 후기의 화원畵員입니다. 고려대학교 중앙도서관 소장의 《성원록姓源錄》 중 〈고령 신씨보高靈 申氏譜〉에 명백히 기록되어 있습니다. 신윤복의 아버지 신한평申漢枰은 홍천 피皮씨와의 사이에서 두 아들을 두었습니다. 큰 아들이 윤복이요, 둘째 아들이 윤수彌壽입니다. 족보에서 아들임을 표시할 때는 반드시 '자子'자 밑에 이름을 씁니다.

이 같은 사실을 바탕으로 방송국의 간부들에게 사실의 왜곡을 문제 삼았더니 당사들이 말하기를 "……역사 드라마의 기본이 픽션인데, 너무 심하게 따진다."는 반응이었습니다. "그렇다면 안중근을 여자로, 유관순을 남자로 바꿀 수도 있겠느냐?"고 다시 물었더니 전화를 끊어 버리는 무례를 경험한 일도 있습니다.

역사 드라마든 아니든 드라마란 일단 끝나면 흐지부지되는 것이기 때문에 그것을 면죄부로 생각하는 경우가 많습니다. 그러나 지금은 DVD, USB와 같은 영상 보존기술의 발달로 수시로 다시 볼 수 있고, 아카이브와 같은 시스템이 있어 영구 보존도 가능하게 되었습니다. 또 해외 수출 시장도 문학을 비롯한 여타의 예술에 비해 훨씬 더 활발해지고 있습니다.

드라마 〈바람의 화원〉도 무려 10여 개국 이상으로 팔려 나가면서 각국마다 성황리에 방송이 끝났다는 정보입니다. 그나마 한국의 시청자들은 화가 신윤복이 남자라는 비평 기사라도 접할 수 있었습니다만, 우리 인구의 몇 배가 넘는 몇억 명의 외국 시청자들에게는 신윤복이 확실하게 여자로 각인되었을 것이 분명하지 않습니까. 이 일은 역사 드라마의 사실과 픽션으로 논란하기에는 문제의 방향이 너무 크게 달라지고, 또 확대되고 말았습니다. 당연히 책임의 소재도 논란되어야 합니다. 사실의 왜곡이 불러온 이 엄청난 파장에 대한 성찰이 필요한 때입니다.

드라마 〈바람의 화원〉의 원작은 소설입니다. SBS의 기획위원회에서 이 잘못된 소설을 드라마의 원작으로 선택하고, 작가를 섭외하였습니다. 방송이 나가면서 신윤복의 후손들인 고령신문高靈申門에서 방송국에 엄중 항의하였습니다. 소설가인 원작자는 고령신문에 불려가 신윤복이 여자가 아니고 남자임을 분명이 밝혔고, 자신의 살못으로 가문의 명예를 훼손하였음을 백배사죄하였습니다. 그 순간에도 소설은 거침없이 팔려 나갔고, 드라마는 전파를 탔습니다. 이 코미디보다 못한 에피소드에 인문학 운운하면서 접근할 수 있겠는지요. 저에게는 제 일과도 같아서 너무도 참담합니다만, 여러분께서는 어떻게 생각하시는지요?

이 결과에서 보듯 우리나라의 역사 드라마는 드라마를 쓰는 작가 한 사람의 판단이나 능력으로 되는 것이 아니라, 방송국의 중간간부와 연출자의 개입에서 시작되는 것이고, 그것은 최고 결재자의 결단에 의해 단행됩니다. 성리학의 이상이 국가 경영에 반영되어 시행되는 조선 시대의 인문학 구조와 조금도 다름이 없지를 않습니까.

비근한 예를 한 가지만 더 들겠습니다. KBS에서 방영되었던 〈대왕 세종〉의 경우입니다. 역사인식의 문제는 꼭 사실이냐, 허구이냐하는 문제에만 머무는 것은 아닙니다. 타이틀도 문제가 될 수 있습니다. 〈대왕 세종〉이라는 타이틀은 너무 보편적입니다. 조선왕조에는 모두 스물일곱 분의 임금이 계시고, 그분들을 통칭하여 대왕이라고 높여서 부릅니다. 그러나 세종은 단종이나 예종, 혹은 철종과 같은 별 볼일 없었던 임금들의 반열에 두기에는 그분의 인품과 치적이 너무도 크고 자랑스럽기에 일반적으로도 다른 임금들과 구분하여 성군 세종이라고 부릅니다. 그러므로 드라마의 타이틀은 당연히 〈성군 세종〉이어야 옳지 않겠습니까. 이것이 세종을 드라마 타이즈하는 기초이자 역사인식(인문학)이어야 한다고 저는 생각합니다.

또 드라마가 방영되는 동안 텔레비전 화면의 오른쪽 상단에 언제나 ⑮라는 표시가 나타나 있었습니다. 다시 말하면 15세 이하는 보지 말든가, 부모님의 지도를 받으면서 주의하여 보라는 표시입니다. 15세는 중학생입니다. 중학생이 보아서 아니 되는 역사 드라마 〈대왕 세종〉을 공영방송인 KBS가 제작한다는 것은 어불성설이거니와 따지고 보면 그럴 만한 내용이 없는데도 ⑮라는 표시가 일 년 동안이나 텔레비전 화면에 표시되는 것이 우리 공영방송의 방송 환경이라면 이미 인문학적이라는 단어가 접근할 곳도 정착할 곳도 없습니다. 다시 말하면 조선 시대의 정치·사회 일반에서 성리학의 이념이 깡그리 사라진 것이나 다름이 없습니다. 당시라면 나라가 망했을 것으로 압니다.

저는 지난 40여 년 동안 우리 지식인들이 우리 역사를 비하하고 비방하는 것을 무슨 자랑처럼 여기고 있는 현장에서 살았습니다. 그런 분들이 대개는 높은 학력의 소지자들이었고, 사회적으로는 지도급에 계시는 분들이었기에 때로는 참으로 한심하게, 또 때로는 통분하게 여겨 왔습니다. 그러나 엄연한 것은 그들이 아무리 비방하고 비난하여도 우리 역사는 그대로 묵묵히, 생생하게 살아 있다는 점입니다.

《조선왕조실록》은 우리의 국보요, 유네스코에서 세계기록유산으로 선정한 것만으로도 그 가치를 알 수가 있습니다. 그러므로 비난을 받아서 마땅한 사실도, 상찬을 받아야 마땅한 사실도 모두가 똑같은 무게를 지닌 사료가 아니겠습니까.

저에게 주어진 '역사 드라마의 인문학적 상상력'이란 과연 무엇이겠습니까. 말로 설명하기보다는 위에서 거론하여 온 모든 것을 취합할 수 있는 한 프로젝트를 소개하는 것으로 대신하고자 합니다.

일본의 공영방송인 NHK에서는 지난 연말과 올 초에 괄목할 만한 대하드라마 두 편을 방영하였습니다. 지난 해(2009) 12월 방송된 시바 료타로司馬遼太郎 원작인 《언덕 위의 구름》은 모두 13부작으로 된 90분짜리 대하 역사 드라마입니다. 2009년에 1부 5부작을 방송하고, 2부 5부작은 2010년 12월에 방송하며, 나머지 3부 3부작은 2011년 12월에 방영하겠다면서 일단 5회분을 매주 일요일 8시부터 90분간 다섯 번을 방송하였습니다.

우리나라의 프로덕션 드라마 〈선덕여왕〉이나 〈김수로〉 혹은 〈대조영〉보다 몇십 배나 더 많은 제작비를 투입하면서도 외부제작에 떠넘기지 않고 직접 제작에 임하였고, 또 3년에 걸쳐 방송하겠다는 것은 한 치의 하자도 없는 완벽한 드라마를 만들겠다는 NHK의 공영 정신과 저력을 새삼스럽게 느끼게 됩니다.

예컨대 19세기 말의 요코하마横浜 거리를 촬영하기 위해서는 오픈세트를 짓는 것이 정도이고, 예산과 시간을 절약하게 됩니다만 이들 현장을 현재의 중국 상하이의 뒷골목을 몽땅 빌려서 모든 간판을 영문과 일문으로 갈아 끼우고, 아스팔트 위에 비닐을 깔고 20센티미터 이상의 흙을 덮어서 당시의 거리 분위기를 재현하였습니다. 참으로 놀라운 양식의 발현입니다. 또 당시 프랑스에 유학한 일본군 장교들이 프랑스 궁성에 초청되어 무도회에 참석한 장면을 찍기 위해 메인 홀에만 배치된 카메라가 무려 열일곱 대였다는 촬영 후기를 읽으면서 우리 공영방송의 태만하고, 무책임한 모습에 울화가 치밀었습니다.

제작은 그렇다 치고, 이 드라마의 내용은 또 어떠합니까. 메이지 유신을 끝낸 신생 일본은 새로운 나라의 체제를 갖추기 위해 급물쌀을 타기 시작합니다. 이 드라마에 처음 나오는 자막은 '국가國家'였고, 처음 울린 해설은 "보잘것없는 작은 나라가 개화기를 맞고 있었다."였습니다. 공영방송이 나가야 할 굳건한 의지가 아닐 수 없습니다.

시고쿠四國의 작은 고을에 가난에 시달리는 세 소년이 있었습니다. 이 세 소년들 중에서 아키야마秋山 형제는 러일전쟁을 승리로 이끄는 일본군 육군 기병대의 사령관과 세계 최강의 러시아 발틱함대를 궤멸하는 일본연합함대의 작전 참모로 성장합니다. 그리고 나머지 한 사람인 마사오카 시키正岡子規는 피를 토하는 폐병을 앓으면서도 하이쿠俳句와 단가短歌를 일본 근대 문학의 한 장르로 자리매김해 나갑니다. 모두 일본 근대화의 선각자들입니다.

이들 젊은 세 사람은 말할 것도 없고, 이들을 에워싼 동료, 선배들과 스승들 또한 입만 열면 새로운 국가를 만들어 강대국으로 도약하고, 세계 열강과 어깨를 나란히 하겠다는 열망을 입에 담아갑니다. 문자 그대로 일본 근대화의 피땀을 쏟아낸 젊은이들의 땀과 희망을 그리고 있습니다. 그리고 오늘을 살아가는 일본 청소년들에게 꿈과 희망을 안겨 줍니다. 마치 새로운 근대국가를 건설하기 위한 프로젝트를 제시하는 것이나 다름이 없습니다. 그것은 곧 국가 운영과 궤를 같이하는 일이기도 합니다.

그렇다고 일본 정부가 NHK에게 부탁하여 이루어진 일은 아닙니다. NHK 스스로 지금 해야 할 가장 시급한 일에 나선 것이라고 본다면, 제작자(방송사), 기획위원회, 작가, 연출자의 완벽한 인문학적인 융합이 아닐 수 없습니다. 오늘의 공영방송이 임해야 하는 책임 있는 태도입니다.

또 일본의 공영방송인 NHK에서는 매주 일요일 밤 8시가 되면 대하 역사 드라마를 방영합니다. 1회분을 45분으로 길지 않게 제작

하여 총 50여 회를 일 년간 방송합니다. 1963년 〈꽃의 생애花の生涯〉로 첫 방송을 시작하여 어언 47년의 역사를 간직한 NHK의 대표 프로그램으로 정착하였습니다. 장장 47년 동안을 한 해도 거르지 않고 방송된 47편의 드라마가 모두 시청률이 높았던 것은 아니었지만, 그동안 단 한 번도 편성이나 포맷을 바꾸지 않는 NHK의 양식과 뚝심에 갈채를 보내지 않을 수가 없습니다.

또 채택된 소재를 살펴보면 NHK 나름으로 시대적인 사항을 고려하여 일본 국민들의 역사인식이나 정체성을 점검하도록 배려함으로써 공영방송이 국가에 기여해야 하는 책무까지도 소홀히 하지 않고 있음을 볼 수 있습니다. 이는 곧 우리가 배워야 할 인문학적인 배려가 아닐 수 없습니다.

2010년 1월 첫째 일요일에 방송을 시작한 대하 역사 드라마는 〈료마텐龍馬傳〉입니다. 물론 메이지 유신의 영웅 사카모토 료마坂本龍馬의 일대기를 그리게 되면 '국가', '변화', '꿈', '국가의 미래' 등을 외치지 않고는 불가능합니다. 지금 일본의 여러 사정이 그것을 필요로 하고 있을 때, 공영방송 NHK가 앞장 서서 그 길을 열어 가고 있습니다. 이 같은 일본의 공영방송이 시사하는 역사 드라마의 총체가 곧 역사 드라마의 인문학적인 접근이 될 것이라고 저는 확신합니다.

그렇다면 우리의 경우는 어떻습니까.

우리의 공영방송(KBS1)과 세 개의 공중파 방송은 놀랍게도 똑같은 시간, 똑같은 방법, 똑같은 시스템으로 역사 드라마를 편성합니다.

모두가 두 시간짜리 두 편으로 묶여 있습니다. 그러므로 우리 시청자들은 행복하게도 매주 120분짜리 역사 드라마를 세 편씩 볼 수 있습니다. 모두 월화드라마, 수목드라마, 주말드라마입니다. 자, 여러분께서는 이 드라마가 어느 방송국의 무슨 내용의 드라마인지 구분하실 수 있으신지요.

또한 그 내용도 매우 다채로워서 쌍둥이 선덕여왕, 등장인물들의 나이를 알 수 없는 주몽의 시간 설정, 어느 나라 이야기인지 알 수 없는 김수로와 같은 탈선이거니 새로 쓴 《삼국유사》와도 같은 터무니없는 내용들을 역사 드라마라는 이름으로 제작하여 방송하고 있습니다. 거기에 투입되는 천문학적인 제작비가 시궁창으로 흘러들어 가고 있는데도 인문학적인 검증은 고사하고 논란의 대상도 되지 않고 있습니다.

이와 같은 참담한 현실에 인문학적 배려와 접근 같은 학문적 혹은 예술적 개념을 우리나라 역사 드라마에 이입할 수가 있겠습니까. 저는 불행하게도 긍정적인 대답을 할 수가 없습니다.

— 인문학의 위기를 느끼는 것은 학문만이 아닙니다. 사회 전반의 여러 문제가 무책임하게 흘러가고 있는 데서 그 원인을 찾아야 합니다. 그 원인은 너무도 간단합니다. 인문학으로의 접근이 잘못되었기 때문입니다. 우리 인문학의 역사는 조선 성리학의 기초 위에서 성립되었습니다. 그러므로 서양식 용어의 개념인 '인문학'이라는 단어가 사용되기 전, 조선 성리학의 정신이 우리 인문학의 조건입니다.

라틴어 '후마니타스'만으로는 우리의 인문학을 설명할 수가 없습니다. 우리의 역사, 우리의 정신이 곧 우리의 인문학입니다. 방송 분야뿐만이 아닙니다. 모든 분야가 우리의 정신을 바로 아우르는 것이 우리 인문학이 나갈 길입니다.

제3부

역사를
알아야
미래가
보인다

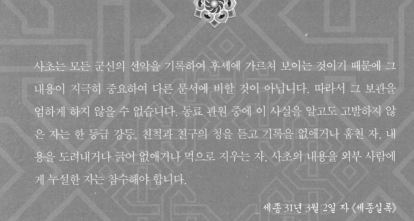

사초는 모든 군신의 선악을 기록하여 후세에 가르쳐 보이는 것이기 때문에 그
내용이 지극히 중요하여 다른 문서에 비할 것이 아닙니다. 따라서 그 보관을
엄하게 하지 않을 수 없습니다. 동료 관원 중에 이 사실을 알고도 고발하지 않
은 자는 한 등급 강등. 친척과 친구의 청을 듣고 기록을 없애거나 훔친 자, 내
용을 도려내거나 긁어 없애거나 먹으로 지우는 자, 사초의 내용을 외부 사람에
게 누설한 자는 참수해야 합니다.

_세종 31년 3월 2일 자 《세종실록》

사관의 직필이
역사를 적었다

얼마 전, 공직자에 의해 국가 문서가 훼손되고 파기되었으며, 퇴임하는 대통령이 개인적인 용도로 국가 문서를 사가로 반출하였다는 언론의 보도가 있었습니다. 나라의 기강이 이런 지경으로까지 무너지는 것은 지식인들의 역사인식을 가늠할 수가 없기 때문입니다. 지식인들의 역사인식이 무너지면 미래를 가늠할 수 없게 됩니다.

　일찍이 공자孔子가 말하였습니다.

　나라에 정도正道가 서 있을 때 녹을 받는 것은 영광스러운 일이지만, 나라에 정도가 서 있지 않을 때 녹을 받는 것은 수치스러운 일이다.

지금 우리의 처지를 되새겨 보게 하는 명언이 아닐 수 없습니다. 나라의 정도를 세워 가야 하는 고위 공직자들이 불요불급不要不急한 일에 매달리면서도 꼬박꼬박 국록을 챙겨 가는 것을 당연시하는 풍조는 수치심을 모르기 때문이 아니겠습니까. 국회 인사청문회라는 것을 보고 있노라면 국무총리에 지명된 사람이나, 장관을 하겠다는 사람들의 불법이 위험 수위를 넘고 있음을 알게 됩니다. 대통령이 천명한 '공정한 사회'라는 것도 나라에 정도가 서 있어야만 성공할 수 있습니다.

조선왕조가 500년이라는 장구한 세월 동안 단일 왕조의 기틀을 유지할 수 있었던 것은 국가 기강이 무너지지 않았고, 그것은 젊은 언관言官들의 직언直言하는 용기가 역사를 기록하고 있었기 때문입니다.

사신史臣은 논한다. 국사國事에 선정善政이 없고 교화教化가 밝혀지지 않아 재상들의 횡포와 수령들의 포학이 백성들의 살과 뼈를 깎고 기름과 피를 말려 손발을 둘 곳이 없고 호소할 곳도 없으며, 기한이 절박하여 하루도 살기가 어려워 잠시라도 연명하려고 도적이 되었다면, 도적이 된 원인은 정치를 잘못하였기 때문이요, 그들의 죄가 아니다.

명종 16년 10월 6일 자 《명종실록》

참으로 주엄하기 그지없는 글입니다. 가난한 백성이 연명하기 위해 도둑이 되었다면 정치를 잘못하였음에서 기인되었으므로 그 책임이 임금에게 있다는 지적입니다. 치자治者의 도리가 무엇인지를 명쾌하게 지적하는 글이 아닐 수 없습니다.

그러므로 아무리 절대 권력자인 임금이라고 하더라도 사관史官들의 철저한 감시를 받을 수밖에 없었습니다. 태종이 사냥을 가면서 "오늘 사냥은 사사로운 일이니 사관은 따르지 말라."라고 하였습니다. 그런데도 그의 실록에는 이 말이 가감 없이 적혀 있습니다. 또 그날 사냥터에서 태종이 말에서 떨어지는 낙상을 당하였습니다. 그때 태종은 좌우를 둘러보며 "이 일은 사관이 알지 못하도록 하라."라고 엄명을 내렸습니다. 물론 그 현장에는 사관이 없었어도《태종실록》에는 그 말이 그대로 적혀 있습니다. 그러니 임금과 사관 간의 갈등이 있는 것도 당연하고, 사관들은 '후세의 교훈을 위해 좀 더 자유로운 취재를 보장해 달라'라는 주장을 굽히지 않았던 때도 있었습니다.

국사國事의 잘잘못을 지적하고, 군왕의 게으름을 적어서 후세에 전하는 사관들에게는 그 임무의 자유스러움 못지않게 혹독한 책임이 따르는 것이 당연합니다. 사관들이 사초(史草, 처음 적은 사료)를 훔치거나 훼손한 경우나, 사초의 내용을 발설한 경우에는 중형을 내려서 처단한 것이 이를 입증합니다.

사초는 모든 군신의 선악을 기록하여 후세에 가르쳐 보이는 것이기 때문에 그 내용이 지극히 중요하여 다른 문서에 비할 것이 아 닙니다. 따라서 그 보관을 엄하게 하지 않을 수 없습니다. 동료 관원 중에 이 사실을 알고도 고발하지 않은 자는 한 등급 강등, 친척과 친구의 청을 듣고 기록을 없애거나 훔친 자, 내용을 도려 내거나 긁어 없애거나 먹으로 지우는 자, 사초의 내용을 외부 사 람에게 누설한 자는 참수斬首해야 합니다.

세종 31년 3월 2일 자《세종실록》

참수란 목을 쳐서 죽이는 중형重刑을 말합니다. 국가 문서의 취급 을 얼마나 엄격히 하였는가의 교훈이 아니고 무엇입니까. 이러한 기록들이 엄연히 존재하는 데도 오늘의 공직자들은 이 같은 사실을 모르고 있는 경우가 태반입니다. 그러니 국가 문서가 훼손되고, 외 부로 흘러나가는 일이 아무렇지 않게 이루어지는 것 아니겠습니까. 조선 시대라면 목을 쳐서(참수) 다스리는 대죄임을 명심해야 합니다.

◼◼◼

조선 시대의 사관은 그 직제의 편성이 매우 독특하였습니다. 임 금의 명을 대신 짓는 예문관藝文館의 관원 중에서도 하급인 봉교(奉 敎. 정7품) 두 명, 대교(待敎. 정8품) 두 명, 검열(檢閱. 정9품) 네 명 등 여덟 명을 겸임사관兼任史官으로 삼았습니다. 이들을 한림팔원翰林8員이라 고도 합니다. 또 임금의 옆을 지켜 앉아서 시시콜콜한 내용까지 모두 적는 열 명의 전임사관專任史官도 있었습니다.

사관이 적어야 하는 내용은 직필直筆을 요구하는 사안들이 대부분입니다. 다른 말로 바꾸면 타인과의 갈등 요인을 적게 된다는 뜻입니다. 그러므로 사관이 쓴 사초史草를 기명記名으로 하느냐, 무기명으로 하느냐까지도 문제가 되었습니다.

> 역사는 직필을 귀하게 여깁니다. 지금 춘추관春秋館의 사초를 거두어 놓고 각자가 이름을 사초에 쓰도록 했는데, 사초는 국사의 일만 기록한 것이 아니라, 사대부의 선악도 모두 기록한 것입니다. 이러한 사초에 이름을 쓰게 하면 사람들이 모두 두려워하여 직필을 하지 못할 것입니다.
>
> 예종 1년 4월 11일 자《예종실록》

사관들의 직필을 남기기 위한 노심초사를 읽을 수가 있습니다. 국가 문서의 중요성을 이같이 하고 있었기에《조선왕조실록》은 군왕의 게으름을 뉘우치게 하고, 잘못된 정치를 적나라하게 적은 내용으로 가득할 수밖에 없습니다. 그러므로 역대의 임금들은 선대의 실록을 읽어 보고 싶어 하는 것이 인지상정입니다. 대개가 부왕의 과실이 적혀 있을 것이기 때문입니다.

세종도 부왕(태종)의 실록을 보고 싶어 하였습니다. 태종의 집권 과정은 골육상잔의 연속이었고, 또 집권 후에도 네 사람의 처남들을 죽였고, 사돈까지도 스스로 목숨을 끊게 하지 않았습니까.

세종은 신하들에게 부왕의 실록을 읽고 싶다는 간절한 소회를 토로하였습니다.

선대의 제왕들이 선왕의 실록을 보지 않은 사례가 없는 것 같다. 태종께서 《태조실록》을 보지 않으셨는데, 이때 하륜河崙 등은 이를 보는 것이 옳다 하고, 변계량卞季良은 보지 않는 것이 옳다 하여 태종께서는 변계량의 논의를 따랐다. 이에 춘추관에서 《태종실록》을 편찬했으니 내가 한 번 보려는데 어떤가.

강제로 읽겠다고 명령할 수도 있겠습니다만, 세종은 참으로 간곡하게 신하들의 의사를 물었습니다. 이에 맹사성孟思誠이 열람의 부당함을 진언하였습니다.

전하께서 만일 이를 보신다면 후세 임금이 반드시 이를 본받아 (실록을) 고칠 것이며, 사관도 군왕이 볼 것을 의심하여 사실史實을 다 기록하지 않을 것이니 어찌 후세에 그 진실함을 전하겠습니까.

세종 13년 3월 20일 자 《세종실록》

표현은 완곡하여도 세종의 폐부를 찌르는 직언이 아닐 수 없습니다. 물론 세종은 자신의 과실임을 실토하였을 뿐 부왕의 실록을 볼 수가 없었습니다.

임금은 실록을 볼 수 없다는 규범이 이렇게 정해졌고, 그 후 500여 년 동안 이것이 지켜졌다면, 조선 시대 사관을 포함한 신하들이 국가 문서의 정확한 기록과 보존을 위해 얼마나 노심초사했는지를 알 수 있습니다.

조선왕조가 창업된 지 얼마 되지 않아서 지경연사知經筵事 조박趙璞이 임금(정종)에게 올린 직언은 지금 되씹어도 어색하지가 않습니다.

군주가 두려워할 것은 하늘과 역사입니다. 하늘이란 저 푸르고 높은 것을 가리키는 것이 아니라 바로 이理일 뿐이옵니다. 사관은 군주의 선악善惡을 만세에 전하니 두렵지 않습니까.

정종 원년 1월 7일 자《정종실록》

사관들이 올린 사초 가운데서 채택되지 않은 사초는 흐르는 물에 불려서 먹물을 씻어 냈습니다. 이 과정을 세초洗草라고 합니다. 첫째는 채택되지 않은 사초의 내용으로 인해 문벌門閥이나 가문家門 간에 마찰이나 갈등이 생기는 것을 방지하기 위함이요, 둘째는 재생지(再生紙. 닥)를 얻기 위한 것이었다면 얼마나 지혜롭고 아름다운 일입니까.

역사를 공식적으로 적지도 않고, 그나마 적힌 역사를 훼손하고 사사롭게 외부로 반출하는 것을 다반사로 여기는 요즘 고위 공직자들, 그것이 국가 기강을 무너뜨리는 일임을 알고나 있는지, 또 그들은 우리의 선현들이 역사와 역사 기록을 목숨보다 소중히 여겼다는 사실을 알고나 있는지, 더 심하게는 역사에 대한 외경심을 적어 놓는 위대한 민족의 유산 《조선왕조실록》이 유네스코에서 정한 세계 기록유산임을 알고나 있는지 참으로 답답할 때가 많습니다.

국회 인사청문회라는 것을 보고 있노라면 범법자들의 행진이 아닌가 하는 착각이 들 징도입니다. 고위 공직자를 희망하는 사람들의 불법이 위험 수위를 넘고 있음을 보면서 정의를 실천하려는 결의가 아예 없거나, 다소간 있었더라도 외면하고 있었음이 드러났습니다. 대통령이 친명한 '공정한 사회'라는 섯노 나라에 정도가 서 있어야만 성공할 수 있다는 사실을 명백하게 보여 준 사례라 하겠습니다.

━━━

사관들은 통치자의 오만과 우매함을 적어서 후세에 남기는 것을 목숨보다 소중히 여겼습니다. 그 사관들은 승정원에 올려진 상소문의 내용을 정밀하게 검토하게 되고 그 결과를 자신들의 사초에 올렸습니다.

상소문의 주된 내용은 잘못되어 가는 정치를 바로잡으려는 충정이며, 통치자(임금)의 잘못된 생각, 잘못된 행실을 바로잡기 위한 간절한 소망을 적은 내용이 대부분입니다. 그러므로 상소문을 올리는 신하들에게도 사관 못지않은 책임감이 따르게 됩니다. 그러므로 진정한 직언은 생사를 결단하는 용기가 있어야만 가능합니다.

상소문 한 장과 목숨을 바꾸겠다는 장렬함을 드러내는 경우가 지부복궐상소持斧伏闕上疏입니다. 지부복궐상소는 글자 그대로 몸에 도끼를 지니고 궐문 앞에 꿇어앉아 자신이 올린 상소를 가납하지 않겠다면 가지고 온 도끼로 죽여 달라고 대드는 경우와 다름이 없습니다.

조선왕조 500년 동안 도끼를 지니고 궐문 앞에 꿇어앉아 상소를 올린 사건은 단 두 번 있었습니다. 한 사람은 임진왜란 때 의병장으로 활약한 조헌이고, 또 한 사람은 구한말(대한제국)의 면암 최익현입니다.

최익현은 큰 의리와 성스러운 충의를 몸소 지행知行해 보인 유림의 거벽이기도 하지만, 위정척사衛正斥邪의 화신이기도 합니다.

> 신 최익현은 돈수백배하고 삼가 아뢰옵니다. 신이 산림 속에 앉아 조정의 형세를 살펴보건대, 실로 울분을 금할 길이 없사옵니다. 벌써 오래전부터 정치의 옛 규범이 무너지니, 조정의 모든 신하가 유약하여지면서 삼공육경은 건의하는 일이 전혀 없고, 간관과 승지들은 직언直言을 피하는 풍조가 만연되어 있습니다.
>
> 《면암집》에서

정치의 규범이 무너지는 것은 흥선대원군 이하응李昰應의 독선이 자행되는데도 간관과 승지들이 직언하지 않았기 때문이라는 지적입니다. 그리고 고종의 생부요, 살아 있는 대원군으로 천하의 모든 독선과 위세를 남김 없이 휘두르고 있던 흥선대원군 이하응의 실정을 조목조목 따져서 통박한 시폐4조時弊4條는 신료들에게는 물론 뜻있는 사람들에게 참 선비의 도리가 무엇인지를 일깨워 주기에 충분하였습니다.

흥선대원군의 격노는 이만저만이 아니었습니다. 그러나 고종은 최익현을 언관의 도리를 다하였다 하여 돈령부 도정(敦寧府 都正, 정3품의 한직)으로 승차시키면서 내쳤습니다. 최익현은 고종의 후의를 받아들이지 않고 사임 상소를 나시 올렸습니다. 그 사임 상소의 내용도 대소신료들의 무위도식을 질타하는 직언으로 가득하였습니다.

■■■

역사는 자라나는 청소년들에게 바로 인식되어야 하고, 꿈을 심어 주는 거울이어야 합니다. 그래서 《통감通鑑》과 같이 역사를 적은 책에는 반드시 거울 '감鑑' 자를 씁니다. 《명심보감明心寶鑑》에 '거울 감' 자가 들어 있는 것도 같은 이치입니다.

사람들이 아침에 집을 나설 때면 대개 거울을 보면서 몸 매무새를 고칩니다. 상대방에게 불쾌감을 주지 않으려는 배려라고 생각됩니다. 그때 거울에 때가 묻어 있으면 자신의 모습을 바로 살필 수가 없습니다. 거울에 금가루를 뿌려 놓았어도 그것은 때일 수밖에 없습니다. 역사를 적은 전적에 거울 '감' 자를 쓰는 것은 바로 그 때문입니다.

지, 어떻습니까. 우리가 간직하고 있는 역사라는 거울 말입니다. 너무 많은 때가 묻어서 우리 스스로를 비쳐 볼 수도 없게 되었습니다. 우리가 소중히 간직해야 할 거울에 무슨 때가 그리도 많이 앉았습니까. 그 때가 식민지 사관이라는 때이고, '스스로 우리 역사를 비하'하는 몰상식의 때입니다. 지금 우리가 해야 할 일은 때 묻은 거울을 말끔하게 닦는 일입니다.

《조선왕조실록》과 같은 세계적인 문화유산을 갖고 있으면서도 그것이 무엇인지를 모른다면 말이 되지를 않습니다. 대통령이《조선왕조실록》을 숙독한다면 통치하는 지혜가 무엇인지 알게 될 것입니다. 정치가들이《조선왕조실록》을 읽는다면 선정의 유형을 깨닫게 될 것입니다. CEO로 불리는 경영자들이《조선왕조실록》을 읽는다면 성공하는 리더십을 배우게 될 것입니다.

> 역사는 지나간 시대만의 기록이 아니라 미래로 이어지는 맥락이
> 다!

그렇습니다. 우리의 국보인《조선왕조실록》에 적혀 있는 내용은 우리의 거울이나 다름이 없습니다. 찬찬히 들여다보면 우리의 참모습이 그대로 담겨 있습니다. 잘된 일이었다면 잘될 수밖에 없는 원인이 그려져 있으며, 잘못된 일에는 잘못될 수밖에 없는 까닭이 적혀 있습니다. 그것을 살펴보지 않았기에 같은 실패를 계속 되풀이하게 됩니다.

《조선왕조실록》에 대한 무지와 무관심이 국가나 사회 지도층, 혹은 지식인 집단의 역사인식을 왜곡되게 하였고, 훼손되는 분위기를 끊임없이 반복되게 하였습니다. 마침내 그것이 국민 정서를 호도하는 지경에 이르렀습니다.

초등학교, 중학교에서 국사 과목을 폐기하더니, 고등학교에서는 사회 과목에 곁방살이를 하게 되었고, 그나마 선택 과목으로 전락하고 말았습니다. 국가의 중추가 될 인재를 뽑는 고등고시에서는 어떻게 되었습니까. 사법, 행정, 외무고시에서도 아예 국사 과목이 배제되었습니다.

국사 과목을 축소하고 폐쇄한 정부의 높은 자리에 계시는 사람들의 말을 들어 보면 정말로 기가 막힙니다. "수험생들의 노고를 덜어주기 위해서 국사 과목을 제외했다." 참 기막힌 말입니다. 또 있습니다. "국사를 가르치면 국수주의적인 인간을 양성하게 된다."라고까지 합니다.

조선의 사관들은 비록 직급은 낮았어도 주어진 책무의 완수라는 점에서는 단호하였습니다. 목숨을 걸고 불의에 항거하였습니다. 그렇게 내려진 사관들의 평가를 필주筆誅라고 합니다. 필주는 붓으로 사람을 죽인다는 뜻입니다. 목숨을 걸어야 하는 직언으로 임금을 바르게 인도하려는 조선의 선비와 그들의 직언을 바르게 적어 사초에 올린 사관들의 양식을 자라나는 이 땅의 청소년들에게 귀감이 되도록 해야 합니다.

우리 민족이 오랜 세월 동안 가꾸어 온 역사인식이 《조선왕조실록》이라는 세계적인 문화유산을 남겼습니다. 목숨을 두려워하지 않는 사관들의 용기가 아니고는 불가능한 일입니다. 그러나 지금 우리 처지는 어떻습니까. 국무회의록이 완벽하게 기록되고 있다는 소리를 들어 본 일이 있습니까. 국무총리나 장관들이 재임 중에 무엇을 주장했다는 기록, 그 주장이 관철되지 못한 사연이 적혀 있는 문건이 있다는 얘기를 들어 보신 일이 있습니까.

고위 공직자에게는 사관의 소임이 주어져 있습니다. 그들의 직언은 반드시 기록으로 남겨져야 합니다. 그것이 역사이기 때문입니다. 《조선왕조실록》이 우리 역사의 마지막 기록일 수는 없습니다. 우리는 지금 우리가 겪고 있는 적나라한 모습을 아낌없이 적어서 후대에 전해야 합니다.

공직자는 사초를 목숨보다 소중히 여기는 옛 사관의 본분을 찾아서 지켜야 합니다. 이 땅의 모든 지식인은 옛 사관의 식견과 풍모를 귀감으로 삼아야 합니다.

역사가 멈추지 않고 흘러가기 때문입니다.

행간行間으로 읽는
조선의 역사

역사가 예술의 장르로 이입되어 새로운 형식의 예술로 재창조되는 현상은 지극히 바람직합니다. 역사는 사람이 사는 이야기를 적고 있으며, 현세의 여러 정황들을 되도록 엄정히 기술하여 후대에 전하려는 것은 선행을 장려하고 시행착오를 되풀이하지 않게 하려는 교훈적 의미가 내포되어 있음을 부인할 수가 없기 때문입니다. 그러므로 성군 세종의 역사인식은 시사하는 바가 참으로 큽니다.

대저 정치를 잘하려면 지나간 시대의 치란治亂의 자취를 살펴야 하고, 지나간 시대의 치란의 자취를 살피기 위해서는 역사를 상고하는 길밖에 없다.

흔히들 '역사가 지난 시대의 기록만이 아니라 미래로 이어지는 맥락'이라고 말하는 것도 교훈적 의미를 포함하고 있음을 수용하기 때문에 가능합니다. 비록 역사가 기술記述되는 과정은 금욕적禁慾的이었다고 하더라도, 그것을 파악하여 재창조하기 위해서는 행간行間에 담겨진 내면을 살펴서 읽지 않으면 안 됩니다. 그 내면을 살피는 방법과 과정에 따라서 역사가 예술에 용해되는 양식이나 내용도 달라지는 것은 당연합니다.

역사가 문학 분야의 소설에 적용되어 다시 태어난 결과를 역사 소설이라고 하듯, 영상예술 분야에 역사가 접목되면 사극 영화 혹은 역사 드라마로 분류됩니다. 오늘 제가 입에 담는 내용이 지칭하는 역사 문학은 문학 분야의 소설 영역보다 사극 영화나 역사 드라마 쪽에 기울게 됩니다. 그 까닭은 문학이 문학적인 상상이나 상징에 의해 성립되는 까닭으로 역사에 기술된 내용을 필요에 의해서 취사선택하기가 편한 반면에, 사극 영화나 역사 드라마는 형상(혹은 영상)으로 묘사되고 표현되는 까닭으로 선택의 제약을 받게 되는 경우가 많기 때문입니다. 가령 어떤 인물에게 다섯 아들이 있다면 역사 소설의 경우는 그 다섯 중에서 작품에 필요한 사람만을 골라서 쓰면 되지만, 영상예술의 경우에는 그 전체를 보여 주지 않으면 안 되는 경우가 있어 작가로 하여금 사실의 확인을 강요하게 하는 경우가 허다합니다. 사극 영화가 있는 곳에는 반드시 고증考證의 문제가 제기되는 것도 역사 소설이 문자만으로 완성되는 데 비해 사극 영화는 영상에 의해 만들어지기 때문입니다. 그렇다고 하더라도 오늘 제가 하는 말 중에 사극 영화 혹은 역사 드라마라고 표기된 부분을 역사 소설로 연관하여 생각하셔도 큰 무리가 없을 줄로 압니다.

초기의 영화가 영상작가의 상상력에 의해서 만들어지기보다 문학작품에 의지할 수밖에 없었던 것은 문학작품이 가지고 있는 시장가치를 무시할 수 없는 특성 때문이기도 했지만, 문학이 영위하고 있는 픽션虛構을 형상形象으로 구사하기가 수월했기 때문입니다. 그러나 이탈리아 영화의 경우에는 문학에 의지하는 비율이 그리 높지 않았습니다.

이탈리아 영화가 화려하고 스펙타클한 사극 영화로 출발할 수 있었던 것에 대해 영화사가映畵史家 사둘G. Sadoul은 다음과 같은 세 가지를 들고 있습니다.

첫째, 아름다운 자연을 배경으로 쓰기가 용이하다.

둘째, 고대의 영광을 과시하는 유적이 도처에 산재하고 있다.

셋째, 인구가 많은 까닭으로 프랑스에 비하여 1/3 또는 1/4의 비용으로 수많은 엑스트라를 동원할 수가 있다.

결국 이탈리아의 여러 문화 환경이 영화의 스타일에 획기적인 특징을 마련해 준 셈입니다. 즉, 고대 문화의 거대한 유적을 배경으로 파란만장한 스토리를 갖게 되고, 큰 몹신(대군중 장면)을 구사하기도 어렵지가 않았습니다. 이런 까닭으로 이탈리아 영화는 프랑스 영화를 젖히고 제1차 세계대전(1914년)이 시작될 무렵까지 세계의 영화

시장을 석권했습니다. 문자 세계와 영상 세계가 어떻게 다른 것인지 선명하게 보여 준 예가 아닐 수 없습니다.

그러나 역사 소설이 하나의 장르로 확고하게 형성되면서, 영화가 예술로 일컬어지는 황금기를 맞게 되자 사실의 확인과 허구의 문제는 학문적인 정립을 필요로 하게 되었습니다. 또 텔레비전의 영향이 커지면서 사극의 제작이 성행하자 고증의 문제는 더욱 세밀하게 논란되어야 할 필요성을 느끼게 됩니다.

사극 영화나 역사 드라마가 함부로 쓰여져서는 안 되고, 또 함부로 만들어져서도 안 되는 까닭은 앞에서 지적한 교훈적 의미라는 역사 전달의 체계와 사실과 행간 사이에서 야기되는 '새로운 해석'이라는 허구의 세계가 충돌하기 때문입니다. 이 충돌은 역사를 문자로만 읽어야 하는 학문의 세계와 역사를 행간으로 읽어서 보다 세밀한 부분까지 재현하려는 드라마劇가 존재하는 한 양립될 수밖에 없습니다.

━━━━━

역사를 적어 놓은 전적典籍을 말할 때면 사마천의 《사기》나 헤로도토스의 《역사》를 거론하지만, 역사를 적은 전적은 그것이 아니고도 수없이 많습니다. 지상에서 명멸했던 여러 나라에서 자국의 역사를 정립한 것에서부터, 국가사나 민족사가 아닌 넓은 의미에서의 역사를 적은 개인의 저작에 이르기까지 그 종류는 다양하고 많습니다. 그러므로 이미 발굴된 전적에 의하여 어떤 시대, 어떤 사건이 완결된 평가를 받고 있다 해도 또 새로이 발견되는 전적이나 유물에 의하여 이미 완결된 평가가 완전히 뒤집히는 경우도 있게 됩니다.

사극 영화를 쓰는 작가가 어떤 전적을 텍스트로 했느냐에 따라 역사극의 내용이 정확해지기도 하고 전혀 터무니없는 것이 되는 것은 역사를 적은 전적이 무수히 많고, 또 적은 사람이 역사를 적은 문자에만 의지하였는지, 혹은 행산에 담겨진 넓은 범위까지 살펴보았는지에 따라서 달라지기 때문입니다.

사극 영화를 쓰는 시나리오 작가는 역사를 전공으로 하는 역사학자는 아니지만 때로 역사학자보다 더 소상히 사실을 파악할 수도 있고, 그 궁구窮究의 방법은 역사학자와 확연히 구별됩니다. 그렇다고 하더라도 역사 소설을 원작으로 채택하였을 때는 그 시대를 기술한 다른 사료를 섭렵해 원작을 보완하는 것은 당연합니다.

조선 시대를 배경으로 했을 경우라면 섭렵해야 할 기본 사료로 다음과 같은 것들을 거론할 수가 있습니다.

　　가.《조선왕조실록朝鮮王朝實錄》

　　나.《승정원일기承政院日記》

　　다.《일성록日省錄》

　　라.《대동야승大東野乘》

　　마.《연려실기술燃藜室記述》

바 《패림牌林》

위의 여섯 가지 전적에서 《조선왕조실록》과 《승정원일기》, 《일성록》을 두고 정사 사료라 하고, 《대동야승》, 《연려실기술》이나 《패림》을 두고 야사 사료라고 통칭하고 있으나, 그것은 정부에서 편찬한 관찬官撰 사료史料냐, 개인의 수상隨想을 담은 문집文集이냐를 두고 편의상 구분하는 관행일 뿐, 그 자료만을 놓고 일률적으로 정사냐 야사냐를 구별하는 것은 바람직하지 못합니다.

연산군이나 광해군과 같이 왕위에서 쫓겨난 임금의 실록은 실록이라 부르지 아니하고 《연산군일기燕山君日記》, 《광해군일기光海君日記》라고 합니다. 이 두 일기는 그것이 비록 춘추관春秋館에서 편찬된 공식 문서라고 하더라도, 이미 쫓겨난 임금의 행장이라 마치 짐승처럼 무자비하게 비하하여 기록을 해 두었는가 하면, 그 시대가 개인의 문집에 적혔을 경우가 오히려 상당히 진실되게, 또 소상하게 적어 놓은 경우를 볼 수가 있습니다. 이와는 반대로, 《태종실록太宗實錄》이나 《세조실록世祖實錄》은 상당히 합리화되고 미화되어 있는가 하면, 개인의 기록이 보다 냉정하고 비판적인 경우도 얼마든지 있습니다. 그중의 몇 가지 예를 살펴보기로 하겠습니다.

쿠데타의 두령은 후계자의 선정에 실패하는 경우가 많습니다. 권력을 장악하고 나면 자만심에 빠지게 되면서 자신과 대결할 수 있는 능력이 있다고 판단되는 후계자는 견제하거나 제거해야 한다는 강박관념에 빠지기 때문입니다. 쿠데타의 두령이었던 박정희 대통령의 불행은 후계자를 일찍 지목하지 않고 스스로 후계자임을 자칭하는 사람들로 하여금 끊임없이 경쟁하고, 충성하게 하였다가 낭패를 자초한 경우에 해당됩니다.

조선왕조를 창업한 태조 이성계의 경우도 잘못된 후계자 지명으로 참담하고 불행한 통한의 여생을 사초하고 말았습니다. 이성계가 새 왕조를 창업하고 왕위에 오르는 과정에서 가장 공헌이 컸던 사람은 단연 다섯째 아들 이방원李芳遠이었습니다. 이성계가 후계자를 정하는 과정에서 이방원을 제외하는 실책을 자초한 원인을 찾기란 그리 어렵지 않습니다.

고려 시대의 유명인사에게는 대개 아내가 두 사람 있었습니다. 시골에 사는 본처를 향처鄕妻라 했고, 서울에 사는 둘째 아내를 경처京妻라고 불렀습니다. 이성계는 본처이자 향처인 한韓씨와의 슬하에 다섯 아들과 세 딸을 두고 있었고, 후실後室격인 경처인 강康씨의 소생으로는 아들 둘과 딸 하나가 있었습니다.

경기도 포천에 머물고 있던 이성계의 향처 한씨는 불행하게도 조선왕조가 창업되기 일 년 전에 세상을 떠남으로써 후일 신의왕후神懿王后로 추존追尊이 되지만, 경처 강씨는 당당히 중전의 자리에 오르게 됩니다. 사정이 이러하고 보니 이성계는 살아 있는 중전의 애원을 뿌리치기 어려웠음인가, 그녀의 둘째 아들인 방석芳碩을 세자로 책봉하였습니다.

개국 일등공신이나 다름이 없는 연부역강한 이방원이 스물여섯 살이요, 세자로 책봉된 방석이 겨우 열두 살이라면 그 책봉이 자연스럽다거나 온당했던 것으로 보기는 어렵습니다. 이방원이 분노하는 것도, 또 한씨 소생의 아들들이 이방원의 편이 되는 것도 인지상정일 수밖에 없습니다.

"용서할 수 없다!"

이방원의 이 분노가 제1차 왕자의 난으로 이어지는 단초가 됩니다. 당시 이성계의 참모는 천하의 대석학 정도전鄭道傳이었습니다. 조선 초기의 이념적인 기둥을 세울 정도로 명석한 석학이자 경세가인 정도전이 무슨 연유로 이 잘못된 후계자의 선정에 앞장을 섰는지, 혹은 찬성했는지에 대해서는 《조선왕조실록》에도 아무 언급이 없습니다. 사실은 적었으되, 그 사실이 탄생되기까지의 과정을 생략하였기에 행간 읽기가 필요해집니다.

정도전이 이방원의 성품을 모를 까닭이 없습니다. 알고서도 악수를 두었다면 권력에 눈이 어두웠거나, 나라의 미래를 생각하지 못하는 아주 경솔하고 편협한 판단을 했다고밖에 볼 수가 없지 않겠습니까. 결과적으로는 정도전이 이방원의 칼날에 참혹한 죽임을 당하고, 방석의 모후였던 신덕왕후의 무덤까지 파 옮겨지는 파란을 겪게 된 것이 모두 권력의 상속이 잘못된 데서 온 결과임이 분명하지만, 역사가 그 배경까지 문자로 기록하지 않았기 때문에(혹은 적어 놓을 수가 없어서) 억측이 생겨날 요인을 안게 됩니다. 바로 여기에 행간을 읽어서 역사의 이면을 살피게 되는 당위성이 성립됩니다.

정도전이 총명한 두뇌와 깊은 학문을 갖춘 사람이라면 이방원과 방석 중에 어느 쪽이 세자의 자격을 갖추었고, 누굴 지명하는 것이 국익에 도움이 될지를 생각해 보지 않았다고 할 수는 없습니다. 그러나 후일 신덕왕후로 봉해질 중선 강씨의 애절하고 간곡한 소청을 저버리지 못했을 수도 있을 것이고, 이성계가 방석을 지극히 귀애하는 마음을 읽고 있었을 수도 있습니다. 그러나 어느 쪽이든 정도전과 같은 당대의 석학이 나라의 미래를 걱정하는 마음보다 권력을 지양하는 사욕을 앞세웠다면 그의 학문이나 경륜까지도 매도된다는 것이 행간 읽기의 백미가 아닐 수 없습니다.

이방원은 절치부심 신덕왕후가 세상을 떠나기를 기다렸다가 방석을 옹립하는 데 앞장섰던 정도전, 박은 등을 일거에 제거하는 제1차 왕자의 난을 일으키면서 둘째 형인 방과芳果를 왕위에 밀어 올리게 됩니다.

쿠데타의 주체 세력에게 등을 밀려 최고의 권좌에 오르면 모든 화근이 자신에게로 밀려올 것이라는 두려움에 떨게 되는 것이 인지상정입니다. 국보위國保衛 위원장이라는 막강한 권한을 휘두르는 전두환 장군이 건재하였을 때 최규하 대통령이 견디기 어려웠던 이치와 조금도 다름이 없지 않습니까.

이방원은 제2차 왕자의 난을 일으키며 바로 위의 형님인 방간芳幹의 목숨까지 앗아내고서야 수하들의 등에 떠밀리는 수순을 밟으면서 임금의 자리에 오르게 됩니다. 조선왕조의 세 번째 임금인 태종의 탄생은 이 같은 우여곡절을 겪고서야 이루어집니다.

이성계가 쿠데타에 성공하여 임금의 자리에 오르면서 집권의 길을 트고, 정종·태종을 거쳐 명실상부한 문민정부라고 할 수 있는 세종이 보위를 이어받을 때까지 28년의 세월이 필요했듯이, 박정희 장군이 주도한 5·16 군사 쿠데타에서 제5, 제6공화국을 거쳐 김영삼 대통령의 문민정부가 들어서기까지 30여 년의 세월이 필요했던 것은 우연의 일치가 아니라 역사의 사이클이 그러하다는 사실 또한 행간을 읽을 수 있어야 얻어지는 수확입니다.

태종이 왕위에 있었던 18년은 새로운 태평성대를 열기 위해 힘의 정치를 밀어붙인 유신의 기간이나 다름이 없습니다. 공교롭게도 쿠데타에서 유신으로 이어지는 박정희 대통령의 18년과도 맥을 같이 합니다. 태종은 다음 대(세종 시대)의 태평성대를 열어 가기 위한 일이라면 물불을 가리지 않았습니다. 자신의 처남이자 세종의 외숙들인 민무질, 민무구, 민무휼 등을 원지에 부처하였다가 사약을 내려 죽였습니다. 태종비 원경왕후元敬王后의 미친 듯한 절규와 항변은 '당신 혼자서 임금이 되었는가. 그 모든 것이 내 아우들의 공헌이 아니었나!'와 직결됩니다.

"외척外戚이 성하면 나라가 망한다."

태종의 통치 철학은 비인간적이라고 말할 수 있을 만큼 냉엄하였습니다. 그는 다음 시대에 장애가 되고, 방해가 될 수 있는 인물이라면 가차없이 처단하였습니다. 자신의 그림자와 같았던 총신 이숙번李叔蕃까지 귀양형에 처한 것이 이를 입증합니다.

태종 이방원은 찬란한 세종 시대를 확실하게 열어 가기 위해 환갑도 되기 전인 52세의 젊은 나이에 왕위에서 물러나는 용단을 내렸고, 4년 동안을 상왕으로 군림하면서 지성으로 세종을 돌보았습니다. 자신의 사후까지를 염려하는 단호한 결기가 아닐 수 없습니다.

천하의 모든 악명惡名은 내가 짊어지고 갈 것이니, 주상은 오직 성군聖君의 이름을 만세에 남기도록 하라!

행간을 읽어야만 얻어지는 태종의 마음입니다.

⬛⬛⬛

《조선왕조실록》은 국보 151호로 등재되어 있고, 유네스코에서 세계기록유산으로 지정할 만큼 자랑스럽고 귀중한 문헌입니다. 그러나 조선왕조의 일들을 편년체編年體의 일기로 적은 국가 문서이기에 관찬 사료라 하고, 또 정사로 분류됩니다.

《조선왕조실록》은 해당 시대의 사관들이 적지만, 적힌 내용이 훼손되는 것을 방지하기 위해 살아 있는 임금들의 열람을 금했고, 해당 임금이 죽은 후에야 실록을 편찬하였습니다. 그렇다고 하더라도 완성하기 직전의 실록청實錄廳 당상堂上은 죽은 임금이 가장 총애했던 신하들이 맡게 됩니다. 예컨대 《세조실록》을 편찬할 때의 실록청의 당상이 신숙주와 한명회였던 사실이 이를 잘 보여 주고 있습니다. 이들 두 사람에게 주어진 가장 큰 임무는 세조를 필요 이상으로 비하하거나 폄하하는 것을 막아 내는 일이 아니겠습니까. 불의에 대해 굽힐 줄을 몰랐던 젊은 사관_{史官}이었지만, 아주 극심한 좌절이 아니라면 이 엄연한 현실(당시의)에 지나친 저항은 하지 않았던 것으로 짐작됩니다.

바로 이와 같은 현실적인 여건이 상존하고 있었기에 《세조실록》에는 애매모호한 기록이 많고, 이런 것 때문에 《조선왕조실록》이 승자의 기록으로 비판받기도 합니다.

> (전략) 임금이 이르기를,
>
> "불가하다. 옛 사람의 말에 '저들 괴수들은 섬멸할 것이로되, 협박에 못 이겨 따른 자는 다스리지 않는다' 하였고, 또 성인_{聖人}은 '너무 심한 것은 하지 않으니, 이제 만약 아울러서 법대로 처치한다면 너무 심하다' 하고, 명하여 송현수(宋玹壽, 단종의 장인)는 교형_{絞刑}에 처하고, 나머지는 아울러 논하지 말도록 하였다. 다시 영(瓔, 금성대군) 등의 금방_{禁方}을 청하니, 이를 윤허하였다. 노산군(단종)이 이를 듣고 또한 스스로 목매어 졸하니, 예로써 장사지냈다."
>
> 세조 3년 10월 21일 자 《세조실록》

강원도 영월에 유폐되었던 소년 노산군_{端宗}이 세상을 떠나던 날을 《세조실록》은 이같이 기록하고 있는데, 세조의 도량은 미화하면서도 노산군은 자결한 것으로 적고 있습니다. 소년 노산군의 최후가 어떠했는지는 알 길이 없습니다. 또 '예로써 장사지냈다'는 대목은 여러 가지 정황으로 미루어 왜곡된 것임이 후일의 기록인 《중종실록》에 나타납니다. 즉 중종으로부터 노산군의 무덤을 찾으라는 명을 받은 김안로金安老는 현지에 다녀와서 "노산군의 무덤은 여러 기의 작은 무덤 가운데 있었다."고 복명합니다. 이 복명으로 미루어 '예로써 장사지냈다'는 실록의 기록은 신빙성을 잃게 됩니다.

다행히 이 날의 일을 소상히 적은 사기록私記錄이 있습니다.

금부도사禁府都事 왕방연王邦衍이 사약을 받들고 영월에 이르러 감히 들어가지 못하고 머뭇거리고 있으니, 나장羅將이 시각이 늦어진다고 발을 굴렀다. 도사가 하는 수 없이 들어가 뜰 가운데 엎드려 있으니, 단종이 익선관과 곤룡포를 갖추고 나와서 온 까닭을 물었으나, 도사가 대답을 못하였다. 통인通引 하나가 항상 노산을 모시고 있었는데, 스스로 할 것을 자청하고 활줄에 긴 노끈을 이어서, 앉은 뒤의 창구멍으로 그 끈을 잡아당겼다. 그때 단종의 나이 17세였다. 통인은 미처 문 밖으로 나오지 못하고 아홉 구멍에서 피가 흘러 즉사하였다. 시녀와 종인從人들이 다투어 고을 동강東江에 몸을 던져 죽어서 뜬 시체가 강에 가득하였고, 이 날에 뇌우雷雨가 대작하여 지척에서도 사람과 물건을 분별할 수 없고 강렬한 바람이 나무를 뽑고 검은 안개가 공중에 꽉 끼어 밤이 지나도록 걷히지 않았다.

《병자록丙子錄》에서

위의 두 가지 기술 중에서 어느 쪽이 더 정확한지를 입증하기는 대단히 어렵습니다. 행간으로 판단해야 하기 때문입니다. 이 같은 사실은 관찬 사료가 반드시 정사라는 관례를 그대로 받아들이기 어려운 경우가 됩니다.

넓은 의미에서 역사 문학의 범주에 드는 역사 소설이나 사극 영화를 위한 시나리오를 집필하기 위해서는 역사적 사실을 적은 1차 사료를 섭렵해야 하는 것은 지극히 당연한 일이지만, 문자의 뒤에 숨어서 드러나지 않는 더 구체적인 내용은 행간을 읽어서 찾아낼 수밖에 없습니다. 그 행간을 획일적으로 야사의 범주에 포함하는 것에도 무리가 따를 수밖에 없습니다.

역사 소설이나 역사 드라마는 기본적으로 역사를 조건으로 성립합니다. 설사 어느 특정 시대가 역사가에 의하여 기술되지 않았다 하더라도 작가는 그 시대를 문학적, 혹은 예술적인 방법에 의해 훌륭히 그려 낼 수가 있습니다. 그것은 역사가 기술되지 않아도 사실로서의 역사가 존재하고 있기 때문입니다. 이런 경우의 역사 소설은 당연히 역사 기술을 대신하는 가치를 지니게 되겠지만, 만일 소설이 발표된 이후에 새로운 사실이 발굴되어 작가가 쓴 역사 소설이 사실을 왜곡할 만큼 잘못된 것으로 입증된다면 그것이 설사 예술적인 차원으로 승화되어 있는 역사 소설이라 하더라도 고증이라는 과정을 거치면서 역사 소설로의 가치를 상실하게 된다는 극단의 경우도 상정해 두지 않을 수 없습니다.

작가가 쓰는 모든 소설이나 드라마가 픽션의 범주 안에 드는 것은 너무도 당연하지만, 있었던 사건, 실존했던 인물을 다룰 때는 작가에게 주어진 절대권한이나 다름이 없는 픽션도 제한을 받게 된다는 사실에 유념해야 합니다.

고려 말의 혼란기를 드라마로 쓰게 되면, 이방원의 〈하여가何如歌〉와 정몽주의 〈단심가丹心歌〉를 교차하게 하면서 수구 세력과 개혁 세력의 갈등을 그리게 됩니다. 이 상황 안에서라면 어떤 픽션의 도입도 작가의 권한에 속합니다. 그러나 픽션이라는 권한은 작가에게 주어진 자유방임이 아니라는 사실이 픽션의 구사보다도 더 중요하다는 사실도 유념해야 합니다. 정몽주는 어떤 경우에도 56세에 죽어야 하고, 그 죽음은 반드시 선죽교善竹橋에서 조영규趙英珪가 휘두른 철퇴를 맞아야 하기 때문입니다. 이 엄연한 역사적인 사실은 작가의 픽션으로 무너뜨릴 수도 없거니와 또 무너뜨려서도 안 됩니다. 사실을 소재로 했을 때 날짜와 장소까지 창작의 대상이 될 수는 없습니다. 창작이라는 것이 아무리 자유분방한 픽션이라고 해도 일시와 장소까지 사실과 다르게 표현한다면 사실의 왜곡으로 지탄받기 때문입니다.

23일(계사) 햇무리하였다.
임금이 대제학 신숙주의 처 윤씨의 병이 위독하다는 말을 듣고,

닝하어 오빠 동부 승지 윤자운尹子雲에게 약을 가지고 가서 구료하

게 하였더니. 갑자기 부음을 듣고 임금이 놀라고 애도하여 급히

철선하게 하였다.

세조 2년 1월 23일 자《세조실록》

신숙주의 처인 윤씨의 죽음을 기록하고 있습니다. 그러나 춘원
이광수의《단종애사》나 월탄 박종화의《목매는 여자》에는 윤씨 부
인이 죽지 않은 채 살아서 등장합니다. 성삼문을 비롯한 이른바 사
육신을 문초한 '병자년의 옥사'는 같은 해 6월 2일부터 시작됩니
다. 그렇다면 신숙주의 처 윤씨는 옥사가 있기 4개월 전에 이미 죽
고 없는 사람인데도 두 소설에서는 살아 있는 사람으로 그려져 있
습니다.

윤씨는 눈을 똑바로 뜬 채 꼼짝도 하지 않고 왼 종일 서 있었던
그 자리에 가만히 서 있었다.
숙주가 아무런 기운 없이 댓돌에 막 올라설 때에 윤씨는,
"왜 영감은 죽지 않고 돌아오셔요."
하였다. 숙주의 얼굴은 벌개지었다.
그는 고개를 숙이고 입안엣 말로
"아이들 때문에……"
하고 중얼거렸다. 윤씨는 숙주의 꼴이 끝없이 더러워 보였다. 그
는 자기 남편이 절개 없는 게 픽 분하였다. 평시에 밤낮없이 충신

221

은 두 임금을 섬기지 않는다고 말하던 숙주의 입이 똥보다도 더러웠다. 그는 자기도 모르게 분함을 이기지 못하여 숙주의 얼굴에 침을 탁 뱉어 버렸다. 이 무안을 당한 숙주는 아무 말 없이 바로 사랑으로 나갔다.

그 이튿날 동이 훤하게 뜰 때이었다. 마당을 쓸러 안으로 들어갔던 하인은 높다란 누마루 대들보에 길다란 허연 무명 수건에 목을 걸고 늘어진 주인마님 윤씨 부인의 시체를 보았다.

월탄 박종화의 《목매는 여자》의 일부

역사 소설이 창작이며 픽션이라는 것은 누구도 반론할 수 없는 것이라고 앞에서 누누이 지적했지만, 그 창작과 픽션의 영역이 죽고 없는 윤씨를 살려 놓을 수는 없습니다. 이와 같은 일들이 버젓이 씌어지고 있었던 것은 집필 당시의 여건으로는 《조선왕조실록》을 열람하기 어려웠고, 사기록인 《연려실기술》 등 만을 살피면서 집필하였기 때문으로 보여집니다.

그의 부인은 영의정 윤자운의 누이였다. 공이 세종조의 팔학사에 참예하여 더욱이 성삼문과 가장 친밀하더니 병자년의 난에 성삼문 등의 옥사가 일어났다. 그날 밤 공이 집으로 돌아오니 중문이 환히 열려 있었으나 윤 부인은 보이지 않았다. 공이 방을 살펴본즉 부인이 홀로 다락 위에 올라가 물었더니 대답하기를 "당신이 평일에 성 학사 등과 형제와 다름없이 좋아 지내더니, 이제 성 학

사 등의 옥사가 있었다 하니 당신도 반드시 그들과 함께 죽을 것

이므로 통지가 있기를 기다려서 자결하기로 하였더니, 이제 당신

이 살아서 돌아온 것은 생각 밖의 일이오." 하므로 그가 무연히

부끄러워서 몸 둘 곳을 모르는 듯하였다.

《송와잡기松窩雜記》에서

그러나 《식소록》에는 정난하던 날이라 하였으나, 대체 윤씨 부인

이 병자년 정월에 죽었고, 사육신의 옥사는 4월의 일이다.

《연려실기술》에서

위에 인용한 두 가지 사료는 모두 우리나라의 대표적인 야사집인
《연려실기술》에 등재되어 있습니다. 여기서 우리는 같은 책에 실려
있는 서로 상반되는 사료가 얼마나 많은 사람들의 역사인식을 혼란
에 빠뜨렸는가를 알게 됩니다. 병자년의 옥사(사육신의 참변)와 같은
참변이 있으면 호사가들은 치미는 울분을 참지 못하며, 마음에 들
지 않는 사람(개인적인 감정에서)을 골라 호되게 매도하는 경우가 더러
있습니다. 《송와잡기》가 바로 그와 같은 예에 해당되는 까닭으로
사료의 구분과 행간 읽기는 대단히 중요합니다.

━━━━

병자호란은 조선왕조의 역사상 가장 큰 비극이 아닐 수 없습니

다. 임금(인조)이 적장 앞에 나아가 머리를 조아리며 항복 문서를 올려 오랑캐라고 천시하던 청淸나라를 상국으로 섬겨야 했고, 두 사람의 왕자와 신하들 그리고 수많은 백성들을 인질로 적국에 보내야 했던 참극이었기 때문입니다.

인조의 뒤를 이어 왕위에 올라야 할 소현세자도 빈궁 강씨와 함께 오랑캐의 수도인 심양瀋陽으로 끌려갔습니다. 물론 인질의 처지입니다. 가도 가도 끝이 없는 만주 벌판의 북쪽이어서 조선과는 비교도 안 되는 혹독한 추위에 떨어야 했고, 상상을 초월하는 청나라의 강요를 모국의 조정에 전해야 하는, 그야말로 악역의 볼모살이를 장장 9년 동안이나 계속하였던 탓으로 본국의 집권 세력에게 모함까지 받아야 했던 불운이 계속되었습니다.

명나라가 멸망하면서 청나라의 섭정왕攝政王 다이곤이 장군 오삼계吳三桂를 거느리고 북경으로 진군할 때, 그는 소현세자에게 동행을 청했습니다. 강요나 다름이 없는 청함이라 썩 내키는 일은 아니었으나, 조선에 다녀온 뒤로 우울해 있었던 소현세자는 지친 마음도 달랠 겸 새로운 문물을 접할 수 있을지도 모른다는 기대를 안고 다이곤을 따라 북경으로 가게 됩니다.

조선과도 다르고 심양과도 다른 북경의 풍물은 소현세자의 모든 관심을 일거에 끌어당기기에 부족함이 없었습니다. 명나라는 망하고 없어도 그들의 문물과 풍속은 고스란히 남아 있었고, 그중에서도 서양에서 들어온 신문물이 그를 눈뜨게 하였습니다. 소현세자가 북경에 머문 것은 고작 70여 일에 불과하였으나, 그에게 있어서는 실로 7년의 세월에 버금가는 일대 '변혁의 시간'이기도 했습니다.

소현세자는 북경에서 많은 사람들과 접촉하였습니다. 그중에서도 서양 신부이자 과학자인 아담 샬J. Adam Schall과의 교유는 그의 사상을 바꾸어 놓는 결정적인 계기가 되었습니다.

그는 아담 샬과 자주 만나면서 역법, 천문학, 천주교 등과 같은 서양 문물에 거침없이 심취해 들어가게 됩니다. 이에 부응하듯 아담 샬은 친절하고 자상하게 소현세자의 의문을 풀어 주었습니다. 그로서는 장차 조선의 임금이 될 소현세자에게 서양 문물의 깨우침과 더불어 천주교를 전파할 수 있다는, 앞날을 위해서도 긴요한 포석이라고 믿었기 때문입니다.

소현세자는 촌각을 아껴 쓰며 되도록 많은 것을 배우기 위해 힘썼습니다. 그 자신에게도 크나큰 포부가 있었을 것임은 말할 나위도 없습니다. 아담 샬은 자신이 한문으로 번역한 《천문역산서》와 여지구, 천주상 등과 같은 진귀한 서책과 물건들을 소현세자에게 선물하였습니다.

이때 소현세자가 아담 샬에게 보낸 감사의 편지는 읽는 사람들의 마음을 두근거리게 합니다.

> 귀하가 주신 천주상과 여지구與地球와 과학에 관한 서책은 얼마나 반갑고 고마운지 모르겠습니다. 즉시 그중 몇 권의 책을 읽어 보았는데, 그 속에서 정신 수양과 덕행德行을 실천하는 데 적합한 최상의 교리를 발견하였습니다. 천문학에 관한 책은 귀국하면 곧

간행하여 학자들에게 널리 알리고자 합니다. 그것들은 조선인이
서구 과학을 습득하는 데 큰 도움이 될 것입니다. 서로 멀리 떨어
진 나라에서 태어난 우리들이 이국땅에서 상봉하여 형제와 같이
서로 사랑해 왔으니 하늘이 아마 우리를 이끌어 준 것 같습니다.

아담 샬에게 보내는 소현세자의 편지

우리는 이 편지의 내용으로 미루어 서구 문물에 대한 소현세자의
관심과 흥미가 얼마나 깊었던가를 알 수 있으며, 아담 샬과의 우의
도 꽤나 깊었음을 짐작할 수 있습니다. 또 이 편지에는 구체적으로
언급되지 않았지만 천주교에 대해서도 긍정적인 생각을 가지고 있
었음을 보여 주고 있습니다.

스물다섯 살에 청나라로 잡혀가 장장 10여 년간의 볼모살이를 마
치고, 서른네 살의 연부역강한 나이가 되어 그리던 고국으로 돌아
온 소현세자는 이 나라 역사상 가장 개명하고 진보적인 임금이 될
자질을 갖추고 있었습니다.

그는 섬겨야 할 청나라의 내정을 정확하게 파악하고 있었고, 명
나라가 패망하는 시대적인 배경을 몸소 확인하였으며, 아울러 중국
에 들어와 있던 서양 문물까지 꿰뚫어 보는 안목을 갖추었기에 조
선왕조 최초의 개명하고 진보적인 임금이 될 왕재이고도 남았습니
다. 그러나 그 개명과 진보적인 사상이 자신을 비운의 왕세자가 되
게 하는 원인임을 어찌 짐작이나 했겠습니까.

타인의 쿠데타로 왕위에 옹립되어 지독한 정쟁에 시달리던 편협

하고 의심 많은 인조는 희망과 포부를 안고 귀국한 아들 소현세자에 대한 신하들의 진하進賀를 금지하였습니다. 세자의 진보적인 사고를 오랑캐의 문물에 넋을 판 파렴치로 낙인찍는 집권층의 실세들이 모함을 하고 있었기 때문입니다.

상심한 소현세자는 귀국한 지 두 달 만인 그해 4월 23일에 병상에 눕고야 맙니다. 어의는 학질이라고 진단하였으나, 투약은 하지 않고 침만 맞다가 발병한 지 이틀 만인 26일에 세상을 떠나게 됩니다.

> 세자가 병이 났는데, 어의 박군이 들어가 진맥을 해 보고는 학질로 진찰하였다. 약방이 다음 날 새벽에 리형익에게 명하여 침을 놓아서 학질의 열을 내리게 할 것을 청하니, 상이 따랐다.
>
> 인조 23년 4월 23일 자《인조실록》

《조선왕조실록》에 등재된 기사 중에서 눈여겨 살펴야 할 대목에 졸기卒記가 있습니다. 졸기는 중요 인물이 세상을 뜨면 망자의 생애와 행적을 적어서 후세에 전하는 인물평이라 할 수 있습니다. 물론 졸기도 사관들이 쓰는 까닭으로 정확을 기하려는 흔적이 곳곳에 보이고, 그 졸기에 불만이 있다면 또 다른 사관들이 쓴 졸기를 병기併記하기까지 했을 정도로 신중을 기한 흔적도 보입니다.

소현세자가 세상을 떠난 지 사흘 째 되는 날《인조실록》은 소현세자의 인품을 살피는 졸기를 등재하고 있습니다.

왕세자가 창경궁 환경당에서 죽었다.

세자는 자질이 영민하고 총명하였으나 기국과 도량은 넓지 못했다. 일찍이 정묘호란 때 호남에서 군사를 무군할 적에 대궐에 진상하는 물품을 절감하여 백성들의 고통을 제거하려고 힘썼다. 또 병자호란 때에는 부왕을 모시고 남한산성에 들어갔는데, 도적 청인들이 우리에게 세자를 인질로 삼겠다고 협박하자, 삼사가 극력 반대하였고 상도 차마 허락하지 못하였다. 그런데 세자가 즉시 지청히기를, "진실로 사직을 편안히 하고 군부를 보호할 수만 있다면 신이 어찌 그곳에 가기를 꺼려하겠습니까." 하였다. 그들에게 체포되어 서쪽으로 갈 적에는 몹시 황급한 때였지만 말과 얼굴빛이 조금도 변함이 없었고, 모시고 따르던 신하들을 대우하는 데 있어서도 은혜와 예의가 모두 지극하였으며, 무릇 질병이 있거나 곤액을 당한 사람이 있으면 그때마다 힘을 다하여 구제하였다.

그러나 세자가 심양에 있은 지 이미 오래되어서는 모든 행동을 일체 청나라 사람이 하는 대로만 따라서 하고, 전렵하는 군마 사이에 출입하다 보니 가깝게 지내는 자는 모두가 무부와 노비들이었다. 학문을 강론하는 일은 전혀 폐지하고 오직 화리貨利만을 일삼았으며, 또 토목 공사와 말이나 애완하는 것을 일삼았기 때문에 적국으로부터 비난을 받고 크게 인망을 잃었다. 이는 대체로 그때의 궁관宮官 무리 중에 혹 궁관답지 못한 자가 있어 보도하는 도리를 잃어서 그렇게 된 것이다. 세자가 10년 동안 타국에 있으면서 온갖 고생을 두루 맛보고 본국에 돌아온 지 겨우 수개월 만에 병이 들었는데, 의관들 또한 함부로 침을 놓고 약을 쓰다가 끝내 죽기에 이르렀으므로 온 나라 사람들이 슬프게 여겼다. 세자의 향년은 34세인데, 3남 3녀를 두었다.

인조 23년 4월 26일 자 《인조실록》

이 졸기의 내용을 살펴보면 당시의 집권 세력이 소현세자의 인품을 폄하하려 하였음을 알 수가 있으나, 사관의 글이므로 냉정을 기하려는 흔적도 동시에 발견할 수가 있습니다. 그러나 소현세자가 죽은 다음에도 계속된 인조의 해괴한 행태가 졸기를 쓴 사관을 얼마나 곤혹스럽게 하였는지는 사실의 행간을 읽어야만 알 수가 있습니다.

인조는 소현세자의 복제를 12일 만에 마치게 하는 등 한심한 작태를 보였고, 맏며느리인 세자빈 강씨에게까지 누명을 씌워 강제로 폐출하더니 곧 사사하였습니다. 또 세손인 석철石鐵을 비롯한 두 손자도 모두 제주도에 귀향을 보내는 등 잔혹한 저주를 계속하였습니다.

역사를 가정에 적용하여 생각하는 것은 금물입니다. 아무리 그렇더라도 소현세자의 죽음은 조선왕조가 스스로 근대화할 수 있는 절호의 기회를 상실했다는 점에서 큰 아쉬움으로 남습니다. '사실의 행간 읽기'가 역사의 재현에 큰 영향을 미칠 수 있음과 해석의 방향을 정할 수도 있음을 보여 주는 예라고 하겠습니다.

《대동야승》이라는 용어가 처음으로 기록에 나타난 것은 영·정조 시대의 저술가이자 조선근대사 연구의 선구자로 평가되는 이긍익李肯翊이 편찬한 《연려실기술별집》 제14권, 야사류에 의해서입니다. 《연려실기술》에 등재된 각 기사의 아래에는 《대동야승》에 포함된 여러 서책들이 원전의 이름 그대로 여러 곳에 걸쳐 인용되고 있어 《연려실기술》을 편찬할 때에 중요한 참고 사료를 삼았음을 알 수 있습니다.

《연려실기술》은 《대동야승》에 기재된 기록 중에서 궁중이나 왕실과 관련된 기사만을 간추려서 각 왕조별로 구분하여 재편집하고 자신의 호인 연려실燃藜室을 따서 지은 이름입니다.

그러므로 《대동야승》은 한 권의 역사 기술이 아니라, 그때까지 있어 온 많은 사람들의 개인문집을 통칭하는 총집總輯의 성격으로 파악하여야 합니다. 조선조 초기에서 인조 이전까지 250여 년 동안에 간행된 여러 사람의 저술 중 53종을 채집한 것이기 때문입니다. 보다 구체적으로 상론하자면 성현의 《용재총화慵齋叢話》, 서거정의 《필원잡기筆苑雜記》, 남효온의 《추강냉화秋江冷話》, 《사우명행록師友名行錄》, 조신의 《소문쇄록謏聞鎖錄》, 어숙권의 《패관잡기稗官雜記》, 허봉의 《해동야언海東野言》, 이이의 《석담일기石潭日記》 등 이름만 들어도 당대의 명사들이 쓴 수상집임을 알 수가 있습니다.

성현, 서거정, 어숙권, 정철, 윤두수와 같은 면면들은 조정의 고위 관직에 몸담고 있으면서도 명망을 잃지 않았던 사람들이었으므로 터무니없는 이야기들을 써서 남겼을 리가 없습니다. 성현이 쓴 《용재총화》만 보더라도 왕실의 법도나 풍속은 말할 것도 없고, 공식 문서에 적기 어려운 역사, 지리, 풍속 등을 세세히 적으면서 '버려두기 아까워서……' 적게 되었다는 소회까지 밝히고 있음을 보게 됩니다.

궁중에서 아기를 낳으면 권초지례捲草之禮라는 것이 있다. 왕자가 탄생한 날 쑥으로 꼰 새끼를 산실의 문병門扉 위에 걸어 놓는다. 대신 중에서 아들이 많고 재난이 없는 자에게 명령하여 사흘 동안 소격전에서 치제하게 한다. 상의원에서는 오색채단을 각각 한 필씩 올리며, 아들인 경우에는 복두, 도포, 홀忽, 오화五靴, 금대를, 딸인 경우에는 비녀, 잠, 배자, 신발 등의 물건을 노군의 앞에 벌여 놓고 아기의 무궁한 복을 기원한다. 밤중이 되어 제사를 마치면 헌관이 길복을 입고, 사람을 시켜 포단을 메고 관복 차림으로 앞에서 인도하게 하여 대궐에 들어간다. 산실의 문 밖에 이르러서 탁자 위에 진열하고 분향 재배한다. (중략) 갑인년 봄에 원자(임금의 적장자)가 탄생하였을 때에 내가 헌관이 되어 이 일을 봉행하였다.

《용재총화》 제1권에서

이런 내용이라면 당연히 정부의 공식 문건에 기록되어 후세에 전해져야 하지만, 사실의 기록이라는 것이 아주 세세한 것까지 미치지 못하는 단점이 있습니다. 위에 인용된 부분은 성현이 자신의 체험담을 적으면서도 왕실의 풍속을 아주 정확히 적은 예가 되겠지만, 이 경우도 개인의 문집에 적혔다 하여 일률적으로 야사로 분류하는 것이 얼마나 위험한 것인지 잘 보여 주는 예라 하겠습니다.

이긍익이 총집한 《대동야승》 이후에도 개인의 문집은 수없이 간행되었고, 자신이 살았던 시대를 소상히 적은 일기를 남기는 경우도 허다합니다. 개인의 일기류에도 이른바 정사의 기록에 버금가는 중요한 내용을 담고 있는 경우도 얼마든지 있습니다.

영 · 정조 시대를 풍미했던 명신이자 학덕을 두루 갖춘 영의정이었던 채제공蔡濟恭이 남긴 규장각에 관한 기록도 읽어 볼만 합니다.

> 규장각 동북쪽인 작은 언덕에 정자가 하나 있다. 대나무가 있기 때문에 그 이름을 불운정拂雲亭이라고 하고, 활 쏘는 것을 보기 위한 곳이다. 지금 임금께서 새로 즉위하시어 규장각을 세우도록 명령하고, 열조의 어제와 천하의 기이한 서적을 구해다가 가득 채웠으니 그 성대하고 찬란하게 빛남이 더할 수 없다.
>
> 그러나 문에만 치우칠 수는 없다. 이에 유사에게 명령하여 사장射場을 마련하고 포장과 과녁을 법식대로 세웠으니 정자에서 죄다 내려다보인다.
>
> 《번암집》에서

정유년 봄에 규장각이 낙성되었을 때, 임금이 불운정에 납시어 근신들에게 활을 쏘라고 명령하였다. 나의 직임은 그때 병조판서였다. 불러서 앞에 나오게 하고 함께 활 쏠 것을 명령하였다. 내가 쏜 살은 돌며돌며 낮게 떠서 과녁 있는 데까지 반도 못 가서 떨어졌다. 이렇게 하기를 여러 번 하니 임금이 묵묵히 물러가라고 명령하였다.

위와 같은 책에서

재미있고 유익한 기록이 아닐 수 없습니다. 한 나라의 국방을 책임진 병조판서가 활을 쏘았는데 '내가 쏜 살이 돌며돌며 낮게 떠서 과녁 있는 데까지 반도 못 가서 떨어졌다'라는 대목이 무엇을 의미합니까. 문치文治를 으뜸으로 하는 조선조의 병조판서는 학문만 숭상할 뿐 활을 쏠 줄 몰라도 기용되었다는 사실을 입증하는 것입니다. 따라서 임진왜란과 같은 국란을 당하고서도 문신 이항복이 병조판서의 대임을 맡고 있었다는 사실과도 연계되기도 합니다.

2월 1일, 비장 이기성이 원시遠視 안경을 사기 위해 유리창琉璃廠에 갔다가 우연히 두 선비를 만났는데 그들은 용모가 단아하고 문인다운 기품을 지녔다. 두 사람은 모두 안경을 쓰고 있었는데, 필시 근시안近視眼인 것 같았다.

홍대용의 《건정동필담》 상권에서

황성 및 저자 길가 곳곳에서 연극演劇을 벌인다.

박제가 《북학의》에서

조선 후기 북학파 실학의 대가인 홍대용은 현금玄琴에도 일가를 이루고 있었습니다. 그는 집을 나설 때면 언제나 거문고를 메고 다녔다는 기록이 있을 정도입니다. 그러므로 홍대용이 연행(燕行. 북경에 가는 일)을 할 때도 거문고를 메고 갔을 것이 분명합니다. 비운의 생애를 마친 소현세자의 영향인가, 홍대용도 언암 박지원도 모두 연경의 남성당(아담 살이 있던 곳)에 들려 파이프 오르간을 보고 왔음을 적어서 남기고 있습니다.

당시 조선의 지식인들은 귀한 서적과 골동품을 찾기 위해서는 북경 중심가에 있는 유리창琉璃廠을 즐겨 찾았습니다. 이들의 일기나 수상을 읽으면 당시 사용하던 용어를 살필 수 있습니다.

'근시', '원시', '연극'과 같은 용어들이 일본에서 들어온 신용어가 아니고, 정조 시대에 이미 사용되고 있었다는 사실이 역사 기술이 아닌 개인의 문집에서 찾아진다는 사실은 관찬官撰이 정사여서 믿을 만하고, 사찬私撰이 야사여서 믿을 바가 못 된다는 일률적인 잣대가 얼마나 위험한가를 잘 보여 주고 있습니다.

우리나라는 동서로 천 리이고 남북으로는 동서의 세 배나 된다. 서울은 그 한복판에 있기 때문에 사방에서 모여드는 물자의 오는 거리는 가로로는 500리에 불과하고 세로로는 천 리에 불과하다.

또 삼면이 바다로 둘러싸여 있으므로 바다에 가까운 곳은 각기 배로 통행한다면 육지 위에서만 통상하는 자는 서울까지는 멀어도 5, 6일에 불과한 것이고, 가까우면 2, 3일밖에 걸리지 않을 것이다.

그리고 한쪽 가에서 서쪽 끝까지 간다 해도 날짜가 곱이 걸릴 정도일 것이다. 유만劉曼이 걸음 잘 걷는 자를 각 처에 배치하듯 한다면 사방 모든 물가의 높고 낮은 것을 며칠 안에 고르게 할 수 있을 것이다.

그러나 두메산골에서는 돌배를 담가서 신맛을 메주 대용으로 쓰는 자가 있으며, 또 새우젓이나 조개젓을 보고는 이상한 물건이라 하니 그 가난함이 이와 같음은 어째서인가.

단언하건데 그것은 수레가 없는 까닭이라고 할 수가 있다.

박제가 《북학의》에서

'……단언하건데 그것은 수레가 없는 까닭이라고 할 수가 있다'에 포함된 행간을 읽으면 '신작로'라는 말을 연상하게 합니다. 수레가 없었다는 것은 길이 없다는 말과 같기 때문입니다. 박제가가 살았던 시대는 불과 250여 년 전입니다. 그때 수레가 없었다면 그 이전의 시대를 다루는 역사 소설에 등장하는 우마차라는 말이나, 사극 영화나 역사 드라마에 동원되는 우마차의 모양새와 쓰임을 어떤 수준까지 가야 하는지 단초가 성사로 분류되는 관찬 사료가 아니라 사기록에서 야기된다는 사실도 행간 읽기의 폭이 얼마나 넓은가를 잘 보여 주는 예라 하겠습니다.

역사가와 역사 문학가의 기술에서 공통적인 것은 어느 것도 '무'에서 '유'를 창조해 내는 것이 아니라 이미 있어 온 '사실'을 재구성한다는 점입니다. 그러므로 역사 문학은 그것을 재창조하는 작가의 사관적 고백이라는 말이 성립됩니다. 바로 이 '사실의 재구성'은 역사 문학가에게 주어진 가장 큰 권력이면서도 동시에 이로 인해 역사 소설이 역사를 왜곡한다는 오해나 비난을 받게 되는 함정이기도 합니다.

버터와 계란 그리고 샐러드와 파슬리가 곧 오믈렛은 아니다.

리톤 스트라치의 이 말은 역사와 역사 문학의 성립을 함축성 있게 시사하고 있습니다. 그의 말을 보다 구체적으로 설명한다면 버터와 계란 그리고 샐러드와 파슬리는 '역사적 사실', 즉 '사실'을 말하는 것이며, 오믈렛은 재창조된 역사 문학에 해당됩니다.

맛있고 영양가 높은 오믈렛을 만들기 위해서는 요리사에게도 여러 상황의 행간 읽기가 필요합니다. 버터와 계란의 생산지와 신선도를 확인하는 일, 샐러드와 파슬리에 대한 정확한 정보는 물건에 부착된 정보에만 의지할 수가 없습니다. 물건에 부착된 정보는 생산하는 사람들의 주관적인 의지를 표시하고 있습니다. 따라서 요리사는 그 정보의 행간을 읽을 줄 알아야 신선도와 영양가가 높은 재료를 화보할 수 있습니다. 이 행간 읽기의 수준에 의해서 완성된 오믈렛의 품가가 정해집니다.

역사적 사실은 정사라 하여 신뢰성이 높고 야사라 하여 신뢰성이 떨어진다는 일반적인 인식은 정론으로 성립될 수가 없습니다. 역사가의 기술이 지나간 사실을 그대로 적으면서 현실의 관점으로 주註를 다는 것과 같은 것이라면, 역사 문학에 포함되는 사극 영화 혹은 역사 드라마 작가는 현실의 관점에서 역사에 주를 달아 주는 것과 흡사합니다. 그러므로 넓은 의미에서 역사 문학의 영역은 사실과 사실 사이의 빈칸을 살피는 행간을 읽어야 되지만, 그것이 그대로 역사를 만들어 가는 창작의 공간이 될 수는 없습니다.

역사의 행간 읽기는 어떤 경우에도 문자로 기록된 사실과 사실 사이에 놓여 진 빈칸에서 찾아지는 역사의 상징성을 구체화하는 일이 되어야 할 것입니다.

중화사상과
우리의 정체성

2008년 8월 8일 8시, 13억 중국인들에게 재수 좋은 숫자로 인식되어 온 '8'자가 네 번 겹치는 시간에 맞추어 베이징 올림픽의 팡파르가 울렸습니다. 비록 작은 텔레비전 화면이었지만, 장중하면서도 화려한 중국 문화에 압도되고 말았던 기억이 아직도 생생합니다.

베를린 영화제에서 작품상을 수상한 〈붉은 수수밭〉과 1991년 베니스 영화제에서 감독상을 수상한 〈홍등〉으로 일약 세계적인 명성을 얻은 장이머우張藝謀 감독의 연출로 진행된 개막 공연은 5000년 황허黃河 문명을 자랑스럽게 펼쳐 내기 위해 무려 1억 달러라는 천문학적인 제작비를 투입하여 한 편의 장엄한 서사시敍事詩를 엮어 내는 데 성공하였습니다.

공자의 3천여 제자가 죽간竹簡을 펼쳐 들면서 제지製紙, 활자活字, 인쇄술印刷術, 화약(火藥, 불꽃놀이) 등의 4대 발명품이 과시되고, 희곡戱曲, 예악禮樂, 실크로드 등으로 이어집니다. 중국 문명의 찬란했던 과거와 번창하는 현재 그리고 양양한 미래를 상징하듯 용틀임치는 수퍼 차이나의 자부심이 역동감에 실려 장관을 이룹니다.

표면적으로는 '하나의 세계, 하나의 꿈同一個世界, 同一個夢想'이란 구호를 내세우고 있었지만, 소위 '중화中華'라고 일컬어지는 중국인들의 자부심이 살아서 꿈틀거리는 장관이 아닐 수 없었습니다.

이른바 중국 문화를 포괄하는 중화라는 말에는 여러 지역의 문화를 아우르는 중심문화中心文化라는 뜻을 내포하기도 하지만, 글자대로 '가운데 핀 꽃'이라는 의미의 '중화'는 은연중에 주변 지역의 문화를 인정하지 않겠다는 오만도 담겨 있습니다. 후진타오胡錦濤 국가 주석이 외국 매체들과의 인터뷰에서 "이번 올림픽의 성과는 정신적인 것이 될 것"이라고 천명한 것도 따지고 보면 같은 맥락이 아닐까 합니다.

오늘의 중국을 만들기 위해 정신적인 기초를 놓았던 주룽지 총리와 선봉에서 당과 정부를 이끌었던 장쩌민 주석 그리고 지금도 중국의 세계화를 위해 물불을 가리지 않는 후진타오 주석, 이들 지도자들이 똑같이 외치고 부르짖는 말이 있습니다.

"강희제康熙帝를 배우자!"

왜 이들이 새삼스럽게 강희제를 배우고자 하겠습니까. 세계 최강의 중국을 열망하기 때문입니다. 그 중심이 중화사상입니다.

중국인들은 스스로 중화라고 자처하면서 주변국을 모두 속방屬邦으로 비하하였기에 저들의 임금은 언제나 천자(天子, 朕)가 되었고, 속방의 임금은 제후諸侯로 얕잡아 보았습니다. 그러므로 조선의 임금들은 스스로 '모자라는 사람寡人'으로 자처할 수밖에 없었습니다.

뿐만이 아닙니다. 조선의 임금이나 왕비가 바뀌어도 저들에게 먼저 고하여 허락을 받아야 했고, 명절이 되면 수많은 공물을 상납하기 위한 동지사冬至使와 하정사賀正使를 보내야 했으며, 저들의 사신이라도 오는 날이면 온 나라가 가무러칠 정도로 몸을 떨며 굽실거리지 않고서는 견디어 낼 수가 없었습니다. 그러면서도 일 년에 200여 명씩의 처녀를 공녀貢女라는 이름으로 상납해야 하는 치욕을 상기하면 억울하고 분통 터지는 참담함은 감당할 길이 없었습니다.

지난 1천여 년의 흐름이 그러했던 것은 우리 민족에게는 치욕의 역사일 수밖에 없었습니다.

━━━

1200년이면 고려 시대의 신종 3년입니다. 이 무렵 중앙아시아 대륙에서는 테무친鐵木眞이라는 영웅이 몽골 족을 통일, 1206년(희종 2) 칭기즈 칸成吉思汗이라 칭하고, 몽골 제국을 형성하여 정복 왕조로서의 위엄을 세우면서 유목적 봉건 제도를 확립하여 나갑니다.

몽골 제국은 동서양의 각국을 제압하면서 유럽까지 진출하는 등 세계 최강의 제국을 건설한 다음 다시 남하하여 금金나라를 공격하기 시작합니다. 글안족은 금나라 유민을 융합하여 대요국大遼國을 세우고, 다시 여진족과 화합하면서 재기의 기회를 노렸으나, 원군에 쫓기게 되면서 내부적인 분열을 안고 마침내 1217년 고려의 국경을 넘어 왔습니다.

이에 몽골 제국은 동진東眞과 동맹, 도주하는 금나라를 소탕하기 위해 역시 고려의 국경을 넘게 됩니다. 고려도 군사를 동원하여 국경을 넘어 온 금나라의 병사들을 공략합니다. 금나라의 패잔병들은 몽골 군과 고려군에 쫓기면서 강동성江東城에서 궤멸됩니다.

이를 계기로 몽골 제국은 마치 고려에 큰 은혜라도 베푼 듯 협약 체결을 강요하고 나옵니다. 그 결과 몽골 제국은 해마다 고려에 대해 과중한 세공을 요구하는 한편, 몽골의 사신들을 고려에 보내 오만하고 방자한 만행을 자행하기에 이릅니다. 이에 고려는 알게 모르게 몽골 제국을 적대시할 수밖에 없었습니다.

이 같은 항몽의 분위기가 고조되는 가운데, 1225년(고종 12) 1월 몽골의 사신인 저고여著古與가 고려와의 강화회담을 마치고 귀국하는 도중 국경 지역에서 살해되는 사건이 발생하였습니다. 몽골 제국은 이를 고려의 소행이라 하였고, 고려는 국경을 넘어 온 금나라 유민들의 소행이라고 떠넘김으로써 양국의 관계는 급속히 악화되면서 국교 단절까지 이르게 되었습니다.

이를 기화로 몽골 제국은 고려 침공을 단행합니다. 28년간 일곱 차례에 걸친 몽골 군의 침공을 역사는 '몽골의 입구入寇'라고 적고 있습니다. 참으로 지루하고, 견디기 힘든 수난의 역사는 이렇게 시작되었습니다.

제1차 침입(1231)

칭기즈 칸의 대를 이은 오고타이는 1231년(고종 18), 장군 살례탑撒禮塔에게 별군을 주어 8월에 압록강을 건너 의주, 철주 등을 유린하면서 파죽지세로 남하하였습니다. 고려군은 이를 맞아 귀주龜州, 자주慈州, 서경西京 등에서 몽골 군을 크게 무찌르기도 하였으나, 중과부적으로 전세는 불리하게 전개되어 갔습니다.

급기야 몽골 군이 개경을 포위하게 되자, 고종은 도리 없이 살례탑이 보낸 권항사勸降使를 접견하고 왕족인 회안공淮安公 정涏을 적진에 보내 굴욕적인 강화를 맺게 되었습니다. 그 결과 싸움은 일단 중지되었고, 몽골 군은 다음 해 1월 군사를 철수하였습니다.

제2차 침입(1232)

고려는 비록 몽골 군과 강화는 하였으나 이는 고려의 본의가 아니었고, 또 앞으로도 몽골 제국의 태도를 알 수 없어 무신정권武臣政權의 집권자인 최이崔怡는 재신들의 뜻을 모아 강화도로 천도를 결정, 1232년(고종 19) 6월에 수도를 개경에서 강도(江都, 강화도)로 옮겨가게 됩니다. 물론 장기 항전의 태세를 갖추기 위해서였습니다.

고려의 천도를 몽골 제국에 대한 적의를 보인 것으로 판단한 몽골은 7개월 만에 살례탑으로 하여금 대군을 이끌게 하여 고려를 다시 침공하게 하였습니다. 몽골 군은 서경(西京, 평양)의 반적叛賊인 홍복원洪福源을 앞세워 순식간에 개경을 함락하고, 다시 남진하여 남경(南京, 서울)을 공격하였으며 이어 한강을 건너 그 남쪽까지 진격하였습니다. 그러나 해전에 경험이 없는 몽골 군은 눈앞을 가로막은 물살(강화해협)을 바라만 볼 뿐, 고려의 왕실과 조정이 있는 강화도를 공략할 수가 없었습니다. 이에 몽골 군은 강화도에 있는 고려 조정에 사신을 보내 항복을 강요하기에 이릅니다만 고려는 이에 응하지 않았습니다. 이에 격노한 살례탑은 다시 남하하여 처인성(處仁城, 용인)을 공격하던 중에 고려의 장수 김윤후金允候가 쏜 화살에 맞아 목숨을 잃고 말았습니다. 대장을 잃은 몽골 군은 전의를 상실하고 철수하게 되었지만, 이때 부인사符仁寺에 소장되어 있던 〈팔만대장경〉의 초조판본初彫板本이 소실되는 큰 피해를 입었습니다.

한편 몽골 군의 철수에 기세를 올린 집정관 최이는 북계병마사北界兵馬使 민희閔曦에게 가병 3,000명을 주어 앞서 반역한 홍복원을 토벌하여 그 가족을 사로잡으면서 북부의 모든 주현州縣을 회복하였습니다.

제3차 침입(1235)

1235년(고종 22) 몽골 군은 남송南宋을 공격하는 와중에서도 따로 당울대에게 대군을 주어 다시 고려를 침공하게 하였습니다. 몽골 군은 개주(介州, 介川), 온수(溫水, 溫陽), 죽주(竹州, 竹山), 대흥(大興, 禮山) 등지에서 큰 손실을 입으면서도 무려 4년간에 걸쳐 고려의 전국 각지를 휩쓸며 약탈을 자행하였습니다. 저 유명한 황룡사黃龍寺 9층탑이 소실된 것도 이때의 일입니다.

비록 몽골 군이 전국토를 초토화하였으나, 해전에 능하지 못했던 까닭으로 염하(鹽河, 강화해협 건너에 있는 강화도)는 공략할 수가 없었습니다. 고려 조정은 강화도에 머물면서 부처의 힘을 빌려서라도 몽골 군을 퇴치하겠다는 염원으로 대장경大藏經의 재조再彫에 착수하게 됩니다. 그러면서도 육지에 있는 백성들의 고초를 생각하여 1238년(고종 25) 겨울, 김보정金寶鼎 등을 저진에 보내 강화를 제의하게 됩니다. 이에 몽골 군은 고려 왕의 입조入朝를 조건으로 이듬해 봄에 철수를 시작하였습니다.

그 후에도 고려는 약속을 이행치 않다가 몽골 제국의 채근을 받고서야 왕족 신안공新安公 전佺을 왕제王弟라 속여 대신 몽골에 보냈고, 다시 1241년(고종 28)에는 신안공의 종형인 영녕공永寧公 준綧을 왕자로 가장하여 몽골에 인질로 보내게 됩니다.

제4차 침입(1251)

몽골 제국은 태종에 이어 귀유(貴由, 定宗)가 즉위하면서 장수 아모간阿母侃에게 대병을 주어 다시 고려를 공략하게 하였습니다. 고려의 임금은 조속히 강화도에서 나와 몽골 제국에 와서 예를 올리라는 조건이었습니다.

이때 몽골 제국은 정종이 죽고 후계자 문제로 분규가 생겨 한때 철군하기도 하였으나, 헌종憲宗이 즉위하자 1251년(고종 38) 야굴也窟

을 신봉으로 다시 고려로 쳐들어왔습니다.

그러나 고려는 항몽 사상을 더욱 굳건히 하며 개경 일원을 사력을 다해 방어하게 되자, 몽골 군은 방향을 바꾸어 동주(철원), 춘주(춘천), 양근(양주), 양주(양양) 등을 공격한 다음 충주성에 이르게 됩니다. 이 무렵 야굴은 병을 이유로 귀국하게 되었는데, 도중에 개경에서 고려군에게 완전 철수 요구를 받으면서 타협적인 태도를 보였습니다.

이에 고종은 강도를 나와 승천부에서 야굴의 사신과 만나기도 하였고, 70여 일에 걸친 충주성 싸움도 치열한 공방전 끝에 몽골 군이 불리하게 되자 철군을 선언하였습니다. 그러나 북부 지방에 있던 몽골 군은 이를 완강하게 거부하면서 전투를 재개하고 나섰습니다. 궁지에 몰린 고려는 다시 왕자 안경공 창을 몽골에 보내어 항복의 뜻을 전하는 것으로 몽골 군의 완전한 철병을 이끌어내는 데 성공하였습니다.

제5차 침입(1254)

그러나 몽골 제국의 헌종은 왕자의 입조만으로 만족치 아니하고, 다시 국왕의 출륙과 입조를 강력히 요구하면서, 1254년(고종 41) 7월 차라대車羅大를 정동원수로 삼아 대군을 이끌고 다시 고려를 침공하였습니다. 차라대는 고려 각처를 휩쓸면서 계속 남하하여 충주성과 상주산성을 공격하였으나 함락시키진 못했습니다.

전투가 지지부진하자 헌종은 철군을 명하게 됩니다. 비록 큰 성과 없이 철군하는 것으로 보였으나, 이 침공으로 고려가 입은 피해는 막중하여,《고려사高麗史》에도 포로가 20만 6천 8백 명, 사상자는 부지기수라고 적었을 정도였습니다.

제6차 침입(1255)

다음 해 몽골 제국은 또다시 차라대를 대장으로 삼고, 인질로 갔던 영년공과 홍복원을 대동케 하여 대거 침입, 갑곶대안(甲串對岸, 지금의 통진)에 집결하여 강도에 돌입할 기세였습니다. 마침 지난해에 몽골에 갔던 김수강金守剛이 헌종을 설득하는 데 성공하여 몽골 제국은 고려에서 철군하였습니다.

제7차 침입(1257)

그러나 헌종을 설득한 것은 일시적인 미봉책에 불과하였습니다. 게다가 1257년(고종 44)에 이르러 고려가 해마다 몽골에 보내던 세공을 중지하자 이에 격노한 헌종은 또다시 차라대에게 대군을 주어 고려를 침공하게 하였습니다. 고려 조정은 재차 김수강을 철병교섭 사신으로 몽골에 파견, 헌종을 알현케 하여 허락을 얻으니 몽골은 다시 고종의 출륙과 입조를 조건으로 일단 군병을 북으로 후퇴시켜 고려의 태도와 동정을 살피게 됩니다.

이렇게 28년간 7차에 걸친 몽골 제국의 침공으로 고려는 인명·재산·문화재 등의 막중한 피해를 입으면서 국토는 초토화되었고,

성한 부녀자가 없었다는 참담한 기록도 있습니다. 백성들의 살림은 도탄에 빠져들 수밖에 없었습니다.

이 무렵 무신정권의 마지막 집권자였던 최의崔竩가 김준金俊에 의해 피살되자 몽골 제국에 대한 항쟁은 강화講和 쪽으로 급격히 기울게 됩니다.

1259년(고종 46) 고려는 왕의 출륙과 입조를 다시 약속하고, 태자 전(倎. 후일의 원종) 등 40여 명을 인질로 보내는 한편, 강화도에 축성했던 성들을 헐어버림으로써 고려는 28년간의 항쟁 끝에 결국 몽골 제국에 굴복하고야 맙니다.

그러나 고종은 끝내 몽골 제국에 입조하지 않은 채, 강화도의 궁성이 헐리는 6월에 파란 많은 일생에 종지부를 찍자, 몽골에 인질로 갔던 태자가 귀국하여 왕위를 이으니 이분이 고려왕조 스물네 번째 임금인 원종元宗입니다.

━━━

몽골에서 돌아와 고려의 왕위에 오른 원종은 즉위하던 이듬해에 자신을 대신한 태자 심(諶. 후일의 충렬왕)을 다시 원나라에 인질로 보냄으로써 고려 태자의 인질을 상례화하는 비극을 자초하게 됩니다. 이로부터 고려의 왕태자는 대대로 원나라에 인질로 가 그곳 여성과 강제결혼을 하게 되었고, 고국의 왕이 세상을 떠나 왕위를 승계할 때까지 원나라에 머무르게 됩니다.

1264년, 원나라의 강압적인 요구를 뿌리치지 못한 원종은 몸소 연경(燕京. 지금의 베이징)으로 가 쿠빌라이 칸(世祖)을 알현함으로써 수치스럽게도 이 땅에서 최초로 중국 황제를 알현한 왕이 되었습니다.

그러함에도 원종은 개경에 궁궐을 새로 짓고 있다는 핑계로 강화도에서 출륙하지 않다가 1270년에서야 개경으로 환도하게 됩니다. 이를 전후하여 무신들을 중심으로 한 반원세력(反元勢力)들은 한때 원종을 폐위하고자 했고, 동조 세력인 삼별초군(三別抄軍)은 대원항쟁(對元抗爭)을 1274년까지 계속하는 등 고려 일각에서는 오랫동안 원나라에 대한 강한 적대의지를 보였습니다.

고려는 원종 이후, 충렬왕(忠烈王), 충선왕(忠宣王), 충숙왕(忠肅王), 충혜왕(忠惠王), 충목왕(忠穆王), 충정왕(忠定王) 및 공민왕(恭愍王)에 이르는 약 1세기 동안 원나라의 여인으로 왕비를 맞았던 탓으로 원나라로부터 정치적 간섭을 받아 자주성을 잃게 되었고, 왕실은 원나라의 부마국(駙馬國)이 됨으로써 왕통이 혼혈화(混血化)되었습니다. 중앙의 정치 제도는 언제나 그들의 간섭에 의해 수시로 큰 변란을 겪을 수밖에 없었습니다.

또 함경도 서북면에는 쌍성총관부(雙城摠管府), 평양에는 동녕부(東寧府)를 두어 황해도의 자비령(慈悲嶺)을 두 나라의 국경으로 삼는 등 국토를 유린당하기까지 하였습니다. 또 원나라는 1274년(원종 15)과 1281년(충렬왕 7)의 두 차례에 걸쳐 고려를 강압하여 일본을 정벌하려다가 실패함으로써 고려에게는 극심한 국력 손실을 입게 하였습니다.

원나라가 쇠퇴할 시기에 인질로 갔다가 돌아와 즉위한 공민왕은 몽골 여인 노국공주魯國公主와 함께 고려에 남아 있는 원나라의 잔재를 없애기 위해 자신의 몽골식 머리를 스스로 잘라내고, 원나라 순제황후奇皇后의 오라비 기철奇轍을 제거하는 한편, 동북면에 군사를 보내 쌍성총관부를 몰아냄으로써 실지를 회복하는 등 원나라의 예속에서 벗어나려는 몸부림을 치기도 하였습니다.

원나라 지배하의 고려는 문화적으로는 문물과 인물의 교류가 잦아 복식을 비롯한 생활양식 등에 이른바 몽골풍이 유행하는 등 많은 변화를 가져오기도 하였고, 그 유풍은 조선 초기까지 이어졌습니다.

원나라 말기에 이르러 총화 정책의 파탄이 야기되면서 귀족들의 권력 찬탈이 반복되는 등 정치 기강이 문란해집니다. 그 밖에도 황허 강이 범람하는 등 천재까지 겹치게 되자, 하남河南에서 시작된 농민들의 폭동이 전국으로 번져 가기에 이릅니다.

마침내 1351년 유복통이 이끄는 백련교도들이 '홍건적의 난'을 일으키자 다른 지역에서도 반란이 잇따르게 됩니다. 홍건적은 중국 각지를 휩쓸었고 심지어 고려까지 침략하는 등 기승을 부렸으나, 국력이 쇠퇴하면서도 만만치 않은 원나라 군사들에 의해 궤멸될 위기에 처하게 되었고, 끝내 다른 반란군의 무리인 장사성의 군대에 패퇴하고 맙니다. 그리고 역시 다른 반란군인 곽자흥의 부장인 주원장(朱元璋. 후일의 홍무제)이 홍건적의 마지막 두령인 한림아를 제거함으로써 홍건적은 완전히 소탕됩니다.

홍건적 이외에도 장사성, 곽자흥, 주원장(곽자흥 군으로부터 독립), 서수휘, 진우량(1360년 서수휘를 죽임), 방국진 등이 반란을 일으키게 되자 원나라는 이들을 진압할 수 없는 지경에 이르게 됩니다. 원나라가 안간힘을 다해 각지의 반란군을 토벌하는 와중에도 여러 반란 세력끼리의 싸움이 계속되더니 마침내 주원장이 모든 반란 세력을 제압하고 원나라 토벌에 나섭니다.

주원장은 장사성의 세력을 제거한 후 원나라로 진격할 북벌군을 편성하고 남경南京에서 스스로 황제皇帝의 자리에 오릅니다. 이때가 1368년 명明나라의 탄생입니다.

명나라군이 북상하고 있는 상황에서도 원나라 조정에서는 내분에 급급하여 반란군에 제대로 대처하지를 못했고, 내분이 끝났을 때는 이미 늦어 있었습니다. 그나마 반란군 진압에 혁혁한 공을 세운 쿠쿠테무르 같은 원나라의 유능한 무장도 더 이상 명군과 대적할 수 없는 지경에 이르게 됩니다. 이에 원나라 마지막 황제인 순제順帝는 북쪽으로 몽진에 나섰으나 응창부에서 죽고, 곧바로 명군이 응창부를 유린하면서 원의 황족을 모두 포로로 잡았습니다. 다만 황태자 아유르 시리타라昭宗만이 약간의 기병들에게 호위되어 북쪽으로 도망치는 데 성공하여 명목뿐인 북원北元을 세웠으나, 얼마 가지 못해 멸망의 길로 가야 했습니다. 이로써 중국 왕조로서의 원나라는 세조 쿠빌라이 칸 이래 열한 번째 황제인 순제까지 110년을 이어 가다 1370년에 멸망하였습니다.

공교롭게도 주원장이 원나라를 쓰러뜨리고 명나라를 세울 무렵, 고려의 무장 이성계도 역성 혁명에 성공하여 조선왕조를 창업하게 됩니다. 명나라와 원나라가 별개의 나라이듯 조선과 고려도 별개의 나라가 분명한데도 명나라는 조선에 대해 원나라에 대한 조공 의무를 그대로 계속할 것을 강요하고 나섭니다.

비록 조선왕조의 창업 이념이 '친명배원親明背元'이라고 하더라도 나라의 기반이 아직 다져지지 않은 때여서 이성계는 이를 거부할 수가 없었습니다. 명나라가 글안 유민이나 고려 유민들을 부추겨서 무력 봉기를 하게 할 수도 있기 때문입니다. 게다가 명나라의 예부禮部가 교활하게도 그들의 국가 문서에 태조 이성계가 '고려의 역신 이제현의 아들'이라고 적어 놓게 되자, 이를 고치기 위해서도 명나라를 적대시할 수가 없게 됩니다.

조선왕조가 일 년에 네 번씩 명나라에 하례사賀禮使를 보내는 것은 힘없는 나라의 설움이랄 수밖에 달리 설명할 길이 없습니다. 조선을 대하는 명나라의 오만은 잔혹하기까지 하였습니다. 조선에서 명나라에 사신을 보내는 만큼 명나라도 조선에 사신을 파견하게 됩니다. 착취를 하기 위한 수단이기도 했습니다.

명나라는 시도 때도 없이 조선에 사신을 보냈습니다. 조선의 목을 조이고 착취하기 위해서는 조선을 잘 아는 사람과 동행하지 않으면 안 됩니다. 그러므로 명나라에서는 조선에 보내는 사신의 우두머리를 조선인으로 삼을 때도 있었으며, 또 조선에 원한이 있는 사람이면 아주 제격이라고 생각하기도 했습니다. 그 대표적인 인물이 정동鄭同이라는 내시內侍입니다.

정동은 황해도 신천信川 사람입니다. 그가 중국의 사신이 되어 북경을 떠났다는 소식이 전해지면 조선 조정은 먼저 신천에 있는 그의 집부터 수리하게 하였습니다. 그리고 그가 평양을 떠나 대동강을 건넜다는 소식에 접하면 조선 조정은 신천에 사는 그의 피붙이들에게 벼슬을 가자(加資. 벼슬을 올리는 일)하느라 법석을 떨어야 했고, 그가 개성을 지나면 그의 처족妻族들까지 가자를 하였다는 기록이 《조선왕조실록》에 소상하게 적혀 있습니다.

그런 예우를 받으면서 입경한 정동은 조정의 중신들을 정말로 못 살게 굴었습니다. 200명이나 되는 공녀를 점고하면서 영의정과 판서의 딸이 없다고 호통을 치자 딸이 있는 정승과 판서들은 눈물을 머금고 그 자리에 딸을 데려왔다는 기록이 있을 정도입니다.

뿐만 아닙니다. 정동이 고향을 방문하는 날에는 승지나 판서를 동행하게 하여 그의 시중을 들게 하였고, 제 아비의 묘비가 낡았다 하여 노발대발하면 조선 조정은 가장 좋은 돌로 묘비를 조각하여 다시 세워 줄 수밖에 없었습니다. 이 기막힌 사연들을 지난 시대의 불행이었다고 치부해서는 안 됩니다.

명나라가 망하고 청나라가 개국되었어도 조선에 대한 박해는 달라지지 않았습니다. 원나라가 몽골 족이라면 청나라는 여진족입니다. 종족이 다른 핏줄들도 중원을 다스리게 되면 중화를 정체성으로 삼았습니다. 그들과 육로로 이어진 약소국 조선의 운명은 언제나 착취의 대상이었습니다.

청나라는 조선이 오랑캐로 치부하였던 만주족입니다. 그들의 개국과 승천은 조선의 운명을 다시 한 번 참담하게 만들었습니다. 남한산성에서 겪어야 했던 인조의 비극은 조선의 역사 중에서 통한에 사무치는 대목이 아닐 수 없습니다. 조선의 임금이 적장에게 나아가 세 번 절하고, 아홉 번 머리를 조아리는 수모를 겪으면서 지금까지 오랑캐로 여겼던 만주족(청)을 상국으로 섬겨야 했고, 두 왕자와 80여만 명의 백성들을 인질과 포로로 저들의 도성인 심양으로 보내지 않았습니까. 또 20세기를 눈앞에 두고서도 위안스카이, 리훙장 등에게 당한 수모도 새겨 두어야 할 것입니다.

그러나 우리는 일제의 식민 통치 35년에 대한 원한을 씹으면서도 지난 1세기 동안 중국과의 관계는 대단히 관대하게 보아 넘기는 우를 범하고 있습니다. 이른바 '중화사상'의 그늘이 얼마나 춥고 서늘했는지 그 사실을 간과해서는 안 됩니다.

━━━━

그 중국이 욱일승천의 기세로 떠오르고 있습니다. 중국과의 관계에 따라 대한민국의 명운이 달라지는 것은 당연합니다. 그것은 꼭 지정학적地政學的인 관계만이 아닙니다. 지난 1천여 년 세월이 빚어낸 저들의 '중화사상'이라는 DNA가 변치 않고 유지될 것이기 때문입니다. 그래서 관행은 법보다 무서운 것이라고 합니다.

미국의 국무장관으로 일세에 이름을 떨쳤던 헨리 키신저Henry Alfred kissinger 박사의 다음과 같은 견해는 재삼 음미해 볼만 합니다.

> 만일 중국 민족의 DNA가 변하지 않는다면 중국은 반드시 미국과
> 전쟁을 일으킬 것이다.

이 말은 미국 하드슨 연구소의 수석 연구원인 히다가 요시키比高義樹가 《미국의 세계 전략을 모르는 일본인》이라는 책에 적은 글입니다. 드리고 20여 년의 세월이 흘렀습니다. 중국은 당당히 G2의 위용으로 미국과 나란히 서고 있습니다.

민족에게도 DNA라는 것이 있을까요. 한 개인의 DNA가 집단을 이루고, 그 집단이 장구한 세월을 함께 살게 되면 좋은 의미에서든 나쁜 의미에서든 그들만의 정체성正體性이 생기게 됩니다. 이를 서양식으로 말하면 그 민족만이 갖는 아이덴티티identity가 됩니다. 바로 그 정체성이라는 아이덴티티가 민족의 DNA로 생성되는 것이 아니겠습니까.

키신저 박사가 지적한 중국 민족의 DNA가 바로 스스로 '중화'라고 칭하면서 이웃을 속방으로 낮추어 보는 이른바 '중화사상'입니다. 많은 사학자들이 이르기를 이른바 중국인들의 정체성이나 다름이 없는 '중화사상'이 언제부터 싹텄는가를 말 할 때, 사마천이 《사기》를 쓸 때부터라고 대답합니다. 그러므로 원나라는 고사하고

명나라를 세운 주원장이 고려와 전혀 다른 신생국인 조선왕조에 고
려와 똑같은 조공의 예우를 갖추라고 하는 것은 따지고 보면 조금
도 어색한 일이 아닙니다.

　북한은 2002년 9월에 홍콩식 일국양체제一國兩體制와 중국의 사회
주의식 경제자유지구인 심천특구深川特區의 장점을 모아서 신의주특
별행정구新義州特別行政區로 개발하겠다고 발표한 일이 있습니다. 그
리고 신의주특별행정구 기본법 제6장 101조을 제정하여 신의주를
국제적인 금융·무역·상업·공업·첨단과학·오락·관광지구로
개발한다고 선언하지 않았습니까. 더 놀라운 것은 신의주특별행정
구의 법률 제도는 향후 50년간 변치 않으며, 북한의 내각·성·중
앙기관은 특구 사업에 관여하지 않고, 특구는 국가의 위임에 따라
특구 여권旅券을 따로 발급할 수 있게 하겠다고 천명하였습니다. 그
러면서도 북한으로서는 중국의 간섭이 걱정스러웠기에 신의주를
개발할 총책인 행정장관을 중국인 실업가 어우야歐亞 그룹 회장인
양빈楊斌을 초빙한다고 발표하였습니다. 주체사상의 나라 북한에서
자국의 자유무역항을 개발하는 책임자를 비록 중국인이라고 할지
라도 외국인을 선정하여 발표하였다면 얼마나 자존심 상하는 고심
을 하였는지는 짐작되고도 남습니다.

　그러나 그 결과는 어찌되었습니까. 중국은 북한이 내세운 양빈을
관세포탈자로 몰아 단 하루 만에 체포 구금하였습니다. 중국을 형
제의 나라라고 믿고 따랐던 북한에게는 청천벽력이나 다름이 없었
습니다. 그 후 신의주 프로젝트는 풍비박산이 되고 말았습니다. 이

같은 일련의 조처가 조선을 향한 중국의 '중화사상'이 살아서 꿈틀거리고 있음을 보여 주는 좋은 예가 되고도 남습니다.

중국이 대한민국을 대하는 DNA는 또 어떤가요.

자유를 찾아 북한을 탈출한 사람들을 다시 북한으로 돌려보내도 우리로서는 속수무책입니다. 그것이 사지死地로 가는 것이나 다름이 없는데도 우리의 외교력은 거기에 미치지를 못합니다. 뿐만 아닙니다. 천수이볜陳水扁 대만 총통의 취임식에 참석하려는 대한민국의 국회의원들이 있었습니다. 주한 중국 대사관이 해당 국회의원과 각 당에 전화와 공문을 보내 천수이볜 총통의 취임식에 참석하지 말 것을 요구하였습니다.

6월 2일, 중국 대사관은 이를 정당화하고, 우리 정부는 이 문제에 관여하지 않겠다는 생각을 밝혔다는 신문기사를 읽으면서 소름끼치는 전율감에 젖게 됩니다. 6월 3일자 〈중앙일보〉의 기사는 다음과 같습니다.

중국 대사관 리루이펑李瑞峰 공보관은 이날 기자와의 통화에서 "당장 (의원들에게) 조치를 취하지는 않지만 (이번 일을) 기억할 것."이라고 말했다. 리 공보관은 "조치란 것은 의원들에 대한 중국 입국 비자발급의 거부인가?"라는 질문에 대해 "우리는 크고 작은 일이 생기면 기억한다. 우리도 감정이 있는 사람들 아닌가." 라고 대답했다. (실제로는 "가지 마세요. 나중에 중국에도 오셔야 하는 것이 아닙니까."라고 했다는 기사도 있다.)

또 "혹시나 그냥 (대만에) 놀러 가는 의원이 있는 것이 아니냐는 의심도 있다."라고까지 했다고 전해진다.

리 공보관은 "중국이 오만하다는 여론이 있다."는 질문에 대해 "의원이라는 신분은 정치적으로 영향을 줄 수 있다며 (우리가) 오만한 것이 아니고, 진심으로 한국을 친구로 생각하기 때문에 그런 것."이라고 말했다.

이미 중국 정부는 2002년 1월 재외동포법在外同胞法 개정과 관련, 중국 현지에서 입법 조사 활동을 벌이려던 국회 인권포럼 소속 국회의원 4명의 입국을 거부한 바 있다. 이와 관련 반기문 외교통상부 장관은 이날 "우리는 하나의 중국 원칙하에 한·대만 정부 간 교류는 억제하되 경제·문화 분야는 실질적으로 증진시켜 나가고 있다."고 말했다. 또 정부 당국자는 "이 문제는 정부 간 문제가 아니기 때문에 우리가 나서기 어렵다."고 말했다.

이른바 중화사상으로 일컬어지는 중국 민족의 DNA는 그 강도를 점차 높여 갈 것이 분명합니다. 우리의 지도급 인사들은 서로 약속이나 한듯 "앞으로 중국과 손을 잡고 동북아시아의 허브국가를 만들어 나가겠다."고 하지만, 중국의 경우는 누구도 "한국과 손잡고"라는 말을 쓰지 않을 뿐만 아니라, 오히려 "한국이 어떻게 허브국가가 되느냐."고 호통치고 있다는 사실, 이 엄연한 현실을 바탕으로 나라의 미래를 열어 가는 프로젝트를 짜지 않으면 안 될 것으로 압니다.

뿐만 아닙니다. 중국의 차기 지도자로 등장한 시진핑習近平 부주석은 중국이 6·25전쟁에 참전한 것은 "평화를 지키고 침략에 맞서기 위한 정의로운 전쟁"이기 때문이라고 하지를 않았습니까. 우리는 그들의 내부용 발언이기를 바랐지만, 중국 정부는 그들 정부의 공식적인 입장이라고 못을 박았습니다.

중화사상의 핵을 보는 것 같아 전율감에 젖게 됩니다.

───

초등학교 1학년 어린이들의 수학 교과서를 보면 두 개의 수를 적어 놓고 어느 것이 큰 것인지를 '〉'라는 기호로 표시하게 하여 수의 개념을 파악하게 하는 커리큘럼이 있습니다.

대한민국의 1인당 국민총생산GNP과 중화인민공화국의 1인당 국민총생산을 숫자로 나란히 적어 놓으면 20000 : 2400쯤 됩니다. 이 두 수를 〉라는 기호를 써서 크기를 표시하라면 20000 〉 2400이어야 정답이 됩니다. 적어도 숫자상으로는 그렇게 되어야 마땅하지만 현실에서는 그렇게 되는 것이 하나도 없다는 점이 매우 중요합니다.

중국이 우리보다 못한 것을 찾기가 점차 어려워지고 있습니다. 국토의 넓이가 그렇고, 경작지 면적이 그렇고, 인구가 그렇고, 국내총생산GDP이 그렇고, 석유생산량이 그렇고, 핵을 보유한 군사력이 그렇고, 인공위성을 쏘아 올리는 우주과학이 그렇고, 한자 사용권의 넓이와 수가 또한 그렇질 않습니까.

자동차 산업이나 IT 산업을 두고 우리보다 뒤졌다고 생각하는 것
도 큰 착각입니다. 중국이 사람을 태운 인공위성을 쏘아 올린 선진
우주산업국임을 알면서도 그런 생각을 했다면 자가당착이 아닐 수
없습니다.

지금 중국이 당면한 가장 시급한 문제는 무엇이겠습니까.

첫째는 13억 인구를 먹여 살리는 일이며, 둘째는 빈부 격차를 줄
이는 일이며, 셋째는 정부 고위관리들의 부패를 척결하는 일이며,
넷째는 통제된 시스템을 개혁하는 일이라고 그들 스스로 말하고 있
습니다. 그런데도 불구하고 이러한 시급한 일과 당장은 아무 상관
도 없는 우주산업과 동북공정東北工程에 천문학적인 예산을 투입하
는 까닭이 무엇이겠습니까. 나라의 미래를 내다보는 프로젝트를 운
영하고 있음이 아니겠습니까.

국가 경영의 최대 목표는 국가 안보의 확보와 국가 이익의 증대
에 있습니다. 큰 나라도 작은 나라도, 강한 나라도 약한 나라도 모
두가 이 두 가지 목표를 달성하기 위해 국력을 다합니다. 국가 안보
의 확보와 국가 이익의 증진은 그 민족의 정체성 확립을 조건으로
했을 때만 실행이 가능합니다.

묻노니 우리 정부에서는 나라의 미래를 내다보며 걸맞는 프로젝
트를 운영하고 있습니까. 이 물음에 대답이 궁할 수밖에 없는 것은
우리의 정체성 확립을 소홀히 한 채 눈앞의 실익에만 매달려 있기
때문입니다.

세계은행의 장기 예측에 의하면 2020년이면 중국의 경제가 미국을 추월할 것이라고 합니다. 그때 우리는 서쪽 바다 건너편에 있는 세계 최강의 경제대국과 대치하여야 하고, 동쪽 바다 뒤쪽에 또 하나의 경제대국을 두어야 하는 샌드위치의 처지가 될 수밖에 없습니다. 불과 10년 뒤에 있을 이 가공할 사태에 대한 우리 정부의 대안이 무엇인지를 물어보지 않을 수 없습니다.

21세기의 최대 격동기가 될 2020년에 한국을 이끌고 나갈 그때의 30대는 지금 어디에 있습니까. 놀랍게도 그들은 초등학교 상급반 교실에서 뛰놀고 있다는 사실을 정부는 알고나 있는지 모르겠습니다. 그 초등학교 상급반에서 중학교 3학년까지의 유소년들이 21세기의 격동기를 이끌어 나갈 이 나라의 일꾼들입니다. 그들에게 지식의 기초가 되는 기본 한자도 가르치지 아니하고, 국사도 가르치지 아니하면서 나라의 미래를 입에 담을 수가 있는지, 나라의 정체성을 일깨워 주지 않고 이 나라의 미래가 열릴 것이라고 생각하는지를 대통령에게, 정책을 입안하는 사람들에게 묻고 싶습니다.

나라의 정체성을 확인하고 확립하는 과정은 국사 교육의 질에 의해 좌우됩니다. 저는 금년 1월 어느 일간지에 '왜 국사를 가르치지 않는가'라는 칼럼을 쓴 일이 있습니다. 그날 저녁방송과 다음 날 각 일간지에는 '왜 국사를 가르치지 않는가'라는 기사로 요란하였으나, "국사를 가르치고 있다."는 교육인적자원부 관계자의 강변으로 아무 일도 없었던 것처럼 잠잠히 가라앉고 말았습니다.

초등학교 국사 교육은 사회 과목에 곁들여져 있습니다. 중학교 1

학년이 되어도 국사를 배우지 않습니다. 2학년이 되어야 비로소 국사 교과서와 만나게 되지만, 그것도 중학교 3학년을 거쳐 고등학교 1학년까지 이어질 뿐입니다.

고등학교 2학년이 되면 학생들이 문과와 이과로 분리됩니다. 불행하게도 이과에는 아예 국사 과목이 없고, 문과의 경우는 국사가 사회 과목에 포함되어 있습니다. 사회 과목은 국사를 비롯한 14개 대소 과목으로 나누어지고, 그중에서 네 과목만 선택하면 수능시험에 응할 수 있게 되어 있습니다. 그러니까 국사 과목을 선택하지 않으면 그뿐입니다. 게다가 서울대학교에 응시할 생각이 없으면 국사 과목에 관심을 가질 필요가 없게 됩니다. 결국 고려대, 연세대, 이화여대와 같은 명문 사립대학에서는 '우리는 국사를 모르는 학생들만 뽑겠다'고 선언한 것이나 다름이 없습니다.

국가의 기간공무원을 선발하는 행정, 사법, 외무고시는 또 어떠합니까. 사법고시에서는 국사가 선택 과목이어서 특별히 신경 쓸 것이 없고, 행정고시에서는 객관식으로 출제됩니다. 국가의 기간공무원을 선발하는 고시에서 국사 과목의 평가를 O·X로 하고서도 국가의 정체성에 관한 의식과 자세를 평가할 수 있다고 보시는지요. 이 엄연한 사실을 놓고서도 "국사를 가르치고 있다."고 강변한다면 우리의 미래를 걱정하지 않을 수가 없습니다.

중국에서 진행되는 고구려의 역사를 자국의 변방사로 몰아가는 이른바 '동북공정'은 차치하고라도, 자국의 국사를 왜곡한다는 비난을 들어가면서까지 자라나는 청소년들에게 민족의 정체성을 일깨워 주는 일본의 경우는 또 어떠합니까. 이 같은 주변 국가의 현명한 행보에 대응하기 위해서라도 우리는 내다 버린 국사 과목을 다시 찾아서 제자리에 돌려놓아야 하고, 더 철저히 가르쳐야 하지 않겠습니까.

나라의 정체성을 확립하지 아니하며, 국사 교육을 소홀히 하는 지금과 같은 불행한 사태가 앞으로 5, 6년 더 계속된다면, 우리는 국사를 모르는 대통령이 국사를 배우지 않은 국무위원과 함께 나라의 정체성을 입에 담는 어이없고 참담한 광경을 목격하게 될 것입니다. 또 국사를 모르는 국회의원들이나, 사법부의 법관들이 국가의 미래를 운운하는 가공할 말한 정신적 공황에 직면하게 될 것이 분명합니다.

2020년 이후의 세계는 어떻게 변해 있을까요? 논리적인 수사를 제외한다면 중국이 문명 발상국의 명예를 되찾으면서 세계 최강의 국가로 군림해 있을 것이 분명합니다. 사회주의 체제가 무너진 판국에 유독 중국만이 그런 체제로 세계 최강이 될 수 있겠는가라는 반문에도 나는 당연하다고 확언합니다. 물론 나는 미래학자도 문명사학자도 아닙니다. 그러면서도 중국에 대해서만은 어떤 영감과도 같은 것이 나를 지배해 왔습니다.

나는 오늘의 중국을 홀몸이 된 잘 생기고 넉넉한 명가의 귀부인으로 비유하곤 했었습니다. 그 귀부인에게 사회주의라는 애인이 생겼습니다. 사회주의라는 애인의 감언이설은 귀부인을 홀망하게 하였습니다. 귀부인은 사회주의라는 애인에게 모든 것을 몽땅 바치면서 알몸이 되었고, 문화혁명과 같은 소용돌이를 헤쳐 나오면서 자신의 미모는 고사하고 명가의 명예까지도 만신창이가 되었음을 깨닫게 됩니다. 귀부인은 가문의 명예와 본래의 미모를 찾기 위해서라도 볼품 없어진 애인과 결별할 궁리를 하게 됩니다. 그리고 헝클어진 채 버려 두었던 때문은 머리 올을 가다듬으며 상한 얼굴이지만 화장을 다시 해 봅니다. 거울에 비쳐진 자신의 모습에 귀티와 미모가 살아나고 있음이 너무도 대견하고 신기해합니다.

본래의 귀티와 미모가 다시 살아나면서 귀부인은 명가의 핏줄임이 자랑스럽기 그지없음에 자부심을 느끼면서 외출하고 싶은 마음이 요동치게 됩니다. 어느새 중년이 된 귀부인은 가볍게 화장을 고치고 현관문을 나섭니다. 눈부신 햇살이 온누리에 가득합니다. 그 어딘가에 헤어졌던 척분戚分이 있을 것이고, 또 그 어딘가에 지난날의 영화가 있을 것이라는 확신이 귀부인을 현관 밖으로 끌어 내게 됩니다. 제가 생각하는 지금의 중국이 자신감을 회복한 귀부인의 모습입니다.

숭실대학교 총장을 역임하였던 시인 이중李中은 중국 땅 곳곳, 그 중에서도 중국공산당과 인연이 있는 고장을 빠짐없이 여행하면서 얻은 기행에세이를 한 권의 책으로 묶고《오늘의 중국에서 올제의 한국을 본다》라고 이름하였습니다. 그것이 비록 여행에세이를 엮은 글이라고 하더라도 중국의 공산당 정부가 수립되어 오늘에 이르기까지 변화를, 그리고 그것을 한국의 미래와 결부시키는 필치는 제가 중국에 대해 얼마나 무지했던가를 일깨우는 데 부족함이 없었습니다.

그 한 구절을 인용해 봅니다.

> 모택동이 산이라면, 주은래는 물이고, 등소평은 길이다. 산을 넘고 물을 건너 길을 낸 것이 오늘의 중국이다.

그 산을 넘고, 그 물을 건너고, 그 길을 걸어 보아야 중국을 바로 이해할 수 있다는 뜻이기에 경험이 미숙한 우리를 따뜻하게 다독여 주고 있습니다.

제가 중국 땅의 여러 곳을 밟으면서 뇌리에 가장 깊이 새긴 것은 중국의 역사와 관련된 사적이 아니라, 현대의 조소물彫塑物이었습니다. 중국 문명의 발상지인 황허의 물은 붉을 정도의 짙은 황토색으로 흘러갑니다. 그 황허의 흐름 중에서 강폭이 가장 좁아서 사람들의 도강을 허락하는 오직 한 곳이 난주蘭州입니다. 그 난주의 황허 강가에 〈황허모친상黃河母親像〉이라는 큰 조소물이 사람들의 눈길을 끕니다. 붉은 베이지색 대리석으로 조각된 〈황허모친상〉은 길이가 족히 5~6미터를 넘는 대형 설치물인데, 잘생긴 중국 여인(귀부인 같은)이 옆으로 누워 있고 그녀의 품 안에는 어린 아이가 엎드린 채 장난치고 있는 형태입니다.

저는 그 조소물 주위를 서성거리면서 몸서리쳤던 일이 지금도 뇌리에 생생합니다. 누워 있는 여인은 중국의 귀부인이었는데, 어미의 품에 안겨 천진하게 놀고 있는 아이는 아무래도 서양 어린아이 같아서였습니다. 황허의 어머니가 서양 아이를 품 안에 두고 있음이 무엇을 뜻할까요. 황허가 세계를 아우르는 문명의 강임을 과시하고 있음이 아니겠습니까. 사회주의 중국이 무엇을 생각하고 있는지를 명확히 보여 주는 〈황허모친상〉은 결국 중국이 지향하고 있는 정체성과 일치합니다.

〈황허모친상〉이 상징하는 중국의 정체성을 몸으로 익히면서 자란 요즘 중국의 젊은이들은 무엇을 생각하면서 살고 있을까요. 그들이 인터넷의 여러 포털을 드나들면서 가장 많이 퍼 나른 댓글은 다음과 같습니다.

> 1949년 사회주의만이 중국을 구할 수 있었다. 1977년 자본주의만이 중국을 구할 수 있었다. 1989년 중국만이 사회주의를 구할 수 있었다. 2009년 중국만이 자본주의를 구할 수 있을 것이다.

사회주의가 중국에게 필요하고 적용되는 것은 그 사상적인 체제가 아니라 '통치의 도구'로 필요했습니다. 13억 인구가 가지는 다양한 목소리에 함축된 '내란'의 욕구를 억눌러 다스리기 위해, 언젠가는 독립을 요구할 56개 소수민족의 분기를 억압하기 위해서 사회주의 체제가 하나의 수단으로 존재할 뿐, 중국 본연의 사상 체계와는 융합될 수가 없습니다.

　그러므로 세계에 우뚝설 중국의 힘은 사회주의 체제에 자본주의의 바퀴로 굴러가고 있습니다. 얼핏 기형으로 보일 수도 있지만 결단코 기형이 될 수는 없습니다. 중국 본연의 정체성에서 뿜어져 나오는 중화사상의 발현이 뒤를 받치고 있기 때문입니다. 수천 년의 역사가 입증하는 중국의 자존심은 변하지 않을 것으로 봅니다.

　21세기를 지배하려는 '중화사상'이 용트림치고 있습니다. 우리는 지난 1천 년 동안의 역사를 꼼꼼히 새겨서 살펴야 합니다. 그리고 우리의 정체성을 찾아서 확립해야 합니다.

어머니가 뿌리는
역사의 씨앗

강의를 시작하기 전에 먼저 동시童詩 한 편을 읽어 드리겠습니다.
아동 문학가 신현득 선생이 쓰신 〈고구려의 아이〉라는 아주 감동적
인 동시입니다. 큰 소리로 읽겠습니다.

　고구려의 엄마는

　아이가 말을 배우면

　맨 먼저

　'고구려'라는 말을 가르쳤다.

　다음으로

'송화강' 이란 말을 가르쳤다.

아이가 꾀가 들어
이야기를 조르면
고구려의 엄마는
세상의 온갖 이야기 중에서
살수 싸움 이야기를 들려주었다.
세상의 여러 장수 중에서
을지문덕 이야기를 들려주었다.
세상의 여러 임금 중에서
광개토대왕 이야기를 들려주었다.

아이가 커서
골목을 뜀박질하게 되면
고구려의 엄마는
요동성 얘기를 해 주었다.
고구려 사람은
겁내지 않고
물러서지 않는다는 걸 가르쳐 주었다.
그리고 엄마는
요동성을 지키다 목숨을 잃은
아버지의 이야기를 들려주었다.

신현득의 〈고구려의 아이〉 중에서

저는 이 시를 읽을 때마다 벅차오르는 감동을 주체할 길이 없었습니다. 그러나 어떻습니까. 불행하게도 오늘을 사는 우리의 어머니들은 아이가 말을 배우면 맨 먼저 '굿모닝'을 가르치고, 다음으로 '하와유'를 가르치고 있지를 않습니까. 참으로 딱한 현상이 아닐 수 없습니다.

우리 주변을 말할 때 흔히 고학력 사회로 들어섰다고들 평하곤 합니다. 대부분의 국민들이 고등교육을 받았기 때문일 것이지만, 눈에 보이는 일들은 모두 눈살을 찌푸리게 하는 파렴치한 일들뿐입니다. 그러나 의로운 일에 나서는 사람들을 보면 오히려 학력이 낮은 사람이 더 많습니다. 엄청난 모순이 상존하는 세상에서 살면서도 점차 우리는 거기에 물들어 가고 있습니다. 근본을 살피지 아니하고 땜질로 급한 일을 얼버무리려 한다면 가정의 근본도, 나라의 근본도 서지를 않습니다.

여러분의 가정에서 법도가 살아나기를 기원해 봅니다. 여러분의 자제분들이 '꿈'과 '예'를 바탕으로 성장하기를 기원해 봅니다. 그것은 누가 가르쳐 주는 것이 아니라 바로 여러분이 어머니의 본분을 잃지 않는 일에서 시작됩니다. 설혹 마음속으로라도 지아비의 부정을 바라거나 부채질해서는 우리나라의 미래에 희망이 없습니다. 사상누각沙上樓閣은 반드시 무너지고 맙니다. 기초가 튼튼하지 않기 때문입니다.

가정은 모든 것의 기초이자 근본입니다. 그 기초는 여러분 어머니들이 놓아 간다는 사실을 명심해 주시길 부탁드립니다. 그래야

사회가 건실해지고, 나라에는 희망이 생기게 됩니다.

＿＿＿

　얼마 전, 일본인 과학자 두 명이 2010년 노벨 화학상 공동수상자
로 발표되자 일본 열도가 들떠 올랐다는 소식입니다. 당연한 열광
일 것이라는 생각이 드는 것은 이로써 노벨 물리 · 화학상을 수상한
일본인 과학자는 모두 열여덟 명으로 늘어났기 때문입니다. 물론
우리나라에는 노벨 물리 · 화학상을 수상한 사람이 아직 한 사람도
없기에 부럽기까지 한 노릇이기도 합니다.

　우리나라의 경제 규모는 세계 10위권에 진입해 있고, IT 분야에
서는 선두를 다툰다는 것이 일반적인 통념이지만, 그것을 뒷받침하
는 학문의 분야는 아직 황무지나 다름이 없습니다. 학문과 경제를
억지 푼념으로 비교해 보면 우리나라의 국민총생산은 일본의 절반
정도 수준입니다. 그렇다면 노벨 물리 · 화학 분야의 수상자를 여덟
명 정도는 배출해야 되는 것이 논리에 맞지만 아직 한 사람의 수상
자도 배출하지 못하고 있습니다. 좀 억울하다는 생각이 들어서 인
하대학교의 물리학 교수인 K박사에게 물어보았습니다.

　K박사는 독일에서 물리학박사 학위를 취득하였고, 일본의 교토
대학에서 교환교수로 활동하였던 엘리트 교수입니다.

　"우리나라와 일본의 물리학은 어느 정도의 격차가 있나요?"

　"한 2, 30년은 되겠지요."

지체 없이 대답하는 K박사의 표정은 시니컬하였습니다. 그 원인이 어디에 있느냐는 나의 질문에 대한 대답도 거침이 없기는 마찬가지였습니다.

"기초과학에 투자하지 않는 나라니까요."

국민소득이 2만 달러에 접근해 있는 나라가 기초과학에 투자하지 않는다면 말이 되지 않겠지만, 이것이 엄연한 현실이라는 데 문제가 있습니다.

지난 10년 동안 동양 삼국의 인공위성 발사 성공 횟수를 비교해 보면 기초과학에 투자하지 않은 결과는 너무도 명명백백합니다. 중국은 65회 성공한 데 더해 우주인을 태운 인공위성까지 쏘아 올렸습니다. 일본은 47회를 성공하였습니다. 우리 한국은 2번 실패한 것이 전부입니다. 그것도 러시아와 공동으로 말입니다. 앞으로 한국이 인공위성을 단독으로 발사하기까지 12~13년은 족히 걸릴 것이라는 것이 통설입니다.

우리 정치의 현실인식도 기초를 무시하고 눈앞에 보이는 실익에만 매달린 채 나라의 미래는 전혀 고려하지 않고 있습니다. 모든 분야가 모두 구멍 뚫린 곳을 땜질하는 데 매달려 있는 꼴입니다. 여러 분야의 기초를 잘 다져 놓으면 땜질해야 할 일이 줄어드는 것을 잘 알면서도 기초 분야에 투자하지 않는 까닭이 어디에 있을까요. 그것은 위정자들의 역사인식이 부족하기 때문이 아니라, 가정교육이 정도를 벗어나 있기 때문입니다.

지난 번 국회 인사청문회에서 국무총리 후보자와 장관 후보자들이 줄줄이 낙마하였습니다. 대개가 주민등록법을 위반한 것이 빌미가 되었습니다. 주민등록법을 위반하면 3년 이하의 징역 또는 1천만 원 이하의 벌금형에 처해집니다. 이 형량이 국회의원들에게 적용되면 의원직을 상실하게 됩니다. 이 땅의 서민들은 이 법을 위반하여 실형을 받는 사람들이 일 년에 5천여 명에 이르고 있습니다.

그런데 공직 사회는 어떻습니까. 대통령을 비롯한 총리, 장관들, 심지어 법을 심판하는 대법관, 게다가 검찰총장도 이 법을 위반한 채 공직에 몸담고 있는 분들이 많습니다. 그렇다면 주민등록법을 위반하거나 무시하는 한이 있더라도 자녀 교육을 위해 보다 좋은 학군으로 주민등록을 옮기고 보자는 발상의 근원이 어디에 있는지를 따져 보지 않을 수가 없습니다. 공직에 나가 있는 남편들이 먼저 발의하였을까요? 아닙니다. 결단코 말하거니와 고학력을 자랑하는 부인 쪽에서 먼저 발설되었을 것이 확실합니다. 위법임을 잘 알면서도 아무렇지도 않게 자행된 관행들이 지금은 공직에 있는 남편들에게 불명예의 멍에를 씌우면서 파렴치범으로 내몰고야 말았습니다. 아내가 남편의 출세 길에 방해가 되고, 어머니는 자제들의 꿈을 앗아내는 존재로 타락하고 말았습니다.

우리에게는 한국 사람으로 살아가야 하는 사명감이 있어야 합니다. 가문의 내력을 소중히 하고, 민족의 역사를 온전하게 보존하기 위해 애써 온 것은 바로 그 때문입니다. 그러므로 우리 민족의 정신세계를 지배해 온 가치관을 바로 살피는 일이 자녀 교육의 시작이자 목표이어야 하지를 않겠습니까.

옳고 그른 것, 어질고 사나운 것, 깨끗하고 더러운 것, 해야 할 일, 하면 안 되는 일을 구별할 줄 알게 하는 아름다운 가치관을 가정에서부터 만들어 가야 합니다. 그 가치관의 총체를 품격이라고 합니다. 가정의 품격이 높으면 국민들의 품격은 자연히 높아집니다. 그것이 나라의 품격으로 이어져야 합니다.

사마광이 남긴 천금과도 같은 글을 읽으면서 지혜로운 삶이 무엇인지를 경건하게 생각해 보는 것이 어떨까 합니다. 우리가 어떻게 살아가야 정말 지혜롭게 사는 것인지를 진솔하게 생각하게 하는 명구이기 때문입니다.

> 돈을 많이 모아서 자손에게 남겨 준다고 하더라도 반드시 자손이
> 다 지키지 못할 것이요. 책을 많이 모아서 자손에게 남겨 준다고
> 하더라도 반드시 자손이 다 읽지 못할 것이니 남몰래 은근한 가운
> 데 덕德을 쌓는 것으로 자손을 위하는 계교를 삼는 것만 못하다.

어떻습니까. 아무리 공부를 많이 한 박사님이나 교수님들도 이 쉬운 문장에 반발할 수는 없을 줄로 압니다. 그런데도 우리들의 여러 집단이나 가정에서는 이 기막힌 이치를 수긍하려 들지 않습니다. 수긍하기는 고사하고 반대쪽으로만 나가려고 합니다. 그것을 실익이라고 착각하기 때문입니다.

몇 번이고 되풀이되는 말입니다만, 가정에서의 교육은 '예'가 으뜸이어야 합니다. 예를 갖춘 사람에게 염치가 없을 까닭이 없고, 예

가 있는 집안이 화평한 것이 염치가 있기 때문이라면, 예가 살아 있는 정부에는 염치가 있고, 예가 살아 있는 기업에 염치가 있다는 뜻이 됩니다. 요즘 우리 정치나 기업을 살펴보면 도무지 염치라고는 없습니다. 국회위원도 장관도 품위 없는 막말을 무슨 자랑처럼 내뱉고 있을 뿐, 자신의 과실을 인정하는 사람들은 눈 씻고 찾아도 없습니다. 이런 파렴치한 사람들이 모여서 정치를 하는데 국민들이 신망을 보내 줄 까닭이 없습니다.

> 집안에 예절이 있기 때문에 어른과 아이의 분별이 있고, 부녀자의 거처하는 곳에 예절이 있기 때문에 삼족三族이 화목하고, 조정에 예절이 있기 때문에 관직과 품계의 차례가 있고, 사냥에 예절이 있기 때문에 군사軍事의 법이 서고, 군대에 예절이 있기 때문에 싸움의 공적이 이루어지는 것이다.

옛 선현들은 이렇듯 금과옥조와 같은 말을 남겨 놓으면서 후대의 사람들에게 염치를 가르치고 있지만, 요즘의 세태는 공부를 많이 한 사람일수록 염치를 더 모르고 삽니다. 염치가 있고서야 비로소 의義로움이 소중한 것을 알게 되는데도 지식인이라는 탈을 쓴 사람들까지 딴전을 피우면서 사는 판국이라 염치라는 말이 오히려 사치스럽게 들릴 때도 있습니다.

같은 맥락으로 의로움을 잡고, 의롭지 않은 일에는 발을 들여 놓지 말라는 가르침을 모르는 사람은 없겠지만, 웬일인지 사람들은 의롭지 않은 일에 나서기를 열망하고 있는 것으로 보입니다. 실익이 될 수 없는 일을 실익이라고 믿기 때문입니다. 두 손에 보물을 들었다는 자부심이 있다면 길바닥에 떨어진 동전 따위가 눈에 들어올 까닭이 없는데도 누구라 할 것 없이 허상에만 매달려 있는 것이 요즘의 딱한 세태입니다.

저는 역사 드라마를 좀 더 재미있게 쓰기 위해 역사책을 억지로 읽기 시작했습니다. 학문을 성취하기 위해 역사책을 읽은 것이 아니라 먹고 사는 일에 도움이 될까 싶어서 역사책을 읽게 되었습니다. 그랬더니 학문보다도 더, 역사 공부보다도 더 많은 실익을 얻게 되었습니다. 바로 제 삶을 냉철하게 돌아보는 계기가 되었기 때문입니다.

그런 실익이 저로 하여금 조선왕조 시대를 편년체의 일기로 적은 방대한 역사 기록인 《조선왕조실록》의 완독에 매달리게 하였습니다. 그 결과로 저는 역사학자가 된 것이 아니라, 지식인이 갖추어야 할 역사인식을 터득할 수가 있었습니다. 그것은 제 삶을 가지런하게 하는 일이기도 하였습니다. 그래서 다행이라는 생각, 행복한 자부심으로 삼고 있습니다.

역사라는 것은 꼭 학문으로만 성립하는 것은 아닙니다. 선현들의 온전한 삶이 곧 역사가 되기 때문입니다. 그러므로 선현들의 온전한 삶을 터득한다면 그 일이 역사를 바로 살펴서 실행하는 일이 된다는 사실을 저는 수없이 경험하였습니다.

조선 시대의 여성 중에서 가장 학문이 높고, 성정이 깊었으며 여성 교육에 헌신한 분을 한 사람만 들라면 연산군의 할머니였던 소혜왕후를 들지 않을 수 없습니다. 소혜왕후는 자신이 저술한《내훈內訓》에서 여성을 교육해야 한다고 역설하였습니다. 그러나 요즘 사람들은 조선 시대에는 여성 교육을 하지 않았다고 믿는 경우가 많습니다. 역사를 잘못 알고, 잘못 읽은 탓입니다.

> 한 나라의 정치의 치란과 흥망은 비록 남자 대장부의 어질고 우매함에 달려 있다고는 하지만, 역시 부인의 선악에도 달려 있는 것이다. 그러니 부인도 가르치지 않으면 안 된다.

아내의 덕목이 어질고 착하면 그 남편 또한 어질고 착해지는 까닭으로 여성을 바로 가르쳐서 내조를 튼튼히 해야 나라의 기강이 바로 서게 될 것이며, 그로 인해 나라의 흥망이 좌우될 것이라는 인수대비의 비범한 생각은 지금 이 시대에 적용한다 해도 아무 하자가 없습니다.

뿐만이 아닙니다. 조선 시대를 대표할 만한 석학이었던 신숙주도 여성을 바로 교육하는 것이 훌륭한 아내와 훌륭한 어머니를 길러내는 것이며, 그로 인해 양식 있는 지아비(사대부)가 존재한다면서 여성의 교육을 강도 높게 주장하였습니다.

부인은 군자의 짝이 되어 집안일을 주장하여 다스리니 가도家道
의 흥하고 폐하는 것은 다 부인에게 달려 있다. 그런데 세상 사람
들은 남자를 가르칠 줄은 알면서 딸 가르칠 줄은 모르니 잘못된
생각이다.

이렇게 여성 교육을 장려한 결과가 산스크리트어로 된 불경을 읽
고, 사대부를 능가하는 한학의 조예를 쌓았던 인수대비의 높은 학
덕을 실재하게 하였고, 그로 인해 성종의 시대를 세종조 다음 가는
태평성대로 열어 가게 하였습니다.

또 난설헌蘭雪軒 허초희許楚姬 시문은 어떻습니까. 동양 삼국에서
으뜸 가는 시인의 명성을 얻은 난설헌의 시문은 하늘이 내린 재주
에 비견되기도 합니다만, 실제로는 그 집안에 허성許筬, 허봉許篈 같
은 대문장의 오라버니가 있었습니다. 또 그런 가정교육의 분위기가
《홍길동전》을 쓴 허균許筠과 같은 아우를 태어나게 하지를 않았겠습
니까.

조선 시대의 여성 교육은 학문에만 국한되지 않았습니다. 학문보
다 더 소중하게 여겼던 것이 성정을 다듬는 일이었습니다. 먼저 사
람이 되게 한 연후에 학문에 임하게 하였습니다. 쓸모없는 사람에
게는 학문이 이로움보다 방해되기가 십상이기 때문입니다. 대학을
우수한 성적으로 졸업한 여성이 반드시 바람직한 아내가 되는 것은
아닙니다. 바람직하지 못한 아내는 훌륭한 어머니가 될 수 없습니
다.

밖에 나가 있는 남성들의 실패는 성정이 잘못된 아내로부터 시작되는 경우가 태반입니다. 잘못된 성정으로 남편들의 실패를 자초하는 아내는 대개 학력이 높습니다.

조선 성리학의 거봉인 율곡栗谷 이이李珥는 어머니 사임당 신씨의 훈도로 성현의 경지에 이르게 되었습니다. 그렇다고 사임당 신씨가 몸소 아들인 율곡 이이에게 매번 학문을 가르친 것이 아닙니다. 인성人性을 깨우치게 하였을 뿐입니다. 사임당 신씨는 일곱 남매를 낳아서 길렀습니다. 귀애하는 자식들에게 젖을 물린 기간만도 10년이 넘습니다. 그러나 사임당 신씨는 마흔일곱의 아까운 나이로 세상을 떠납니다. 그러면서도 이이는 물론이요, 큰 따님 매창梅窓과 같은 발군의 예술가를 길러 냈습니다. 열여섯 살에 어머니를 잃은 이이는 금강산으로 들어가 불교에 심취할 정도로 충격을 받습니다. 어려서 겪은 어머니의 훈도가 얼마나 큰 것이었는가를 잘 보여 주고 있습니다.

요즘에 이르러서도 어머니의 훈도로 세계적인 예술가가 된 정 트리오 형제들이 명성을 떨치고 있습니다. 스포츠로 대성한 사람들도 있습니다. 그 어머니들의 노고는 한결같습니다. 인성(개성)의 개발과 미래에 대한 꿈을 심어 주었다는 점입니다. 그러나 대부분의 가정에서는 어머니들이 사랑하는 자식들에게 호연지기를 심어 줄 생각을 하지 않습니다. 오직 실익에만 충실하기를 강요할 따름입니다.

그렇다면 귀애하는 자식들을 어떻게 가르쳐야 합니까. 그런 소중한 기록까지도 우리 곁에는 얼마든지 있습니다.

많은 양의 글을 가르치는 것은 중요하지 않다. 오직 정밀하고 익숙하게 가르치는 것이 중요한 법이다. 아이의 타고난 능력을 헤아려 200자를 배울 수 있는 아이에게는 단지 100자만 가르쳐 늘 정신과 역량에 여유가 있도록 해 주면, 싫증을 내지 않고 스스로 깨치는 아름다움이 있을 것이다.

정조 시대의 문장가이자 사상가인 이덕무李德懋가 그의 역저 《사소절士小節》에 적은 내용입니다. 교육학으로 자녀들을 가르치는 것이 아니라, 어버이로서의 책무를 소홀히 하지 않기를 경계하고 있음이 아니겠습니까.

글을 읽을 때는 마음을 오롯이 한곳에 모아 입으로는 외면서 마음으로는 그 뜻을 생각하게 해야 한다. 그리고 글자와 글자, 구절과 구절의 뜻을 거듭 찬찬히 풀어 나가고, 글 읽는 소리에 억양을 붙이며 자신의 마음과 뜻을 넉넉히 열어 놓게 해야 할 것이다. 이런 공부를 오래하면 올바른 도리가 몸에 충만하고, 총명이 날로 열릴 것이다.

이러한 글들을 읽고 깨우치는 것을 학문이 아니라 삶으로 받아들였던 것이 조선 시대의 가정교육이며, 그 근본에 어머니가 있었다는 사실을 명심해야 합니다.

우리는 지금 대한민국에 살고 있습니다. 꼭 이명박 대통령의 말이 아니더라도 우리 사회가 '공정한 사회'이어야 하는 것은 너무도 당연한 것이지만, 참으로 오랜 세월 동안 '불공정한 사회'로 일관하였던 탓에 지금은 '공정한 사회'로 들어서기가 그야말로 낙타가 바늘귀를 지나가야 할 정도로 어려운 지경에 있다는 사실에 유념할 필요가 있습니다.

노무현 전 대통령도 취임과 동시에 '반칙이 없는 사회'를 지향하겠다고 소리 높이 외쳤지만 워낙 반칙이 많은 사회였던 탓에 흐지부지되고 말았던 것이 바로 엊그제의 일입니다.

반칙을 능사로 여기고, 불공정이 상식으로 굳어진 사회는 그 근본을 뜯어고치고 개선하는 일이 우선되지 않고서는 공정한 사회로 들어설 수가 없습니다.

조선왕조가 가장 소중히 하였던 법도는 살아가는 데 필요한 지혜를 깨우치는 일이었습니다. 그것은 언제나 가정에서 시작되어 기성사회로 흘러들어 가 정착되었습니다. 그때에 비하여 오늘의 우리 사회가 시끄럽고 어지러운 것은 예의염치禮義廉恥의 본질을 깨우치지 않았기 때문입니다. 가정에서는 물론 유치원, 초등학교의 교육에서도 예의염치를 깨우치는 일을 외면한 채 사사로운 이해에 매달리게 하는 교육을 하고 있습니다. 우리 사회의 도덕 불감증은 이렇게 뿌리내리기 시작하였습니다.

OECD에서도 우리나라를 지도층이 솔선수범하지 않은 나라로 지목하였고, 놀랍게도 지도층의 실천 불이행은 30개 회원국에서도 꼴찌를 차지하였습니다.

그런 까닭으로 우리나라가 선진화되자면 앞으로 14년 정도가 더 걸릴 것으로 내다보았습니다. 우리는 이러한 지적에 반발할 수가 없습니다. 엄연한 현실이기 때문입니다.

어느덧 21세기로 들어선 지도 10년이 지나가고 있습니다. 우리의 국민소득도 2만 달러로 진입하게 되었습니다. 이 정도면 아직 선진국은 못 된다고 하더라도 밥 먹고 살기는 괜찮은 나라에 들어갑니다.

그런 대한민국의 가치는 무엇이냐, 그것은 영국의 미래학자 존 스튜어드 밀의 말처럼 국민들의 가치가 됩니다. 그 국민들이라는 것은 무엇이겠습니까. 국가를 구성하고 있는 중심체, 다시 말하자면 여러분 한 사람 한 사람의 식견과 표준이 대한민국의 가치입니다. 즉, 여러분이 변변치 못하면 대한민국은 큰일을 해 낼 수 없다는 점은 앞에서도 지적한 대롭니다. 그러면 대한민국의 가치는 어느 정도냐고 자문하게 됩니다.

지난 번 한국개발연구원KDI에서 발표한 리포트를 보면 가슴 섬뜩한 구절이 포함되어 있습니다.

"한국 국민은 준법정신의 결여로 연성장률 1퍼센트를 깎아 먹고 있다."

이 보고서를 묵살하거나 간단하게 생각하면 안 됩니다. 준법정신이 결여된 까닭이 무엇이겠습니까. 사람들이 변변치 못하기 때문에 그런 것이 아니겠습니까. 다소간 법을 어기더라도 내 실익만 챙길 수가 있다면 아무 가책도 없다는 식의 발상이야말로 '준법정신'이라는 말 자체를 무의미하게 하는 일이 아니겠습니까. 심히면 그런 행위를 어린 자식들이 보는 앞에서 당당하게 입에 담고, 또 당당하게 행동으로 옮기는 어머니들의 한심한 모습을 우리는 얼마든지 볼 수가 있는 것이 오늘 우리가 사는 사회의 불행입니다. 게다가 그 어머니들은 모두가 대학을 나오고, 대학원을 나온 식자들이라는 사실이 우리를 좌절하게 합니다.

사람에게 인품이 있듯 나라에도 품격이라는 게 있습니다. 돈은 많은데 사람 노릇을 제대로 못하는 사람들을 일러 '졸부'라고 하고, 그런 졸부와는 가까이하지 않는 것이 우리네 상정이듯 비록 경제 규모가 크다고 하더라도 사람들이 살아가는 모양새가 넉넉하거나 떳떳하지 못한 나라는 국제사회에서 인정받지 못하거나 심하면 외면당하게 됩니다.

가정은 있는데 집안의 법도가 없습니다. 그런 가정들이 즐비하고서는 사회의 기강이 온전할 수가 없습니다. 모든 것이 우리 고유의 것과 멀어지고 있는 데서 기인하는 위험한 징조가 이미 곳곳에서 현실의 문제로 야기되고 있습니다.

결단코 말하거니와 엄격한 아버지가 있어야 집안의 내력이 유지됩니다. 지혜로운 어머니가 있어야만 집안의 격조가 갖추어집니다.

집안의 내력이 모이면 그것이 국가의 품격이 되고 역사가 됩니다. 그러므로 집안의 내력이나 국가의 역사를 챙기는 일은 여러분 어머니의 몫이어야 하고, 그래야 나라의 정체성이 확립됩니다.

가정에서 배우는 가치관과 사회에 나와서 쓰이는 가치관 그리고 공직에 나가서의 가치관은 일치되어야 하는 것이지만, 지금 우리의 현실은 가정에서의 가치관과 사회에서의 가치관이 다르고, 출세한 사람들의 가치관은 또 달라집니다. 바로 여기가 문제입니다. 어머니들의 가치관이 온전하지 못하기 때문입니다.

조선 시대의 교육은 문자를 익히는 일보다 행실을 아름답게 하는 데 목적을 두었습니다. 그 모든 것이 어머니의 지혜에서 나왔습니다. 조선 시대의 어머니들은 학문이 깊지를 않았습니다. 그러나 자식을 훈도하는 일에는 일가견이 있었습니다. 바로 된 사람의 행실이 어떤 것인지를 명확히 알고 있었기 때문입니다. 그리고 귀애하는 자식들의 가슴에 꿈을 심어 주는 일을 무엇보다도 소중히 여겼습니다. 그것이 바로 역사의 씨앗을 뿌리는 일이었습니다.

조선의 어머니들이 뿌린 역사의 씨앗은 자식들의 가슴에 싹을 틔웠습니다. 그 싹이 자라서 국가의 가치가 되고 꿈이 되어 피어났습니다.

청소년들에게는 언제나 뜻을 세우게尚志 하여야 위신은 저장되고, 배움을 돈독히敦學 하여야 품격이 저장되며, 예를 밝히어야明禮 또한 품위가 저장됩니다. 그리고 무엇보다도 의리를 붙들 줄 알고秉義, 부끄러워할 줄 알아야善恥 하며, 청렴함을 궁지矜廉로 삼을 줄 알

283

아야 비로소 사람의 품격을 갖추게 됩니다.

역사의 씨앗이 자라서 한 그루의 나무가 되어 나라를 떠받치는 기둥이 됩니다. 여러분이 심은 역사의 씨앗이 이 땅을 울창하게 할 것입니다.

그 푸르름이 우리나라의 희망입니다.

지식인 노릇하기
참으로 어려워라
-선비 정신의 새로운 조명

매천梅泉 황현黃玹 선생이 남긴 절명시絶命詩의 마지막 구절인 '지식
인 노릇하기가 참으로 어렵다네難作人間識字人'를 제 발제 강연의 제
목으로 삼았습니다. 선비가 무엇이며, 선비의 도리가 무엇인지를
살피기 위해서는 제 짧은 식견으로는 다른 길을 찾을 수가 없었기
때문입니다.

　선비가 탁상공론의 대명사이며, 무위도식을 일삼으며, 마침내 정
쟁으로 소일하면서 정파의 이해에 매달리다가 나라를 망쳐먹은 지
배 세력이어서 타도의 대상으로 삼으려는 사람들도 있습니다. 말하
자면 '선비'라는 말 자체를 잘못된 쪽으로 호도하고 있는 시대에

우리는 살고 있습니다.

조선왕조를 지배한 관료 집단의 구성원을 사대부士大夫라고 합니다. 사대부란 과거 제도와 주자학의 정신을 근간으로 무려 400여 년이라는 세월에 걸쳐 다듬어진 산물이라고 말할 수가 있습니다. 관직에 나가 있는 선비가 사대부라면 '선비'의 참뜻은 무엇이겠습니까.

《논어論語》에는 '처신處身에 염치廉恥가 있으며, 사신이 되어 군명君命을 욕되게 아니하면 선비랄 수 있다'거나, '무사태평을 염두에 두는 선비는 선비 될 자질이 부족하다' 등 개념적인 설명으로만 일관되어 있습니다. 그렇다면 선비는 무엇이고, 선비 정신이란 무엇이겠습니까.

조선 시대의 지배 구조를 관통하고 있는 성리학은 지식인들에게 '지행知行'을 가장 큰 덕목으로 가르쳤습니다. 물론 지행이란 배우고 익힌 바를 반드시 실행으로 옮겨야 하는 실천요강이기에 '도덕적 용기'를 수반해야 합니다. 그러므로 조선 시대는 실행하지 않는 고위 관직자보다 실행하는 상민常民들이 더 존경받을 수밖에 없었고, 도덕적 용기를 갖추지 못한 선비는 참 선비의 대열에 낄 수가 없었습니다.

조선왕조가 500년이라는 장구한 세월 동안 단일 왕조의 기틀을 유지할 수 있었던 것은 국가 기강이 무너지지 않았고, 그것은 '행동하는 지식인'들의 표상인 젊은 사관들의 직언하는 용기가 역사를 기록하고 있었기 때문입니다.

그렇다면 조선왕조의 특징은 무엇이겠습니까. 어렵게 생각할 필요는 없습니다. 붓을 든 선비가 칼을 든 무반을 다스린 나라입니다. 그리고 임금을 능멸하고서도 살아남을 수 있는 전통을 세운 나라였습니다. 500년이라는 장구한 세월 동안, 선비가 군인을 다스렸다는 사실은 세계사의 어디에서도 찾아볼 수 없는 불가사의한 역사가 아닐 수 없습니다. '붓을 든 선비가 칼을 든 군인을 지배하면서 500년의 역사'를 유지할 수 있었던 것은 참 선비의 기개와 의리가 살아 있었기 때문입니다. 임금을 능멸할 정도의 기개가 살아 있자면 요즘말로 지식인의 프라이드가 있어야 참 선비 노릇을 할 수 있었다는 뜻입니다. 선비의 프라이드는 어렸을 때의 교육에서 싹트게 됩니다.

인조조의 영의정이었던 신흠申欽이 쓴 《사습편士習篇》의 구절은 곱씹어 볼만 한 대목이 아닐 수 없습니다.

> 몸에 역량을 간직하고, 나라에 쓰이기를 기다리는 사람이 선비다. 선비는 뜻을 숭상하고尙志, 배움을 돈독히 하며敎學, 예를 밝히고明禮, 의리를 붙들며秉義, 청렴함을 긍지로 여기며矜廉, 부끄러워 할 줄 안다善恥. 그러나 세상에는 흔하지 않다.

선비의 자질이 잘 정리된 글이라고 생각됩니다만 '그러나 세상에는 흔하지 않다'라는 대목에 유념해야 합니다. 그 흔하지 않은 선비의 정신은 근원적으로는 가정에서 다져지게 됩니다. 또 사회에서는 이 같은 사정에서의 훈도에 더 큰 가치를 부여하게 하였습니다.

세 사람의 판서가 한 사람의 대사성에 미치지 못한다.

三判書不如一大司成.

세 사람의 정승이 한 사람의 대제학에 미치지 못한다.

三政丞不如一大提學.

열 사람의 영의정이 한 사람의 왕비에 미치지 못한다.

十領議政不如一王妃.

열 사람의 왕비가 한 사람의 선비에 미치지 못한다.

十王妃不如一山林.

선비山林의 존재 가치를 극명하게 드러내는 사회의 인식입니다. 기성 사회가 가정에서의 교육을 뒷받침하는 바로 이 같은 프라이드가 젊은 선비들에게 도덕적 용기를 갖추게 하면서 새로운 시대를 이끌어 가는 '행동하는 지식인'을 길러 내고 있었다는 사실에서 오늘의 우리는 통렬하게 반성해야 합니다.

조선왕조의 임금들은 스스로 왕도王道를 세워 나가기 위해 경연을 소중히 했습니다. 경연은 아침, 점심, 저녁에 하였다 하여 조강, 주강, 석강이라 했습니다. 그래도 부족하다 싶으면 밤에도 경연관과 더불어 학문을 논하고, 정사에 관해서도 토론했습니다. 이렇게 밤에 하는 경연을 야대라고 했습니다.

경연관들은 임금의 학덕을 높이기 위해 경서經書를 강론하기도 합니다만, 그보다 더 소중한 것이 현실 정치를 논하여 치도治道의 개념을 새롭게 하는 것이었습니다. 그러므로 군자와 소인을 구분하지 않고서는 인재의 등용을 바르게 할 수 없다는 점을 늘 강조하여 인사 정책에 반영되게 합니다. 또 당대의 문제점을 가감 없이 임금에게 고하여 시정의 사정을 정확하게 일깨워 주었고, 그 문제점의 해결책까지 세세하게 직언하였습니다. 그러므로 경연에 참여하는 임금의 정치력은 개선될 수밖에 없었습니다.

전하, 밝은 임금은 대간臺諫의 말을 좋아하고 자신의 의견만을 고집하지 않으나, 어두운 임금은 자신의 의견을 행하기를 좋아하고 대간의 말을 돌보지 않게 마련이옵니다. 지금 대간들이 간절히 논계하고 사직한 것은 충정에서 우러나온 것이옵니다. 숭상하고 상을 주고 감복하게 해야 할 것인데, 전하께서는 오히려 위엄으로 모두 물리쳐 사기를 꺾어 위망의 조짐을 보이시니, 이는 어두운 임금이 하는 일이옵니다. 전하의 성덕과 학문으로 이처럼 극도에 이르실 줄을 어찌 상상이나 했겠습니까.

경연관이었던 젊은 조광조가 중종 임금에게 직언한 내용입니다. 마치 오늘 우리의 현실을 목격하고 있는 듯한 지적이라는 점에서 우리들의 가슴을 울립니다. 역사가 지난 시대만의 기록이 아니라 미래로 이어지는 맥락이라는 사실을 선명하게 보여 줍니다.

백사白沙 이항복李恒福은 젊어서부터 정의로운 선비로 명성을 떨쳤습니다. 광해군光海君 조의 패덕을 말할 때 폐모살제廢母殺弟가 가장 큰 악덕으로 거론되곤 합니다. 비록 계비繼妃이긴 했어도 모후가 분명한 인목대비仁穆大妃를 서궁(西宮. 지금의 덕수궁)에 유폐하고, 부왕(선조)의 적자인 어린 영창대군永昌大君을 강화도에 부처하였다가 쪄서 죽인蒸殺 끔찍한 일을 '폐모살제'라고 합니다.

광해군을 임금의 자리에서 몰아내게 되는 폐모 발의는 당대의 권신들인 이이첨李爾瞻, 이경전李慶全 등이 주도하지만, 어머니를 버리면 살고, 어머니에게 효도하면 죽이겠다는 이 패덕이 온 조정을 벌집 쑤시듯 술렁거리게 하자, 내로라 하는 대신들은 병을 핑계하면서 조정을 떠나가고, 장안에 들끓던 유생들까지도 하나하나 낙향하게 됩니다.

영의정 기자헌奇自獻은 깊은 수렁과도 같은 고뇌 속에서 허우적거릴 수밖에 없었습니다. 쉰여섯의 영의정은 이 패덕을 막는 것으로 자신의 삶을 마감하고자 합니다.

"폐모를 한다면, 금상은 성명聖名 대신 패덕의 이름을 만세에 남기리라!"

조선의 선비가 걸어야 하는 당당한 길을 가기 위해 기자헌은 길고도 절절한 차자(箚子. 상소문)를 써 올렸으나, 이미 조정은 백관들을 모아 수의收議하기로 결정되어 있었으므로 그가 올린 차자는 가차

없이 불태워지고, 그에게 중벌을 내려야 한다는 주청이 빗발치듯 일어납니다.

뒤늦게서야 이 사실을 알게 된 이항복은 병석에서 일어나 길고도 절절하게 폐비 반대의 직언상소를 올리게 됩니다. 이때 이항복은 중풍으로 반신불수가 되어 있는 병구의 몸이었습니다.

신은 올 팔월 초아흐레에 다시 중풍을 얻어 몸은 비록 죽지 않았으나 정신은 이미 탈진된 상태입니다. 직접 뵙지도 못하고 멀리에서 분수에 입각하여 죽음을 결심한 지도 지금 거의 반년입니다만, 아직 병석에 누워 있사옵니다. 공무에 관한 모든 일에 대해서 대답하여 올리기 어려운 형편이지만, 이 문제는 나라의 큰일이오니 남은 목숨이 아직 끊어지지 않았는데 어찌 감히 병을 핑계로 삼고 입을 다문 채 잠자코 있겠습니까. 대체 어느 누가 전하를 위하여 이 계책을 세웠사옵니까. 임금께 요순의 도가 아니면 진술하지 않는 것이 옛날의 밝은 훈계이옵니다. 순임금은 불행하여 완악頑惡한 아비와 사나운 어미가 항상 순임금을 죽이고자 우물을 파게 하고는 뚜껑을 덮어 버렸으며, 창고의 지붕을 수리하게 하고 밑에서 불을 질렀으니 그 위급함이 극도에 달했던 것이옵니다. 그럼에도 순은 목 놓아 울면서 자신을 원망할 뿐, 부모에게 옳지 않은 점이 있다고는 보지 않았습니다. 진실로 어버이가 사랑하지 않더라도, 자식은 어버이에게 효도하지 않을 수 없기 때문이옵니다. 그러므로 춘추春秋의 의리에는 자식이 부모를 원수

로 여기는 법이 없사옵니다. 효도의 중한 것이 어찌 친모나 계모
가 다름이 있겠사옵니까. 지금 효도로써 나라를 다스려 한 나라
안에 점차 교화되어 가는 희망이 있는데, 이러한 말이 어찌하여
전하의 귀에까지 이르게 되었사옵니까. 지금의 도리로서는 순의
덕을 본받아 효도로써 화합하고 지성으로 섬겨, 대비의 노여움을
돌려서 자애로 만들고자 함이 어리석은 신의 바라는 바이옵니다.

광해군 9년 11월 24일 자 《광해군일기》

이미 조정의 고위 관직을 두루 거치었고, 반신불수로 쓰러져 누
워 있는 처지라면 애써 나서지 않아도 탓할 사람은 없을 것입니다.
그러나 지식인의 도리를 헛되이 할 수 없는 것이 이항복의 양식이
었습니다. 이항복이 올린 이 용기 넘치는 상소문의 내용이 알려지
면서 주춤거리던 백관들 사이에는 다시 동요가 일었고, 폐모론廢母
論에 반대하는 신료들이 나타나기 시작합니다.

폐모론의 주동자이자 권력의 핵심들은 재빨리 3사의 언관들을
동원하여 기자헌, 이항복 등을 처벌하라는 상소를 올리게 했습니
다. 임금인 광해군도 조정의 실권을 장악한 권신들의 강청을 묵살
할 수가 없었습니다. 결국 기자헌, 이항복 등 두 원로는 유배형을
받게 됩니다.

이항복의 배소는 홍원에서 창성으로, 다시 삼수三水로 옮겨졌다
가 거기서 또다시 북청北靑으로 변경되는 우여곡절을 겪었습니다.
이항복은 비틀어질 대로 비틀어진 반신불수의 몸을 이끌고 배소를

향해 도성을 떠납니다. 그는 망우령(忘憂嶺. 지금의 망우리 고개)을 넘으면서 양주 쪽을 바라봅니다. 거기에 선조의 능침인 목릉(穆陵)이 있었기 때문입니다. 폐모가 부당하다 했다 하여 부처되어 가는 몸이면서도 선왕에게는 송구하기 이를 데 없다는 생각이 그로 하여금 통한의 눈물을 흘리게 했을 것으로 압니다.

이항복은 철령(鐵嶺)을 넘으면서 시조 한 수를 읊었습니다. 다시 돌아올 수 없는 심회가 절절하게 넘쳐납니다.

철령 높은 재에 지고 가는 저 구름아
고신원루(孤臣寃淚)를 비삼아 띄워다가
님 계신 구중궁궐에 뿌려 본들 어떠리.

이항복은 끝내 도성으로 돌아오지 못한 채 배소인 북청 땅에서 세상을 뜨니 향년 63세였습니다.

■■■■

매천 황현 선생이 쓴 《매천야록(梅泉野錄)》은 조선왕조가 망국의 길로 접어들던 격동의 시기인 이른바 구한말의 시대 상황을 눈에 본 듯이 그려 놓고 있습니다. 참으로 놀라운 것은 신문도 라디오도 없었고, 인터넷이란 상상할 수도 없었던 시대에 도성과 천 리나 떨어진 전라도 구례(求禮) 땅에 앉아서 어찌 그리도 소상하게 한양에서 일어나고 있는 망국의 징조와 우국충절들의 삶을 현실감 넘치게 엮어 냈는지, 또 부패한 지식인들의 가슴을 도려내는 필치로 한 시대의 역사를 그토록 냉철하게 적어 낼 수 있었는지 읽으면 읽을수록 감탄을 거듭하게 됩니다.

황현 선생은 1855년, 전라남도 광양光陽 서석촌西石村에서 태어났습니다. 어려서부터 총명하여 열한 살에 아름답고 수준 높은 한시漢詩를 지어 어른들을 놀라게 하더니,《통감강목通鑑綱目》을 모두 암송할 정도의 천재성을 발휘하게 되면서 점차 주변을 에워싸고 있는 시골의 학문과 부패한 관료, 더구나 실천궁구를 모르는 주변 어른(지식인)들의 진부陳腐함에 염증을 느끼게 됩니다.

열아홉 살이 된 황현 선생은 혈혈단신 상경하여 당대의 논객論客들을 찾아다니면서 시詩와 역사인식에 대한 토론을 청하게 됩니다. 시골뜨기 행색에 사팔뜨기 눈을 한 황현 선생의 모습은 초라하기 그지없었으나, 그의 입에서 뿜어져 나오는 격조 높은 시詩와 도도한 역사인식은 당대 지식인들을 놀라게 하였고 또 감동하게 하였습니다.

1883년(고종 20), 부모님의 간곡한 권유를 받아들이면서 특별히 시행되는 보거과保擧科에 합격하였으나, 나날이 어지러워지는 나라꼴을 한탄하며 벼슬길에 나가기를 거부하였습니다. 그러나 자신이 살았던 암울한 시대의 현상을 때로는 울분으로 삭이며, 또 때로는 춘추의 필봉으로 적어 나가게 됩니다. 역저《매천야록》은 이렇게 기술되었습니다.

1905년, 을사늑약이 일본에 의해 강제 체결되면서 의병장으로 나섰던 면암勉菴 최익현崔益鉉이 일본군의 간교한 술책으로 적지 대마도에 압송되어 단식으로 순국하였습니다. 일본의 것이라면 물 한 모금도, 쌀 한 톨도 입에 대지 않겠다는 결연한 의지를 지켜 나간 참 지식인의 장렬한 모습이었습니다.

1907년 1월, 최익현 선생의 유해가 부산포로 돌아와 그곳 상무사(商務社, 요즘의 상공회의소)에 안치됩니다. 최익현 선생의 유해가 모셔진 초량 상무사의 주위는 인산인해를 이룹니다. 그와 함께 살아 있기에 천하동생天下同生이요, 그의 죽음은 세상이 모두 죽은 것이기에 천하동사天下同死라는 말을 실감하게 하는 가슴 뭉클한 장면이 아닐 수 없습니다.

최익현 선생의 유해가 모셔진 상무사의 빈소에 행색이 꾀죄죄한 사팔뜨기 시골 선비 한 사람이 들어와서 만사輓詞 여섯 수를 영전에 올리고 통곡을 쏟아 놓습니다. 그의 행색이 너무도 초라했던 탓에 누구도 이 시골 선비에 대해 관심을 두지 않았으나, 그가 놓고 간 만사는 절창絶唱 중의 절창이었습니다. 비로소 사람들은 그 꾀죄죄한 선비가 황현 선생임을 알고 급히 수소문하여 찾아보았으나 이미 떠나고 없었습니다.

〈곡면암선생哭勉菴先生〉의 전문은 다음과 같습니다.

이항로李恒老께 배움받은 꽃다운 나이로 애타는 백성 구하고자 상소를 올렸지. 선비거나 재상宰相이거나 이제는 모두 끝이구려. 천

년만년 길이길이 공론公論만 남았소. 속 썩은 귀양살이 이역異域
이라 만 리 밖 빨간 신 신고 오신다기에 삼 년을 손꼽으며 기다렸
는데 소식조차 뜸했던 그 사이 바다 건너 하늘 끝 큰 별 떨어졌다
는 기별이니 초혼招魂한다 하여 높은 곳 올라 바라볼 생각마소.
푸르른 대마도 보기조차 싫지 않소. 고국故國에 산 있어도 빈 그
림자 푸를 뿐, 아 가련하다 어디에 님의 뼈를 묻으리오.

이 만사輓詞는 조선 시대의 만사 중에서도 으뜸으로 평가되는 명
문이지만 마지막 대목은 정말로 곱씹어 볼만 합니다. '고국에 산
있어도 빈 그림자 푸를 뿐故國有山虛影碧, 아 가련하다 어디에 님의 뼈
를 묻으리오可憐埋骨向何方'에 담겨진 절절함이 가슴을 저리게 하고도
남습니다. 고국산천 삼천리 강토가 왜놈들의 땅이 되었는데 지조
높은 선비의 시신이 돌아온들 묻힐 곳이 있겠느냐는 회한은 읽는
사람들을 애타게 하고도 남습니다.
　그리고 4년 뒤인 1910년 8월에 일본은 조선을 강제로 병합합니
다. 소식에 접한 황현 선생은 더 살아 있어야 할 이유가 없다고 결
심하고, 다음과 같은 절명시絶命詩를 남깁니다.

　짐승들도 슬피 울고 강산도 찡그리네
　禽獸哀鳴海岳嚬
　무궁화 이 나라가 망해 버렸네
　槿花世界己沈淪

가을 등불 아래 책 덮고 역사를 생각하니

秋燈掩券懷千古

지식인 노릇하기가 참으로 어렵다네

難作人間識字人

지식인 노릇하기가 참으로 어렵다는 마지막 구절은 탄식이 아니라 회한입니다. 오늘을 살아가는 지식인들에게 채찍처럼 다가오는 절창이 아닐 수가 없습니다. 얼마나 많은 사람들이 시대를 왜곡하면서도 뻔뻔하게 살고 있습니까. 그러면서도 반성하는 기미도 없는 것이 오늘의 현실입니다.

황현 선생의 역저 《매천야록梅泉野錄》을 읽어 보면 그가 정말로 지식인의 도리를 다하고 있었음을 뼈아프게 깨닫게 됩니다. 그러면서도 자결하는 것으로 자신의 삶을 마감하려 하였다면 그야말로 지식인의 도리를 다하였다는 생각이 듭니다만, 오히려 황현 선생은 '지식인 노릇하기가 참으로 어려워서' 스스로 목숨을 끊습니다.

황현 선생은 스스로 자진하기로 결심하고 아편 세 덩어리를 꺼내 놓습니다. 그러나 그도 인간이었기에 좀처럼 결행하기가 어려웠습니다. 그는 아우 황원黃瑗에게 이때의 부끄러운 심정을 솔직하게 토로하기까지 하였습니다.

"내가 아편을 입에 댔다 뗐다 주저하기를 세 차례나 했다. 선비로 도리를 지키지 못하는구나."

황현 선생이 스스로 목숨을 끊기 전 가족들에게 남긴 〈유자제서

遺子弟書〉의 내용은 오늘을 사는 지식인들에게 너무도 큰 가르침을 줍니다.

내게는 꼭 죽어야 할 의리는 없다. 그러나 조선이 선비를 기른 지 500년이 되었는데도 나라가 망하는 날 한 사람도 목숨을 끊는 이가 없다면 가슴 아픈 일이고도 남는다. 내가 위로는 하늘이 지시하는 아름다운 도리를 저버리지 아니하였고, 아래로는 평소에 읽은 책 속의 말씀이 어긋나지 않았다. 이제 깊이 잠들려 하니 참으로 통쾌하기 그지없다. 그러니 너희들은 너무 슬퍼하지 마라.

참으로 장엄한 글입니다. 또 참으로 감동적인 유서입니다.

이때 매천 황현의 연치 쉰다섯, 더 살아서 그 빛나는 문필과 아름다운 인품으로 후학들에게 지식인이 가야 하는 그 어려운 길을 열어 줄 수도 있지를 않았겠습니까. 그러나 황현 선생은 스스로 죽음의 길을 택하였습니다.

지식인 노릇하기 참으로 어렵고나!

그렇습니다. 지식인 노릇하기가 참으로 어렵습니다. 오늘 우리가 겪고 있는 갖가지 불합리한 사연들을 살펴볼 때마다 실천궁행으로 지식인의 사명을 다하신 옛 선현들의 성스러운 모습을 생각하게 됩니다. 그분들은 아무리 큰 학문도 실천이 따르지 않는다면 무용한 것으로 보았습니다.

저는 황현 선생의 〈유자제서〉를 자주 읽습니다. 이젠 한 자 한 구도 틀리지 않고 욀 수 있는 내 양식이 되었습니다. 그러나 저는 이 명구를 욀 때마다 제가 하는 일들이 한심하고, 부질없다는 생각이 들어 끓어오르는 부끄러움을 감내할 길이 없습니다.

그렇습니다. 지식인 노릇하기 참으로 어렵습니다.

신봉승의 한국형 리더십 강의

국가란 무엇인가

신봉승 지음

초판 1쇄 발행 · 2011. 1. 20.
초판 4쇄 발행 · 2011. 3. 15.

발행인 · 이상용 이성훈
발행처 · 청아출판사
출판등록 · 1979. 11. 13. 제9-84호
주소 · 경기도 파주시 교하읍 문발리 출판문화정보산업단지 507-7
대표전화 · 031-955-6031
팩시밀리 · 031-955-6036
홈페이지 · www.chungabook.co.kr
E-mail · chunga@chungabook.co.kr

ISBN 978-89-368-1006-1   03900

* 값은 뒤표지에 있습니다.
* 잘못된 책은 구입한 서점에서 바꾸어 드립니다.
* 본 도서에 대한 문의사항은 홈페이지나 이메일을 통해 주십시오.